U0918126

全国高职高专市场营销类规划教材

现代商务礼仪

何　璇　钱志芳　编著

浙江省特色专业建设项目成果
（TZZ09084）

科学出版社
北　京

内 容 简 介

本书共分为六个项目，主要内容包括商务人员形象礼仪、客户接待与拜访礼仪、商务宴请礼仪、商务活动礼仪、大学生创业活动礼仪、涉外商务礼仪。本书在编写过程中，按照“项目导向、任务驱动”的思路设计教学内容，重点突出实用性和可操作性，并引用大量的案例、图片，增强趣味性。

本书可作为高职院校工商管理、市场营销、国际贸易等相关专业的教学用书，也可作为企业工作人员加强自身修养的工具书。

图书在版编目（CIP）数据

现代商务礼仪/何璇，钱志芳编著．—北京：科学出版社，2012
（全国高职高专市场营销类规划教材）
ISBN 978-7-03-033133-5

Ⅰ．①现… Ⅱ．①何… ②钱… Ⅲ．①商务-礼仪-高等职业教育-教材 Ⅳ．①F718

中国版本图书馆 CIP 数据核字（2011）第 272660 号

责任编辑：任锋娟 / 责任校对：耿　耘
责任印制：吕春珉 / 封面设计：一克米工作室

科学出版社 出版
北京东黄城根北街 16 号
邮政编码：100717
http://www.sciencep.com

铭浩彩色印装有限公司 印刷
科学出版社发行　各地新华书店经销
*

2012年2月第 一 版　开本：787×1092 1/16
2019年8月第九次印刷　印张：14 3/4
字数：336 000

定价：36.00元

（如有印装质量问题，我社负责调换〈铭浩〉）
销售部电话 010-62134988　编辑部电话 010-62135741（VF02）

国家社会科学基金“十一五”规划“以就业为导向的职业教育教学理论与实践研究”子课题市场营销专业组领导小组成员

顾　问：邓泽民　李太武

组　长：沈时仁　王培才

副组长：王明霞　闫春荣

全国高职高专市场营销类规划教材编写指导委员会

顾　问：邓泽民　李太武

主　任：王培才　沈时仁

副主任：王明霞　闫春荣

委　员：（按照姓氏笔画排序）

王吉方　王若明　王晓宁　卢　慧　冯　洁　刘建长

刘勤侠　刘志娟　李　繁　邱　华　陈　婧　陈　瑛

何　璇　季光伟　杨　捷　周朗天　胡瑞仲　赵华明

赵迎军　谈留芳　高中玖　梁　军　彭　杰　裘晓雯

甄　珍　甄小虎　窦坤芳　魏　明

秘　书：任锋娟

出 版 说 明

“坚持把教育摆在优先发展的战略地位，把改革创新作为教育发展的强大动力，把提高质量作为教育改革发展的核心任务”是《国家中长期教育改革和发展教育规划纲要（2010～2020 年）》中为我国教育事业改革发展制定的工作方针。高等职业教育正按照国家的教改方针稳步推进，对课程改革以及与之配套的教材建设提出了全新的要求。教材是知识传承和积累的载体，是保障教学的基础，优秀的教材更是提高教学质量、培养优秀人才的基本教学资源。

为了贯彻国家高等职业教育教学改革的方针，我们以教材建设推动专业建设为宗旨，结合全国高职示范院校和骨干院校建设，以国家社会科学基金“十一五”规划（教育学科）课题“以就业为导向的职业教育教学理论与实践研究”的子课题“以就业为导向的高等职业教育经贸经管类专业教学整体解决方案研究”为平台，组织编写了这套教材。2009 年 8 月以来，我们这个课题研究和教材开发与建设团队，对市场营销专业的专业培养目标、课程体系、课程内容、教学方法进行了深入的研究，对以就业为导向的基于工作过程的专业教学标准、课程标准进行了研究，拟定了市场营销专业的课程体系框架，确定了涵盖专业基础课、专业核心课及专业技能课的“全国高职高专市场营销类规划教材”目录和各类型教材的编写大纲。以此为基础，遴选出来自教学一线的具有丰富教学经验的教师担任主编，进行教材编写。

本套教材是国家社会科学基金“十一五”规划（教育学科）课题子课题成果的重要组成部分，其编写过程贯彻和落实了总课题“以专业作为研究对象”的思想，强调“专业教学过程与职业工作过程的一致性”，充分体现了高职高专教育“以就业为导向，能力为本位”的特点，内容体现了“做中学，学中做”的教学指导理念。

希望本套教材能够为职业教育的发展做出有益的贡献，也为社会培养出能在各企事业单位从事市场营销策划、营销业务开拓、销售管理以及客户服务管理等工作岗位，具有良好职业道德、较强专业技能和可持续发展的学习与适应能力，精操作、善推销、会服务的市场营销的高素质、高技能人才。

全国高职高专市场营销类规划教材
编写指导委员会

前　言

孔子常言："不学礼，无以立。"学习现代礼仪有助于提高人们的内在素养。现代商务礼仪是一门行为艺术学科，实践性强，教学的关键在于如何掌握礼仪并灵活运用。本教材围绕现代商务人员工作实际，将教材内容分解成六个项目，每个项目又分解成几项任务，每一项任务都由任务要求、任务分析、任务学习、任务实施、任务评价五个部分组成。本书在任务学习部分引用了许多礼仪案例、礼仪知识，并插入了大量的图片，使内容形象生动、具体直观；在任务实施部分编写了与理论知识相配套的同步训练，提出在训练过程中要注意的问题，具有极强的实践性与训练性；在任务评价部分设计了便于考量的实训报告和练习题目，有利于学生对学习成果的自我评价。与其他同类书籍相比，本书还针对大学生自主创业，特意增加了大学生创业活动礼仪的内容。学生可以在每项任务完成的过程中，学礼、知礼、用礼，进而养成良好的习惯，提高待人接物的能力，增强社会竞争力。本书简单实用、通俗易懂，既便于教师开展实践教学，也益于社会读者自学商务礼仪知识，既适用于高校的课程教学，也适用于企业员工的礼仪培训。

本书为浙江省特色专业建设项目国际经济与贸易系列成果之一（TZZ09084）。本书由何璇和钱志芳编著，具体分工如下：何璇编写项目三、项目四和项目六；钱志芳编写项目一、项目二和项目五。

本书的编写和出版得到科学出版社的大力协助，在编写中借鉴和吸收了国内外专家、学者的大量研究成果，在此一并致谢；同时也感谢范利锋老师的插图设计及本书的礼仪模特李佳、洪杰威、金乐燕同学的示范配合。

由于编写时间仓促，加之编者水平所限，书中的疏漏、不足之处在所避免，敬请读者批评指正。

编　者

2011年12月

目　录

出版说明

前言

项目一　商务人员形象礼仪 1

任务一　留下美好的第一印象 2

一、对自身的了解 3

二、仪容礼仪 4

三、仪态礼仪 14

任务二　职业着装礼仪训练 35

一、服装礼仪的重要性 36

二、着装的原则 37

三、着装注意点 39

项目二　客户接待与拜访礼仪 53

任务一　做好客户接待工作 54

一、接待原则 55

二、见面礼仪 57

三、介绍与名片礼仪 62

四、迎送接待礼仪 67

任务二　做一名受人欢迎的拜访者 78

一、拜访原则 79

二、拜访 80

三、电话礼仪 82

四、自我介绍礼仪 84

五、谈话礼仪 86

项目三　商务宴请礼仪 98

任务一　中式宴请礼仪 99

一、中国菜 99

二、中餐宴请的准备 102

三、中餐宴请的程序 105

四、中餐宴请礼仪的注意事项……107

任务二　西式宴请礼仪……111

一、西餐的菜序……112

二、西餐餐具的使用……114

三、西餐饮酒菜肴的搭配……115

四、西餐座次排序……116

五、西餐用餐的注意事项……117

项目四　商务活动礼仪……122

任务一　商务会议礼仪……123

一、一般会议礼仪……123

二、会议的排座礼仪……129

任务二　商务洽谈礼仪……135

一、商务洽谈的准备礼仪……136

二、商务洽谈的仪表礼仪……138

三、商务洽谈的迎见礼仪……138

四、商务洽谈的举止礼仪……138

五、商务洽谈的谈吐礼仪……139

任务三　特定商务活动礼仪……143

一、签字仪式礼仪……144

二、开业庆典礼仪……148

三、剪彩仪式礼仪……151

四、展览会礼仪……154

项目五　大学生创业活动礼仪……163

任务一　创业者沟通礼仪训练……164

一、沟通的概念……166

二、沟通的流程……166

三、沟通的目的……167

四、沟通的方式……167

五、沟通的双向性……167

六、创业沟通时的心态……168

七、沟通礼仪与沟通技巧……170

八、电子商务沟通……173

任务二　做一名具有服务意识的创业者……184

一、服务意识的概念……185

二、优质服务的概念……187

三、创业者培养员工服务意识应注意的要点 188
四、如何提供热情周到的服务 189
五、如何面对投诉 193

项目六　涉外商务礼仪 203

任务　各国礼俗与禁忌 204
一、亚洲国家的商务礼俗与禁忌 204
二、欧洲国家的商务礼俗与禁忌 211
三、美洲国家的商务礼俗与禁忌 214
四、非洲主要国家的商务礼俗与禁忌 216

参考文献 222

项目一

商务人员形象礼仪

学习目标

1. 了解自身的条件，找到自己外在条件的优点与缺点，据此进行化妆。
2. 学习控制自己的表情，学会恰当使用热情的微笑和尊重的眼神。
3. 初步掌握服装搭配，学会职业性的着装。
4. 通过站、坐、行、蹲姿的练习养成良好的体态。

技能目标

培养认识自我及控制自我的能力，通过控制自己的微笑、眼神、举止仪态来表现对交往对象的尊重。学会分析自己的外表，通过化妆、配饰、服装来达到美化自身的效果，以期在首次的商务交往过程中就能给人留下美好的第一印象。

学习任务

任务一：留下美好的第一印象。
任务二：职业着装礼仪训练。

在这两项任务的学习中，如果学习者能认真学习相关理论知识，积极参与每一项实践训练，并且能够顺利地完成具体任务，那么就会惊喜地发现自己正在把气质外化，能够轻松地控制自己的外表，优雅地表达关爱，能够通过自己的一颦一笑，一举一动，让交往对象感受到被尊重，给人留下最美好的印象，为下一步的交流做好铺垫。可是，听起来容易，做起来却难，自身的不良习惯总会使人放弃努力，不少人还会有被约束的不适感。此时，不要轻易放弃，一定要互相鼓励，一起努力完成任务。

任务一　留下美好的第一印象

导入案例

提前结束的面试

一次，老师推荐三位毕业生同时应聘一家外贸公司的文员职位，面试前老师担心同学紧张，同人事部主任商量让三位同学一起面试。老师陪同三位同学进入人事部主任办公室时，主任上前请三位同学入座。之后主任送走了老师回到办公桌前，抬头一看，欲言又止。只见两位同学坐在沙发上，其中一人架起二郎腿，而且两腿不停地抖动，另一人身体松懈地斜靠在沙发一角，两手攥握手指咯咯作响，只有一位同学端坐在椅子上等候面试，人事部主任起身非常客气地对两位坐在沙发上的同学说："对不起，你们二位的面试已经结束了，请退出吧。"两位同学四目相对，不知何故。怎么面试什么问题都没问就结束了？

你们知道其中的缘故吗？

以貌取人的商场

董力是某服装厂的业务员。在学校，他曾获得过辩论赛的最佳辩手称号，从事营销工作，他自认为毫无问题。可没想到，在一次全国性的订货会上，当他风尘仆仆地找到一家商场后，接待人员见他胡子拉碴，且又衣冠不整，没有看他带的样品就直接把他打发走了。因为这家商场认为："就这样一副尊容，厂里能生产出高档服装？"董力心里恼火，这不是以貌取人吗？可连续跑了几家商场，费尽口舌也没有如愿。一气之下，他来到美发店里做了发型，洗漱干净，然后身穿本厂生产的服装，气宇轩昂地找到一家商场的总经理。对方见董力气度不凡，且其产品质量上乘，当即签订了80万元的订货合同。

为什么商场会以貌取人呢？

◆ 任务要求

为了能在各种商务场合正确地修饰自己的外表，养成良好的举止习惯，给交往对象留下良好的第一印象，从而获得继续交往的机会，就要学会找到自身在面容、身材上的缺点，掌握化妆或其他修饰的技巧，坚持练习标准的站、坐、行等姿态。本任务的最终目的是让同学们在顺利走出校园后，能从容地进行各种面试、竞选、比赛和与客户的交流，在职场中展现良好的风范，在市场的竞争中有一个好的开端。具体的任务是：

1）了解自身的条件，找到自己外在条件的优点与缺点。

2）掌握一定的化妆技巧，结合自身面容的特点进行化妆。

3）练习职场中的微笑，掌握眼神的技巧。

4）站、坐、行、蹲姿的练习，在老师的指导下找到过去不良的习惯，并改正。

◆ 任务分析

要完成任务一，就要在老师的指导下做好以下几项训练：

1）自身条件的测量。通过训练，确定自己是什么脸形，明确自己适合什么样的发型；通过测量，知道自己的脸部有哪些不足，应该进行什么样的改变，进而知道自己的身材如何，在着装上不适合穿着哪些服饰。

2）化妆技巧的训练（日常工作妆）。通过训练，知道如何保养自己的皮肤，女生可以巧用化妆技术来弥补脸部的不足，了解工作场合适合什么样的妆容。

3）表情专业化训练。通过训练，明白在商务场合微笑服务的重要性；知道保持微笑并不是件容易的事；在各种重要的场合应微笑应对。

4）健康标准体态训练（站、坐、行、蹲姿的训练）。标准的体态有利于大学生的骨骼健康成长，优雅的动作体现大学生的文化修养。

◆ 任务学习

一、对自身的了解

1. 脸部的美观

脸部的美观是由脸形与五官的分布共同决定的，不必要求每个人有沉鱼落雁之貌，要求脸部五官看起来舒适和谐即可。

（1）五官的标准

五官的和谐要求符合“三庭五眼”的分布标准，如图 1-1 所示。

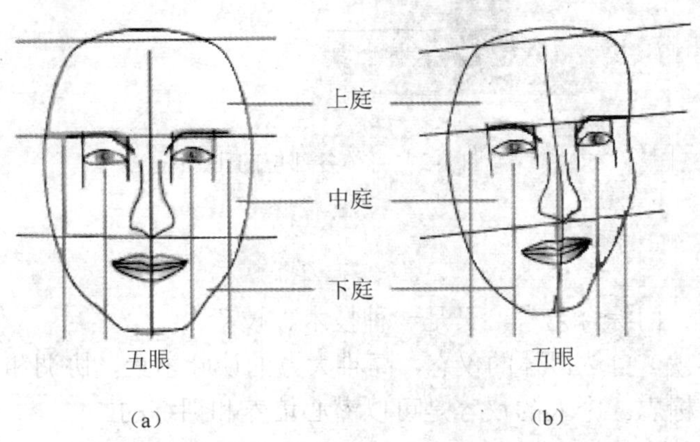

图 1-1　三庭五眼

1）纵向，上庭＝中庭＝下庭，达到此标准的脸部五官和谐，给人以舒适的感觉。

2）横向，眼距＝眼长＝眼角至耳边发际线距离，最主要的还是眼距与眼长的差别。如果眼距大于眼长，会给人比较呆板的感觉；如果眼距小于眼长，给人的感觉则比较凶。

（2）脸形的判断

亚洲人脸形一般包括圆形、椭圆形、方形、菱形、三角形、长方形。可以根据训练一中的方法进行判断。

1）圆形脸。基本以鼻子为圆心，没有棱角。（●）

2）椭圆形脸。脸长与脸宽的比例基本达到 8∶5 的黄金分割比例。（⬬）

3）方形脸。有棱有角，呈“田”字形（■）或“国”字形。（▬）

4）菱形脸。额头与下巴都较窄，形成“申”字形。（◆）

5）三角形脸。脸部呈“由”字形或“甲”字形。（▼）（▲）

6）长形脸。脸长与脸宽的比例基本为 2∶1 的比例，有“目”字形。（▮）（⬮）

2. 身材的协调

1）头长的测量：测量时头长从头发的发际线开始，应该从发型的最上沿开始，如果发型是向上竖起的则不能压实后测量。

2）身体协调比例如图 1-2 所示。

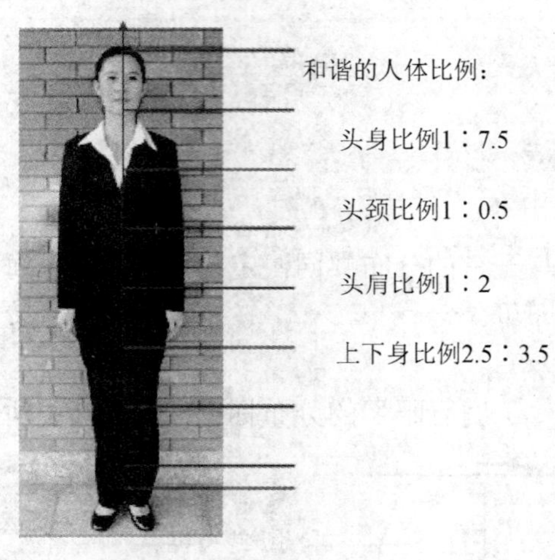

图 1-2　身体各部位的比例

二、仪容礼仪

仪容礼仪既是一门综合艺术，又是一种技术、技巧。

美丽俊俏的容貌，自然得体的仪态，高雅大方的谈吐举止，协调和谐的服饰，往往是美丽仪表仪态的主要标志。个人的仪容是可以潜心培养和训练的。

仪表是指人的外表，仪容是指人的容貌。仪表仪容美，是一个人的精神面貌和内在气质的外在体现，是一个人的门面和招牌，也是一个人的内心素质、内在修养的显露。它包括三个层次的含义：①人的容貌、形体、体态等协调优美，是人的自然美；②经过修饰打扮及后天环境的影响而形成的美，是人的修饰美；③一个人淳朴、高尚的内心世界和蓬勃向上的生命活力的外在体现，是人的内在美。科学研究的结果表明：个人希望再次与交往对象见面的主要因素中，感受到对方仪表魅力的相关系数远远高于个性、兴趣等的相关系数。所以注重仪表，努力塑造出自己最佳的形象是商务人员必须认真做到的。

塑造良好的个人形象应做到以下几点。

1. 干净、整洁、卫生

要求仪表仪容干净、整洁，就是要努力做到无异味、无异物，坚持不懈地做到仪表仪容细节的修饰工作。干净、整洁是个人礼仪的最基本要求，包括面容、脖颈与耳朵、服饰等方面的整洁。具体要求如下所述。

（1）头发

保持头发的干净整洁，使头发松软亮泽，加上整齐的发型梳理，衬出光洁的面容，才能展现出良好的素养和气质。特别是上衣和肩背上不要落有头皮屑和散落的头发。头发长短要适度，在商界对头发的长度大都有明确限制：女士头发不宜过肩部，必要时应以盘发、束发作为变通；男士不宜留鬓角、刘海儿，头发的长度最好不要长于7厘米，即大致不触及衬衫领口。而无论男女剃光头都是不合适的。

（2）脸部

皮肤看上去应当润泽光洁，眼睛无分泌物，无睡意，不充血，不斜视。眼镜端正、洁净明亮。不戴墨镜或有色眼镜。女性不画眼影，不用人造睫毛。耳朵脖颈应当干干净净。口腔卫生也是个人仪表仪容整洁的重要内容之一，主要应注意口中的异味即口臭。口臭可能是因为口腔疾病或者不注意口腔卫生引起的，如吃了葱、蒜、韭菜等食物，也可能是由身体内部疾病引起的，这些都有可能使口腔产生强烈异味。口腔异味会使一个人的形象大打折扣，所以一定要注意口腔卫生，有病及早治疗。如果吃了味道强烈的食物，可以在口中嚼一点茶叶、红枣或花生，以帮助清除异味。也可用口香糖，但在正规交际场合中，嚼口香糖是不礼貌的行为。

（3）手部

有了光洁的面容，整齐的头发，还要注意手的清洁。如果伸出的一双手很肮脏，美好的印象也就被打破了。在人的仪表中，手占有重要的地位。一个仪表风度不凡的人，绝不会留有又黑又长的指甲。一般男性不宜留长指甲，女性可自由些，但一定要修剪整齐，并保持洁净。

2. 发型

发型即头发的整体造型。个人的发质、脸形、身高、身材、年纪、着装、配饰、性格等，都将影响到发型的选择。

（1）女士发型介绍

1）四方脸形。发型处理上注意对下额两侧锐挺的线条进行柔化处理，使发型切角成圆，发式的外轮廓应圆套方，用下垂的头发挡住两侧起角的额廓。顶发应蓬松高耸，额前两鬓角用刘海遮盖，线条要明朗。腮处以圆弧形发式紧贴，有削弱下颚方正的显圆作用。头发侧分，不宜太偏。两侧发型必须收紧，成弧形紧贴两腮，头发遮挡耳轮廓的上半部渐向后鬓，呈椭圆形。这种脸形适于烫发，波浪要大，避免头发平直，以用圆润的线条减弱对脸部方正直线条的视觉印象。发型要求上边放松，下边收紧，头发稍短，显出颈部较长。剪短发的女士也可梳理出挡住额廓的款式，头顶部分比较厚，后部则薄，看起来好像是一顶小帽子。后部的头发斜向前，包裹住额部，如图 1-3 所示。

2）长脸形。发型应当顶部低，适当遮额，两侧松而圆，线条柔和，使脸形开阔，宜选择短而宽的发型，如翻翘式短发或娃娃头均适宜。不宜留直线型长发，避免头发往后梳，使发型与脸形脱节，更显露出长脸的特征，如图 1-4 所示。

（a）适宜发型

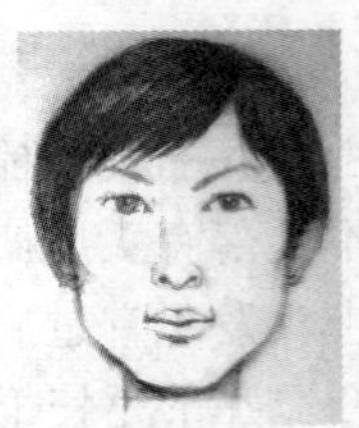
（b）不适宜发型

图 1-3　方脸形发型对比图

（a）适宜发型

（b）不适宜发型

图 1-4　长脸形发型对比图

3）圆脸形。发式宜长不宜宽，可蓄直线型长发，留至肩膀上方或下巴的平等线上。额前不要梳浓刘海，顶部头发应梳得松散高耸，两侧头发避免隆起，收紧服帖，波浪不宜过平，带斜波纹为好，不宜剪短发，因头发剪短，易使两侧头发鼓起，脸形会显得更圆。若烫发，可利用波浪式，波浪深些宽些，修剪成椭圆形轮廓，层次参差，使脸形呈漂亮的鹅蛋型，也可以把头发拢到后边绾成珠形，能增添线条美，很适合圆脸大眼睛的女性，如图 1-5 所示。

（a）适宜发型

（b）不适宜发型

图 1-5　圆脸形适宜发型

4）三角脸形。头顶部的头发宜具有蓬松感，而两侧的头发则要紧贴着脸部，线条柔和，能改变三角形的感觉。可烫成花瓣式发型，顶部收花瓣形纹样组成，较为蓬松，可以弥补头部较尖的缺陷。若是倒三角形，发型应该顶部紧，两侧蓬松，适宜留双花式等长发，这种脸形的人不要留短发与打发髻，如图 1-6 所示。

5）菱形脸形。发型设计时要注意增加前额的宽度和饱满度，使整体造型呈椭圆形。它以烫成丝丝卷发最为美观，前额有几缕花丝轻垂，耳后卷发与顶部发式相互响应，可弥补菱形脸的缺陷。如果梳理直发，前发自顶部开始剪成刘海儿，将前额盖住，耳后束发，显得十分优美。或者将刘海儿侧吹，亮出额角，整体发势向下垂直，显得娟秀美好。

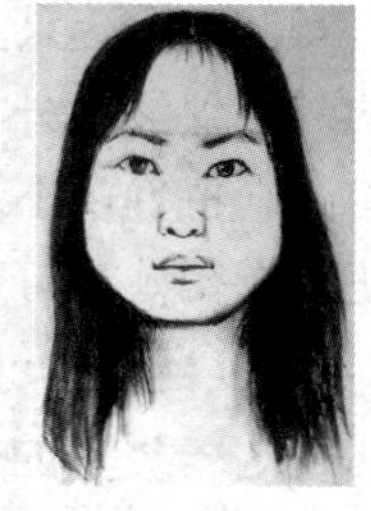

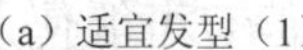

（a）适宜发型（1）　（b）不适宜发型（1）　（c）适宜发型（2）　（d）不适宜发型（2）

图 1-6　三角形发型对比图（甲字形和由字形脸型）

（2）男士发型介绍

1）头发少的男士适合的发型。头发少的男士适合将头发剪成毛碎，既时尚又好打理，有点凌乱感，可以减轻头发少的苦恼。

2）圆脸男士适合的发型。圆脸男士的发型最好是两边短，顶部和发冠稍长一点，侧分头。吹风时将头顶发吹得蓬松一点，这样就将脸部视觉效果拉长，不至于那么圆。

3）方脸男士适合的发型。剪太平直或中分的发型会使脸显得更方。正确的搭配应该是顶部头发蓬松，使脸变得稍长，往一边梳的刘海儿，会使前额变窄；头发宜长过腮帮，侧分的头发显得蓬松，使脸形变得柔和。另外还可用不平衡法来缓解，因为每个人的脸长得并不匀称，某一边要比另一边漂亮，侧分头发可偏向漂亮的一边；将头发尽量往一侧梳，造就不平衡感，可弥补四方脸的缺陷。

4）长脸男士适合的发型。长脸男士刘海儿必须要留厚，然后斜在一边，头顶部头发最好不要太长，两鬓的头发可以通过烫发或者打定型水蓬松起来，这样可以使脸部不会有再次拉长的感觉，而是会显现圆润效果，非常好看。

5）三角脸男士适合的发型。倒三角脸形又称瓜子脸，接近椭圆形脸的脸形，所以一般瓜子脸的人看起来也都给人很舒服的感觉。在发型的设计上只要注意头上部不要横向蓬松就可以了。三角脸形的男士适合厚厚的头发蓬在头顶，制造出厚实的质感，营造沉稳厚实的男生形象。而有分线的刘海儿，则让发型整体有层次，更加动感，脸边的鬓角和刘海儿可以有效地修饰脸形，起到使脸变小的作用。

3. 化妆

化妆是女性塑造自己形象的重要手段，是参加各种商务活动时修饰仪表不可或缺的方法。一般来说，面部施妆主要是指脸部的涂脂抹粉、画眼、描眉、涂口红。

（1）妆饰的基本原则

1）自然原则。美在含蓄，美在自然。妆成有却似无，让人感觉自身就长得如此美丽。有些人以为化妆就是要让人知道自己化了妆，烈日炎炎下也会涂上腮红，显得人十分不正常。要符合常规的审美规则，不要过于标新立异，如剃掉眉毛就十分不妥。

2）和谐原则。俗话说“三分长相、七分打扮”。随着人们生活水平的提高，化妆被人们所重视。男士一般不化妆，打扮以整理发型与修面为主。女性化妆的浓淡程度，应根据场合而定。工作场合只宜化淡妆；参加晚宴或夜晚的娱乐活动可以化浓妆；在校学生除参加文艺活动或礼仪活动外，一般不应化妆。工作妆要求以淡雅为主，目的在于不过分地突出商务人员的性别特性，不过分地引人注目。如果一位商界女士在工作场合，妆化得过于浓艳，往往会使人觉得她过分招摇和粗俗。在西方，这种妆型的女士还有“应召女郎”之嫌。

3）应当避免过量地使用芳香型化妆品。使用任何化妆品都不能过量。就芳香型化妆品，尤其是这一类型的代表香水而言，更应当铭记这一点。有些人不晓得化妆与为人处世一样，都要含蓄一些，才有魅力，才有味道。实际上，当人们过量地使用香水，不但有可能使人觉得自己表现欲望过于强烈，而且还有可能因此“摧残”他人的嗅觉，并引起对方的反感或不快。除此之外，过量地使用香水，还有可能引起别人的误解。因为过分香气扑鼻的人，很有可能是利用香水来替自己扬长避短，即用香水浓郁的香气，来遮掩自己身上不雅的体臭。一般认为，与他人相处时，自己身上的香味在一米以内能被对方闻到，不算是过量。如果在三米开外，自己身上的香味依旧能被对方闻到，则肯定属于过量使用香水。

4）避人原则。化妆应当避免当众化妆或补妆。常常可以见到一些女士，不管置身于何处，只要稍有闲暇，便会掏出化妆盒来，一边“顾影自怜”，一边“发现问题，就地解决”，旁若无人地“大动干戈”，替自己补一点香粉，涂两下唇膏，描几笔眉形。她们珍惜自我形象这一点固然正确，但若当众表演化妆术，尤其在工作岗位上当众有此行为，则很不庄重，并且还会使人觉得她们对待工作用心不专，只把自己当成一种“摆设”或是“花瓶”。

（2）化妆技巧

上班时，好看的妆容，既能表现出对他人的尊重，又能给自己带来一天好的心情，增添自信。一般化工作妆有以下几个步骤：

1）打底。打底时最好把海绵扑浸湿，然后用与肤色接近的粉底，轻轻点拍。

2）定妆。用粉扑蘸粉，轻轻揉开，主要在面部的 T 区定妆，余粉定在外轮廓。

3）画眼影。职业女性的眼部化妆应干净、自然、柔和，重点放在外眼角的睫毛根部，然后向上、向外逐渐晕染。

4）画眼线。画眼线应紧贴睫毛根，细细地勾画，上眼线外眼角应轻轻上翘，这种眼形非常有魅力。

5）描眉毛。首先整理好眉形，然后用眉形刷轻轻描画。

6）卷睫毛。用睫毛夹紧贴睫毛根部，使之卷曲上翘，然后顺睫毛生长的方向刷上睫毛膏。

7）刷睫毛膏。化完眼影记得一定要擦上睫毛膏，睫毛膏刷好后应先不用力眨眼，最好保持固定不动，以免沾染到脸上，睫毛膏快干时可用睫毛梳将多余部分清除，也有定型的效果。

8）口红或唇彩。应选用与服装相配，亮丽、自然的颜色，现在流行透明自然风格，粉嫩色系的口红或者唇蜜，都能为美丽加分。使用方法为用唇笔先描好唇形，再顺着唇形涂好口红或唇彩，加上唇蜜润泽更具风采。

9）检查。整个过程完成后，记得做最后的检查，在光线较明亮的地方仔细观察自己的

妆容，有没有上粉不均匀的情况。

生活小贴士

面部肌肤的护理与保养

清洁面部可以去除新陈代谢产生的老化物质及空气污染、卸妆等残留物，同时也可以清洁肌肤。洗脸时应遵循以下几点：

1）使用洗面乳的方法为先放在手上揉搓起泡沫，泡沫越细越不会刺激肌肤，泡沫需揉搓至奶油般细腻才算合格，让无数泡沫在肌肤上移动以吸取污垢，而不是用手去搓。

2）基本上是从皮脂分泌较多的 T 区（眉毛上端和鼻梁）开始清洗，额头中心部皮脂特别发达，要仔细清洗。手指不要过分用力，轻轻地由内朝外画圆圈滑动清洗。

3）用指尖轻柔仔细地清洗皮脂腺分泌旺盛的鼻翼及鼻梁两侧，否则容易导致脱妆及肌肤出现油光。

4）鼻子下方容易长青春痘，须仔细洗净多余的皮脂，用无名指轻轻画轮廓，既不会刺激肌肤又可完全去除污垢。

5）嘴巴四周也要清洗，脸部是否仔细洗净，重点在于有没有注意细小的部位，清洗时以按摩手法从内朝外轻柔描画圆弧状。

6）下巴和 T 区一样，也容易长青春痘及粉刺。同时，下巴还是洗脸时容易忽略的部位。洗脸时应由内朝外不断画圈，使污垢浮上表面。

7）面积圈套的脸颊部位需要特别仔细的关照。清洗面颊的诀窍是，不要用指尖接触皮肤而是用指肚，指肚仅有的面积充分接触脸颊的皮肤，以起到按摩清洁的作用，洗脸的重要技巧是在于不要太用力，以免给肌肤带来不必要的负担。

8）清洗时记得洗到脖子部位、下巴底部、耳下等部位，粉底霜没去除干净将引发肌肤问题。

9）冲洗时用流水（水龙头不关）充分地去除光洁，冲洗次数要适度，在较冷的季节，需使用温水，以免毛孔紧闭而影响了清洗效果。

10）洗脸后用毛巾擦拭脸上水分时，不可用力揉搓，以免伤害肌肤。使用毛巾的正确方法是将毛巾轻贴在脸颊上，让毛巾自然吸干水分。

4. 表情

所谓表情，指发生在颈部以上各个部位的情感体验的反应。这些部位主要是眼、眉、鼻、嘴等。心理学研究表明，人的基本面部表情如快乐、惊讶、恐惧、愤怒、厌恶、蔑视都是通过颈部以上的这些部位表示的，在了解表情礼仪时，同时必须了解这些特定的面部表情的含义。在社交活动中，若能有意识地使用面部表情的传播优势，那么许多社交问题将会迎刃而解。

表情礼仪在社交活动中使用频率最高的就是人的眼神和人的笑容，都说“眼睛是心灵的窗户”，在很多时候，很多人通过眼神与人交谈，“画龙点睛”说的就是眼睛的传神功效。根据心理学家的研究，眼神的变化主要在于瞳孔的变化，人的瞳孔会根据人的感情、态度和情绪自动发生变化，当一个人感到恐惧或兴奋时，瞳孔就会放大。一个人看到心爱的人，瞳孔自然就会放大，所以有人通过观察对方的瞳孔是否发生变化来判断自己是否被爱。古代也有一些商人通过观察对方瞳孔的变化来做生意。难怪现代有些人在社交场合，不愿摘下墨镜，大概是怕他人识穿自己的真实想法。不过，在社交场合戴墨镜是不礼貌的。

除了眼神，表情礼仪中人的面部微笑在社交活动中也相当重要。微笑总被认为是美好的，微笑的人总是不容易被人拒绝。故在服务行业普遍提倡微笑服务。在人际交往中，可以经常保持微笑；在碰到不顺或尴尬情况时，也应该露出微笑。微笑可以表现出温馨、亲切的表情，能有效地缩短双方的距离，使对方产生美好的心理感受，从而形成融洽的交往氛围，反映本人高超的修养、待人的至诚。微笑有一种魅力，可以使强硬者变得温柔，使困难变容易。微笑是人际交往中的润滑剂，是广交朋友、化解矛盾的有效手段。微笑要发自内心，不要假装。

在人际交往中，表情真实地反映了人们的思想、情感及心理活动与变化。而且，表情传达的感情信息要比语言巧妙得多。在商务活动中，表情的作用更是不容小觑。当然，把握表情，并不是一件容易的事。从大体上说，人的眼神、笑容、面容是表达感情最主要的三个方面。

（1）眼神

眼神能够最明显、最自然、最准确地显示一个人的心理活动。

眼语的构成，一般涉及时间、角度、部位、方式四个方面。

1）时间。在人际交往中，尤其是与熟人相处时，注视对方时间的长短，往往十分重要。在交谈中，听的一方通常应多注视说的一方。

① 表示友好。若对对方表示友好，则注视对方的时间应占全部相处时间的约 1/3 左右。

② 表示重视。若对对方表示关注，如听报告、请教问题时，则注视对方的时间应占全部相处时间的约 2/3 左右。

③ 表示轻视。若注视对方的时间不到相处全部时间的 1/3，往往意味着轻视对方，或对交谈不感兴趣。

④ 表示敌意。若注视对方的时间长于全部相处时间的 2/3 以上，往往表示可能对对方抱有敌意，或是为了寻衅滋事。

⑤ 表示兴趣。若注视对方的时间长于全部相处时间的 2/3 以上，还有另一种情况，即对对方本人产生了兴趣。

2）角度。在注视他人时，目光的角度，即目光发出的方向，是事关与交往对象亲疏远近的一大问题。注视他人的常规角度有以下几种，如图 1-7 所示。

（a）平视

（b）仰视

（c）俯视

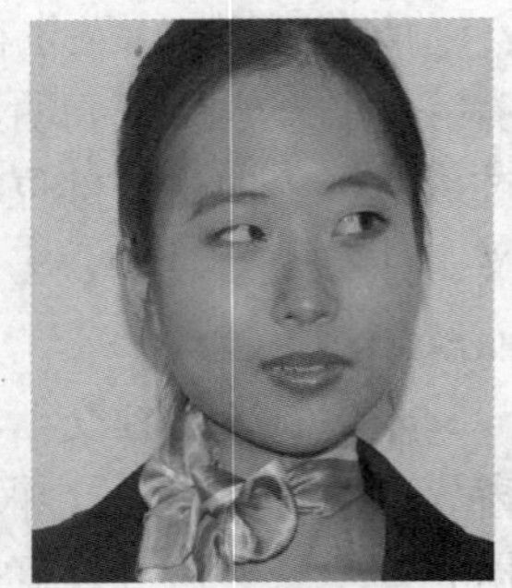

（d）侧视

图 1-7　注视他人的常规角度

① 平视，即视线呈水平状态，又称正视。一般适用于在普通场合与身份、地位平等的

人进行交往。

② 仰视，即主动居于低处，抬眼向上注视他人。表示尊重、敬畏之意，适用于面对尊长的情况。

③ 俯视，即抬眼向下注视他人，一般用于身居高处之时。俯视可对晚辈表示宽容、怜爱，也可对他人表示轻慢、歧视。

④ 侧视，是一种平视的特殊情况，即位于交往对方一侧，面向对方，平视着对方。侧视的关键在于面向对方，否则即为斜视对方，是失礼的行为。

3）部位。在人际交往中，目光所及之处，就是注视的部位。注视他人的部位不同，不仅说明自己的态度不同，也说明双方关系有所不同。

在一般情况下，与他人相处时，不宜注视其头顶、大腿、脚部与手部，或是“目中无人”。对异性而言，通常不应注视其肩部以下，尤其是不应注视其胸部、裆部、腿部。允许注视的常规部位有如下几种。

① 双眼。注视对方双眼，表示自己聚精会神，一心一意，重视对方，但时间不宜过久，又称关注型注视。

② 额头。注视对方额头，表示严肃、认真、公事公办，又称公务型注视，适用于极为正规的公务活动。

③ 眼部至唇部。注视这一区域，是社交场合面对交往对象时所用的常规方法，因此又称社交型注视。

④ 眼部至胸部。注视这一区域，表示亲近、友善。多用于关系密切的男女之间，故称近亲密型注视。

⑤ 眼部至腹部。它适用于注视相距较远的熟人，亦表示亲近、友善，故称远亲密型注视，但不适用于关系普通的异性。

对他人身上的某一部位随意一瞥，可表示注意，也可表示敌意，又称随意型注视，通常也被称为瞥视。多用于在公共场合注视陌生人，但最好慎用。

4）方式。注视他人，在社交场合可以有多种方式的选择。其中，最常见的有以下几种。

① 直视，即直接地注视交往对象，表示认真、尊重，适用于各种情况。若直视他人双眼，即称为对视。对视表明自己大方、坦诚，或是关注对方。

② 凝视，是直视的一种特殊情况，即全神贯注地进行注视。多用以表示专注、恭敬。

③ 盯视，即目不转睛，长时间地凝视对方的某一部位。表示出神或挑衅，故不宜多用。

④ 虚视，是相对于凝视而言的一种直视，其特点是目光不聚焦于某处，眼神不集中。它多表示胆怯、疑虑、走神、疲乏，或是失意、无聊。

⑤ 扫视，即视线移来移去，注视时上下左右反复打量。它表示好奇、吃惊，不可多用，对异性尤其应禁用。

⑥ 睨视，又称睥视，即斜着眼睛注视。多表示怀疑、轻视，一般应当忌用。与初识之人交往时，尤其应当忌用。

⑦ 眯视，即眯着眼睛注视。它表示惊奇、看不清楚，模样不大好看，故也不宜采用。

⑧ 环视，即有节奏地注视不同的人员或事物。它表示认真、重视。适用于同时与多人打交道，表示自己“一视同仁”。

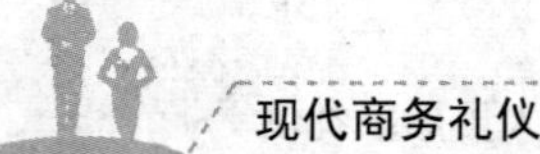

⑨ 他视，即与某人交往时不注视对方，反而望着别处。表示胆怯、害羞、心虚、反感、心不在焉，是不宜采用的一种眼神。

⑩ 无视，即在人际交往中闭上双眼不看对方。又称闭视，表示疲惫、反感、生气、无聊或者没有兴趣。往往给人不友好的感觉，甚至会被理解为厌烦、拒绝。

（2）笑容

利用笑容，可以消除彼此间陌生感，为更好地沟通与交往创造有利的氛围。

礼仪小故事

微笑的魔力

1887 年的圣诞之夜，康拉德·希尔顿出生在美国新墨西哥州的圣安东尼奥的一个挪威移民的家庭。希尔顿上中学的时候，每当放暑假便到父亲的小杂货店里帮忙，他对做生意、接待顾客特别感兴趣。他从新墨西哥州矿冶学院毕业后，父亲把小店交给了他。希尔顿把小店做得红红火火。

1919 年 1 月，希尔顿的父亲车祸去世，他安葬父亲，安慰母亲，处理掉小店，决心干点大事。母亲鼓励他离开小镇，到大地方去闯世界：“必须到水深的地方，才能行大船。”希尔顿怀揣 5000 美元，只身来到了得克萨斯州，进行一项投资，果断地买下他的第一家旅馆——梅比莱旅馆。由于他的苦心经营，很快，旅馆资产达到了 5100 万美元。他欣喜而自豪地将这个成绩告诉了母亲。希尔顿的母亲听完后，淡淡地说：“照我看，你跟从前没什么两样，不同的是你的领带脏了一些而已。要想成大事，你必须把握住比 5100 万美元更值钱的东西。”“那是什么？”“除了对顾客诚实以外，还要想方设法让每一个住进你的旅馆的人住了还想再来住。你要想出一种简单、容易、不花本钱而行之可以长久的办法去吸引顾客，这样你的旅馆才有前途。”母亲的话很简单，却让希尔顿苦苦思量。究竟有什么办法让顾客还想再来住？简单、容易、不花本钱而行之可以长久的法宝应该具备什么样的条件？希尔顿终于想出来了，这就是微笑，只有微笑才能发挥如此大的影响力。

这一天，希尔顿上班后的第一项工作，便是把手下的所有雇员找来，向他们灌输自己的经营理念：“微笑——一定要记住。我今后检查你们工作的唯一标准是，你今天对客人微笑了吗？”他又对旅馆进行了一番装修改造，提高了旅客的接待能力。依靠“你今天对客人微笑了吗？”的座右铭，梅比莱旅馆很快便红火起来。1925 年开始建设以自己名字命名的饭店。1929 年，希尔顿饭店完工。就在这时，美国历史上规模较大的一次经济危机爆发了。很快，美国的旅馆酒业有 80%倒闭，希尔顿饭店也深陷困境。希尔顿仍然依靠“你今天对客人微笑了吗”的座右铭。他信心坚定地奔赴各地，鼓舞员工振作精神，共渡难关，即使是借债度日，也要坚持以“一流微笑”来服务旅客、赢得旅客。他不厌其烦地向他的员工们郑重呼吁：万万不可将心中愁云摆在脸上。无论面对何种困难。希尔顿饭店服务员脸上的微笑永远属于旅客！1933 年，希尔顿饭店最先走出了危机，又迎来了发展的新时期，如今，已经成为世界“旅馆帝王”、拥有数十亿美元资产的老希尔顿于 1979 年去世，享年 92 岁。

不恰当的微笑

有一次，一个西欧旅游团深夜到达某饭店，由于事先联系不周，客房已满，只好委屈他们睡大厅。全团人员顿时哗然，扬言要敲开每一个房间，吵醒所有宾客，看看是否真的无房。此时，客房部经理却向他们“微笑”着耸耸肩，表示无可奈何，爱莫能助。这使宾

客更为不满，认为经理的这种微笑是一种幸灾乐祸的“讥笑”，是对他们的污辱，便拍着桌子大声喝道：“你再这样笑，我们就要揍你!”这位经理十分尴尬。后来在翻译人员的再三解释下，客人的愤怒才告平息。

启示：微笑，已成为一种各国宾客都理解的世界性欢迎语言。世界各个著名的饭店管理集团如喜来登、希尔顿、假日等有一条共有的经验，即作为一切服务程序灵魂与指导的十把金钥匙中最重要的一把就是微笑。美国著名的麦当劳快餐店老板也认为“笑容是最有价值的商品之一。我们的饭店不仅提供高质量的食品饮料和高水准的优质服务，还免费提供微笑，才能招揽顾客。但笑必须根据不同的场点，场合掌握分寸，没有节制的乱笑无疑会产生不良后果。”

笑的种类有如下几种：①含笑——不出声，不露齿，只是面带笑意，表示接受对方，待人友善，适用范围较广；②微笑——唇部向上移动，略呈弧形，但牙齿不外露，表示自乐、充实、满足、会意、友好等，适用范围最广；③浅笑——笑时抿嘴，下唇大多含于牙齿之中，多见于年轻女性害羞之时。

笑的禁忌有如下几种：①假笑——指似笑非笑，让人感觉不真诚；②冷笑——含有怒意、讽刺、不满、无可奈何、不屑一顾、不以为然等容易使人产生敌意的笑；③怪笑——阴阳怪气、令人心里发麻，多含有恐吓、嘲讥之意；④媚笑——有意讨好，非发自内心，具有一定功利性目的的笑；⑤怯笑——害羞、怯场，不敢与他人视线交流；⑥狞笑——指面容凶恶。

微笑的时候，先要放松面部肌肉，然后使嘴角微微向上翘起，让嘴唇略呈弧形。最后，在不牵动鼻子、不发出笑声、不露出牙齿，尤其是不露出牙龈的前提下，轻轻一笑。微笑训练过程如下：

1）练微笑时，要使双颊肌肉用力向上抬，嘴里发“E”音，用力抬高口角两端，注意下唇不要过分用力。

2）对着镜子，做出自己最满意的表情，即使放下镜子也要保持微笑的表情。

3）当一个人独处时，深呼吸、唱歌或听愉快的歌曲，忘掉自我和一切的烦恼，让心中充满爱意。

注意在微笑的时候，自己的眼睛也要“微笑”，否则，给人“皮笑肉不笑”的感觉。

眼睛的笑容有两种：“眼形笑”和“眼神笑”，“眼神笑”如图 1-8 所示。

取一张厚纸遮住眼睛下边部位，对着镜子，心里想着最使自己高兴的情景。这样，整个面部就会露出自然的微笑，这时，眼睛周围的肌肉也呈微笑的状态，这是“眼形笑”。然后放松面部肌肉，嘴唇也恢复原样，可目光中仍然满含笑意，这就是“眼神笑”的境界。学会用眼神与客人交流，这样微笑才会更传神、更亲切。微笑训练如图 1-9 所示。

图 1-8　眼神笑

图 1-9　北京奥运会礼仪志愿者微笑训练

（3）面容

面容表情是指人们面部所显示出的综合表情，是眼神和笑容的补充，发挥着辅助作用，由人的眉毛、鼻子、嘴巴、下巴共同或独立地显示出来。

1）眉语：眉毛的形状变化所显示的表情也能表达出人们不同的内心。双眉紧锁，多为发愁、不赞成、不愉快；眉峰上耸，多表示恐惧、惊讶；单眉上挑，多为询问、疑惑；眉毛上下快动，多表示开心、愉快、同意。

2）鼻子：挺鼻多表示倔强或自大；缩鼻多表示拒绝或放弃；皱鼻多表示吃惊或好奇；摸鼻则表示重视或思考，鼻翼扩大多为轻视或岐视；鼻翼起伏多为悲泣。

3）嘴巴：嘴巴除微笑外，不同的显示也可以表示不同的心理状态，给出不同的表情。嘴角一撇，表示鄙夷或轻视；撅起嘴巴，表示生气或不满；含住嘴唇抿嘴，则表示努力或坚持；上拉嘴角表示倾听，下拉嘴角表示不满。

我们也可通过同步训练眼神与微笑训练中的表情游戏，综合地掌握面容表情所表达的内心情感，提高自己察颜观色的能力，洞悉人性。

三、仪态礼仪

1. 站姿

优雅端庄的站立姿势，是商务人员形象的基础，必须正确掌握。

（1）站姿规范标准

站姿规范标准如下所述：

1）头正，脖颈挺直，头顶上悬。

2）下颌微收，嘴唇微闭，双目正视前方，面容自然平和。

3）两肩放松，气下沉，自然呼吸。

4）脊椎、后背挺直，胸略向前上方挺起。

5）两手臂放松，自然下垂于体侧，虎口向前，手指自然曲。

6）腹肌、臀大肌微收缩并向上提，臀、腹部前后相夹，髋部两侧略向中间。

7）两腿并拢立直，髋部上提。

8）两脚跟相靠，脚尖开度为45°～60°，身体重心主要支撑于脚掌、脚弓。

（2）标准站姿肌肉力量的训练

站立时要做到身体挺拔，肌肉应形成三种对抗力量：

1）髋部向上提，脚趾抓地。

2）腹肌、臀肌保持一定的肌肉紧张，前后形成夹力。

3）头顶上悬，肩向下沉。

这三种肌肉力量相互制约，才能保持标准的站姿。如果没有悬顶感，人就沉下来，缺乏立度；如果没有髋部和脚的对抗，膝部就容易弯曲。因此，站立时需要身体的这三种对抗力，缺一不可。

站姿训练时进行 15 分钟肌肉收紧练习，然后放松几分钟再重复，可以配合音乐减少训练的疲劳感。

（3）直立

1）男士站姿有以下几种类型：

① 身体立直，挺胸抬头，下颌微收，双目平视，面带微笑，两膝并严，脚跟紧靠，脚掌分开呈 V 字形，两腿并拢也可以略微分开，但不超过肩宽；提髋立腰，吸腹收臀，双手置于身体两侧，自然下垂。

② 身体立直，挺胸抬头，下颌微收，双目平视，面带微笑；两脚平行，比肩宽略窄些，双手在身后交叉，右手搭在左手上，贴在臀部。

③ 身体立直，挺胸抬头，下颌微收，双目平视，面带微笑；右手（左手）背后，左手（右手）下垂，两脚尖向外略展开，身体重心在两脚上。

①、②中男士直立姿势适用于商场服务，表示对客人的尊重和欢迎；后种站姿适用于为客人指示方向，或解答疑难问题，或提供其他服务。

男士标准站姿如图 1-10 所示。

（a）

（b）

（c）

（d）

图 1-10　男士标准站姿

2）女士站姿有以下几种类型：

① 身体立直，挺胸抬头，下颌微收，双目平视，面带微笑；两膝并严，脚跟靠紧，脚掌分开呈 V 字形，提髋立腰，吸腹收臀；双手自然并拢，大拇指交叉，右手搭在左手上，轻贴腹部；身体重心可放在两脚上，也可放在一脚上，通过重心的移动减轻疲劳。

② 身体立直，挺胸抬头，下颌微收，双目平视，面带微笑；两膝并严，提髋立腰，吸腹收臀，两脚尖向外略展开，右脚（左脚）在前，将右脚跟（左脚跟）靠于左脚（右脚）内侧，双手在腹前交叉，身体重心在两脚上。

以上两种女士直立姿势适用于商场服务，表示对客人的尊重和欢迎。女士标准站姿如图 1-11 所示。

（a）

（b）

图 1-11 女士标准站姿

（4）纠正不良站姿

每个人在日常生活中都有自己独特的形态特征，如果不注意培养标准的形体姿态，久而久之就会形成某种不标准的姿态。例如，探脖、斜肩、弓背、挺肚、撅臀、塌腿站立抖动等，这些不标准的姿态是很不美观的，影响人的行为风度，同时也会影响到人的身体健康。因此，学员必须学习规范的站立姿势，加强训练。不良站姿如图 1-12 所示。

（a）

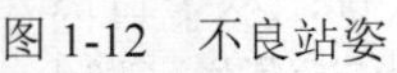
（b）

（c）

图 1-12 不良站姿

（5）站姿训练

站姿训练（按学号排好队，两两相对，练习站姿）掌握的要领是平、直、高。

1）平：头平正，双肩一样高，两眼平视。

训练方法：两人面对面对立，互相观察、纠正姿势；平常经常对着镜子纠正姿势。

2）直：腰直、腿直；后脑勺、背、臀、脚后跟成一条直线。

训练方法：两人背靠背站立，后脑勺、背、臀、脚后跟都相互贴紧；背靠墙，后脑勺、背、臀、脚后跟都紧贴墙。站立时间为 20 分钟左右，可配合音乐减少疲劳感。

3）高：头顶上悬，尽可能使人显高。

训练方法：

① 两人面对面站立，挺胸收腹，脖子上举，互相观察、体会；头上方吊一个物体，每当身体挺直上拔时，用头顶去碰触它。

② 背靠墙而立，让足跟、小腿肚、臀部、背部，后脑和墙接触，在头上顶三本书，让书的一边和墙接触，走动离开墙，为了不让书掉落，自己会本能地挺直脖子，下巴后收，胸脯挺起。

站姿训练如图 1-13 所示。

（a）

（b）

图 1-13　站姿训练

2. 坐姿

坐姿是一种静态造型，端庄优雅的坐姿，会给人文雅、稳重、自然大方的美感。

（1）坐姿规范标准

坐姿规范标准如下所述：

1）入座时要轻、稳，走到座位前，转身以后，轻稳地坐下。

2）面带笑容，双目平视，嘴唇微闭，微收下颌。

3）双肩平正放松，两臂自然弯曲放在膝上，也可放在椅子或沙发扶手上，手心向下。

4）坐在椅子上，应立腰、挺胸，上体自然挺直，身体重心垂直向下。

5）双膝自然收拢，双腿正放或侧放，双脚并拢或交叠（男士坐时可略分开）。

6）坐在椅子上，约坐满椅子的 1/3 至 2/3，脊背轻靠椅背。

7）起立时，右脚向后收半步，而后站起。

8）谈话时可侧坐，此时上体与腿同时转向一侧。

（2）商场服务工作中的基本坐姿

1）正坐坐姿包括男士坐姿与女士坐姿，具体规范如下：

① 男士坐姿。上体挺直，下颌微收，双目平视，两腿分开，不超肩宽，两脚平行，小腿与地面呈垂直状，两手分别放在双膝上，也可两手合握于腹前。

② 女士坐姿。上体挺直，下颌微收，双目平视，两腿并拢，两脚尖并拢略向前伸，两手叠放在双腿上，略靠近大腿根部。

正坐坐姿如图 1-14 所示。

（a）　　　（b）

图 1-14　正坐坐姿

2）侧坐坐姿可采用斜靠式或者叠放式坐姿，具体规范如下：

① 斜靠式坐姿。上体挺直，侧向一方，下颌微收，双目平视，两腿并拢，两脚同时向左放或向右放（也可两脚交叉，置于一侧），两手叠放，置于左腿或右腿上。一般适用于女士。男士侧坐，上半身与腿同时转向一侧，面部仍是正对正前方，双肩保持平衡。

② 叠放式坐姿。双膝并拢，小腿前后交叉叠放在一起，自上而下不分开，脚尖不宜跷起。双脚的置放视座椅高矮而定，可以垂放，也可与地面呈 45° 角斜放。采用此种坐姿，切勿双手抱膝，穿超短裙者宜慎用。男士小腿不需靠拢，可适当分开，注意脚尖不要指向对方。

斜靠式坐姿、叠放式坐姿如图 1-15 所示。

（a）　　　（b）　　　（c）

图 1-15　斜靠式、叠放式坐姿

（d）

（e）

（f）

图 1-15　斜靠式、叠放式坐姿（续）

（3）纠正不良坐姿

就座时不能完全放松，瘫软在椅子上；两腿不应任意叉开或长长地伸出去；不要把脚跨在椅子或沙发扶手上，架在茶几上；不要弓腰驼背，全身挤作一团，或只坐椅子边缘；不可将大腿并拢，却把小腿分开，或双手放在臀下，腿脚不停地抖动；女士入座时，若穿裙装，应用手将裙子下摆稍稍收拢一下，不要坐定后再起来整理衣服，女士也不可跷二郎腿；坐在椅子上若想和左右客人交流时，应侧身坐，不要只扭头。不良坐姿如图 1-16 所示。

（4）良好坐姿的注意事项

保持良好坐姿应注意以下方面：

1）入座时，要轻而稳，轻盈舒缓，从容自如。若着裙装，要用手将裙子捋拢一下，不要坐下后再站起整理裙子。注意落座的声音要轻，不要猛地墩坐，如同与别人抢座位。特别是“忽”地坐下、“腾”地站起，如同赌气，造成紧张气氛。

（a）

（b）

（c）

图 1-16　不良坐姿

（d）　　　　　　（e）

图 1-16　不良坐姿（续）

2）落座时要保持头部端正、上身平直，双目自然平视，双腿自然弯曲，不要耷拉肩膀、含胸驼背、前俯后仰，给人以萎靡不振的印象。

3）腿的摆法也不容忽视的。两腿笔直向前、两膝分得太开、抖动腿脚、两腿并拢或八字而两膝外展，或两脚放到座椅下等，都是非“礼”的动作。

4）在人际交往中，坐姿的选择要与不同的场合相适应。例如，坐宽大的椅子（沙发）时，要注意不要坐得太靠里面，应坐椅子的 2/3，不要靠背，休息时则可轻微靠背。若因谈话需要侧转身时，上体与腿应同时转动，幅度不宜过大。

5）女士入座时，注意两膝不能分开，两脚要并拢，可以交叉小腿。如果跷腿坐，注意不要跷得过高，不要把衬裙露出来，还应注意将上面的小腿向后收，脚尖向下。起立时，双腿先向后收半步或右脚先向后收半步，然后站起，注意动作不要迅猛，也不要双手扶腿站起。

6）男士如有需要，可交叠双腿，但一般是右腿架在左腿上。但不宜过高，在礼仪场合，绝不要首先使用这一姿势，因为会给人以显示自己地位和优势的不平衡的感觉。“4”字形的叠腿方式是绝对禁止的。

练习：着职业装，练习入座、起立及坐姿。练习在高低不同的椅子、沙发及不同的交谈气氛与环境下的各种坐姿。其重点是，强调上身挺直，双膝不能分开，可以用一张小纸片夹在双膝间，做到起坐时不掉下。

3. 走姿

在日常生活中，有些人尽管服装样式简单，优美的行走姿态却使其气度不凡；有些人精心打扮穿着入时，可行走姿态不优美，形象会大打折扣。

（1）走姿规范标准

走姿规范标准如下所述：

1）上身挺直，双肩平稳，视线平视，面带微笑。

2）手臂伸直放松，手指自然弯曲，摆动时，以肩关节为轴，上臂带动前臂自然摆动。

前摆约 35°，后摆约 15°，手掌朝向体内。

3）起步时身体稍向前倾，提髋屈大腿带动小腿向前迈。

4）脚尖略抬，脚跟先着地，重心落前脚掌，膝盖伸直。行走线路要成为一条直线。

5）步幅适当，一般是前脚的脚跟与后脚的脚尖相距为一脚长。

6）停步、拐弯、侧行、转身、上下楼梯时，应从容不迫，采取合理的途径控制自如，保持步态美。

7）行走速度，一般男士每分钟行走 108～110 步，女士每分钟行走 118～120 步。

8）正确的行走，上体的稳定与下肢的频繁规律运动形成对比和谐，干净利落均匀的脚步形成节奏感，前后、左右行走动作的平衡对称，都会呈现行走时态美。

一般行走的速度标准如下所述：

步幅，男子 40 厘米左右；女子 30 厘米左右，不宜太大。

速度，男子每分钟 108～110 步；女子每分钟 118～120 步。

步高，男子脚跟离地 2～3 厘米；女子脚跟离地 3～4 厘米。

练习：顶书行走训练，头顶上放置几本书，进行行走训练。行走时要头正、颈直，以纠正行走时摇头晃脑的毛病。背包持物行走训练，主要是进行练习背小包、持文件夹和公文包等行走训练。

（2）不同服务场合的走姿

商场的迎宾、礼仪、导购小姐的步态，应稳健、轻盈、欢悦，给顾客以典雅、亲切的阴柔之美。行走时，上身挺直，目光柔和，面带微笑。

柜台前的营业员步态要轻盈、敏捷、利落，始终面带微笑，体现出商场的风貌。

（3）纠正不良走姿

走路最忌内八字和外八字；不要弯腰驼背、歪肩晃膀；不要大跨步、大甩扭腰摆臀，左顾右盼；走路不成直线，叉开双脚走；不要脚蹭地面，脚步拖泥、脚步过重，踩得地板“咚咚”作响；不要双手插裤兜，低头走步。

标准走姿如图 1-17 所示。

4. 蹲姿

在日常生活中，人们对掉在地上的东西，一般是弯腰将其捡起，而商场人员对掉在地上的东西，也用这种姿势捡起是不对的。在商场服务中，经常要有蹲的姿势，如整理货物、请顾客试穿鞋子等，姿态一定要美观。

（1）蹲姿规范标准

蹲姿规范标准如下所述：

1）下蹲时应自然、得体、大方，不遮遮掩掩。

2）下蹲时，两腿紧靠合力支撑身体，臀部向下。

3）下蹲时，应使头、胸、膝关节不在一个角度上，保证蹲姿优美。

（2）商场服务中的两种蹲姿

商场服务中的两种蹲姿为交叉式蹲姿和高低式蹲姿。

1）交叉式蹲姿。下蹲时，右脚在前，左脚在后，右小腿垂直于地面，全脚掌着地。左腿在后与右腿交叉重叠，左膝由后面伸向右侧，左脚跟提起，左前脚掌着地。两腿前后紧靠，合力支撑身体。臀部向下，上身稍前倾。

交叉式蹲姿如图 1-18 所示。

图 1-17　走姿

图 1-18　交叉式蹲姿

2）高低式蹲姿。下蹲时，左脚在前，右脚稍后，不重叠，两腿紧靠向下蹲。左脚全脚掌着地，小腿垂直于地面，右腿跟提起，右前脚掌着地。右膝低于左膝，两膝内侧紧靠。臀部向下，基本上以右腿支撑身体。

男士可选用高低式蹲姿，两腿之间可以有适当距离。

高低式蹲姿如图 1-19 所示。

（a）

（b）

图 1-19　高低式蹲姿

（3）纠正不良蹲姿

下蹲时背部要朝向内侧，不应对着他人，也不能将臀部高高撅起，女士不应两腿叉开，这是极不雅观的；若两腿展开平衡下蹲也不美观；下蹲时一定要注意内衣“不可以露，不可以透”，这是最失检点的地方。不雅蹲姿如图 1-20 所示。

(4) 蹲姿的训练

在进行蹲姿训练时，可按学号顺序依次练习，具体训练要求为以下内容：

1）训练交叉式蹲姿。

2）训练高低式蹲姿。

3）掌握两种蹲姿的要领为两腿紧靠，臀部向下。

图 1-20 不雅蹲姿

5. 手势

手势是最富有表现力的“体态语言”，在商场服务工作中运用极其广泛，送宾客、为客人让路或指示方向、为客人递接商品、为客人解决疑难问题等都需要手势。

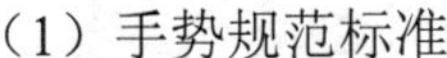

(1) 手势规范标准

手势规范标准如下所述：

1）五指并拢伸直，掌心向上，手掌平面与地面形成 45° 角。

2）手臂伸直，手掌与手臂形成直线，肘关节弯曲为 140° 为宜。

3）手掌指示方向时，以肘关节或肩关节为轴，上身稍向前倾。

4）做手势时，要与表情、步态、礼节相配合，才能达到完美的效果。例如，做“请进”手势时，必须先主动向客人鞠躬问候，表示欢迎，然后向后退步，再做“请进”的手势，体现对客人的尊重和礼貌。

手势训练如图 1-21 所示。

图 1-21 志愿者手势训练

(2) 商场服务工作中常用的手势

1）斜臂式。当表示“请”的意思或为客人指示方向时，经常采用斜臂式。

以右手为例，五指自然并拢伸直，掌心向上，手掌平面与地面呈 45°；肘关节微屈为 140° 左右，腕关节要低于肘关节。做动作时，手从腰前抬起，至上腰部处，然后以肘关节为轴向右摆动，至身体右侧稍前的地方停住，同时身体和头部微向右倾斜，视线也随之移动；双腿并拢或成右丁字步，左臂自然下垂，目视客人，面带微笑。

有时手臂的高度与肩同高，肘关节基本伸直，略带弯度。一般男士使用这个动作较多，表示出更大的热情。

2）曲臂式。当一只手拿东西，同时又要做出“请”或指示方向的动作时，可采用曲臂式。

以右手为例，五指自然并拢伸直，从身体的右侧前方，由下向上抬起，至上臂离开身体45°的高度时，以肘关节为轴，手臂由体侧向体前的左侧摆动，距身体 20 厘米处停住；掌心向上，手指尖指向左方，头部随客人由右转向左方，面带微笑。

3）双臂横摆式。当商厦举行重大庆典活动时，来宾较多，向众多的来宾表示“请”或指示方向时，可采用双臂横摆式。 两手五指自然并拢伸直，掌心向上，从腰前抬起，至上腰部处，同时向身体两侧摆动，至身体的侧前方；肘关节略弯曲，上身稍向前倾，微微点头，面带微笑，向客人致意。

如果来宾在某一侧，也可以将手臂向同一侧摆动。手势引导如图 1-22 所示。

图 1-22　手势引导

（3）纠正不良手势

在与人交谈时，手势既不要过于单调，也不要过多、动作过大；给人指示方向时手势要规范，切不可用一只手指指点客人；当顾客在挑选商品时，营业员不可用手推、拉顾客手中的商品；当顾客询问事情时，如果营业员没听清楚或本商场内无此商品，均不可用摆手的方式回答，必须做到有问必答；在为外国顾客服务时，应注意各国手势的不同习惯，尊重不同民族的风俗，不可乱用，避免造成误会，不需要翘起兰花指，显得成心作态。

由于不同国家、地区的文化习俗不同，同一国家、地区的不同民族的风俗不同，手势的含义也有很多差别，甚至同一手势表达的含义也不相同。所以，手势的运用只有合乎规范，才不至于产生误解。

1）掌心向下的招手动作，在中国主要是招呼别人过来，在美国是招唤小动物的行为。

2）竖起大拇指，一般都表示顺利或夸奖别人。但也有很多例外，在美国和欧洲部分地区，表示要搭车；在德国表示数字“1”；在日本表示“5”；在澳大利亚就表示骂人。与别人

谈话时将拇指翘起来反向指向第三者，即以拇指指腹的反面指向除交谈对象外的另一人，是对第三者的嘲讽。

3）OK 手势。拇指、食指相接成环形，其余三指伸直，掌心向外。OK 手势源于美国，在美国表示“同意”、“顺利”、“很好”的意思；而在法国表示“零”或“毫无价值”；在日本表示“钱”；在泰国表示“没问题”；在巴西表示粗俗下流。

4）V 形手势。这种手势是第二次世界大战时的英国首相丘吉尔首先使用的，现在已传遍世界，表示“胜利”。如果掌心向内，就变成骂人的手势了。

6. 不良举止

（1）手机使用不当

手机是现代人们生活中不可缺少的通信工具，如何通过使用现代化的通信工具来展示现代文明，是生活中不可忽视的问题，如果事务繁忙，不得不将手机带到社交场合，那么至少要做到以下几点：①将铃声降低，以免惊动他人；②铃声响时，找安静、人少的地方接听，并控制自己说话的音量；③如果在车里、餐桌上、会议室、电梯中等情境通话，尽量使谈话简短，以免干扰别人；④如果手机响起时，有其他人在旁边，必须道歉说：“对不起，请原谅”，然后走到一个不会影响他人的地方，通话结束后再入座。如果有些场合不方便通话，告知来电者会在适当时间回电话，不要勉强接听而影响别人。

（2）随地吐痰

吐痰是最容易直接传播细菌的途径，随地吐痰是非常没有礼貌而且绝对影响环境、影响人们的身体健康的。如果要在公共场所吐痰，把痰吐在纸巾上，丢进垃圾箱，或去洗手间吐痰，但不要忘了清理痰迹和洗手。

（3）随手扔垃圾

随手扔垃圾是应当受到谴责的不文明举止之一。

（4）当众嚼口香糖

有些人必须嚼口香糖以保持口腔卫生，那么也应当注意在别人面前的形象。咀嚼的时候闭上嘴且不能发出声音，并把嚼过的口香糖用纸包起来，扔到垃圾箱。

（5）当众挖鼻孔或掏耳朵

有些人习惯用小指、钥匙、牙签、发夹等当众挖鼻孔或者掏耳朵，这是一个很不好的习惯。尤其是在餐厅或茶坊，别人正在进餐或喝茶，这种不雅的小动作往往令旁观者感到非常不适，是很不雅的举动。

（6）当众挠头皮

有些人头皮屑多，往往在公众场合忍不住头皮发痒而挠起头皮来，顿时皮屑飞扬四散，令旁人不快。特别是在庄重的场合，这样做很难得到别人的谅解。

（7）在公共场合抖腿

有些人坐着时会有意无意地双腿抖动不停，或者让跷起的腿像钟摆似地来回晃动，而且自我感觉良好，认为无伤大雅。其实这会令他人觉得很不舒服。这不是文明的表现，也不是优雅的行为。

（8）当众打哈欠

在交际场合，打哈欠给对方的感觉是，对对方不感兴趣，已表现出不耐烦的情绪。因此，如果控制不住要打哈欠，一定要马上用手盖住自己的嘴，接着说“对不起”。

练习：请各位同学进行训练四的练习。

◆ 任务实施

案例讨论

谨防微笑抑郁症

小张大学毕业后，找到一份令人羡慕的外资企业的工作，成为一名白领丽人。平时，她在公司里办事效率高，对人充满热情，不管是对领导、同事还是客户，小张脸上的微笑总是一圈一圈地荡漾开来。很快，小张被提拔成了领导，为了给员工作出表率，无论开心不开心，小张都能始终保持着微笑。人前强颜欢笑，回家后却经常无名火起，经常无缘无故地骂自己的丈夫。父母做好一桌饭菜，她只是沉默地吃着。女儿取得好成绩，她也面无表情，“在外面笑了一天了，脸都僵硬了，回到家里根本就笑不出来。”一天早上，因为家庭琐事，她与丈夫吵了架，带着火气上班，早上开晨会的时候，她依然做着“完美微笑”的示范，但她内心却是充满焦虑，感觉自己就是供人观赏的模特，内心很痛苦。

讨论：

1）笑从哪里来？如何谨防微笑抑郁症？

2）如何理解《礼记》中“夫孝子之有深爱者，必有和气；有和气者，必有愉色； 有愉色者，必有婉容。”这段话？

同步训练

训练一　自身修饰训练

1．训练要求

检查自身的仪表，确定自己的脸形，掌握自身的外形条件，找到优点与缺点，从而找到适合自己的修饰要求与修饰技巧。

2．训练器具

打印一张自己的头像（注意最好前额无刘海儿），细铅笔、一尺长绳子（无弹性）、镜子、软尺。

3．训练方法

示范讲解、分小组互相测量、自我评价、互相点评。

4．训练步骤

（1）实训所用器具的准备。

（2）实训进程：

1）确定脸形。拿出打印出来的头像，用铅笔在脸上的上下左右两侧对应地画些记号并连接起来，便得到了一张自己的脸形图。量出自己的脸长与脸宽的比例，对照各种脸形来确定。

2）三庭的测量。将绳子打个节，作为每次测量的起点，从头顶正中的发际线开始往下到眉心，此为上庭；接着从眉心到鼻尖，此为中庭；然后是从鼻尖到下巴底部，此为下庭。三长度进行比较，并进行记录，了解自身面部器官在纵向和谐程度。此项可对着镜子自测。

3）五眼的测量。先测量眼长，从内眼角到外眼角的长度为一个眼长，然后再测量一下两眼之间的距离，即左眼内眼角到右眼内眼角的长度，是等于、大于或是小于一个眼长，从而获得眼睛分配的舒适程度。此项可对着镜子自测。

4）头长的测量。将绳子一端固定在细铅笔上，把细铅笔水平旋转在头顶，让有绳子的一头靠在脸部的外侧，绳子自然地垂直，在下巴的水平位置作一记号或者打一节，并再次测量以验证，无误后此长度为自己的头长，进行记录。此项由小组成员互测，小组长进行验证。

5）身材的测量与判定。在测量完头长后，就可以运用已作好头长记号的绳子测量出自己的肩长、颈长、上半身与下半身的长度，以头长为单位，将测量结果进行记录。对照标准可了解自己的头、颈、肩、上下半身的匀称程度，并对自身测量结果下一个判断。测量胸围、腰围、臀围。

6）根据测量结果，拟定修饰方案。小组讨论各成员应重点修饰的部位及发型选择。

7）填写训练报告（分个人和小组报告）。

5．在操作时经常出现的错误

1）提供的照片有刘海儿，在画脸形轮廓的时候就会凭自己的想象去画，与实际有差别。

2）测量用的绳子有弹性，会影响测量结果。

3）测量头长时应该从发型的最上沿开始，如果发型是向上竖起的则不能压实后测量。

4）测量头长时，不能紧贴脸部进行，这样会比实际头长要长。

5）测量头长时，铅笔要水平放置，在实际操作中容易向上翘起或往下倾斜，使得测量结果不准确。

6）测量颈长时低头或抬头。

7）测量上下身时分界点不正确。

训练二　化妆技巧训练

1．训练要求

根据训练一得出的结论，结合自身的外形条件，掌握正确的化妆技巧。

2．训练器具

一套化妆用品，包括粉底液、眼影、眼线笔、睫毛膏、口红、眉笔、睫毛夹、腮红、眉毛夹、唇线笔、粉扑等。一套清洁护肤用品，包括洗面奶、爽肤水、润肤露、隔离霜等。

3．训练方法

示范讲解、化妆练习、老师点评、互相点评。

4．训练步骤

（1）实训所用器具的准备。

（2）实训进程：

1）清洁皮肤。洁净的皮肤是化好妆的基础。

2）修眉。除去多余的眉毛，修整基本眉形。修眉可采取拔眉法和剃眉法。

3）补水。用消毒棉片蘸化妆水爽肤水涂抹在皮肤上，并用手指轻轻弹拍使其充分渗透。

4）护肤。通过营养霜或乳液的使用可使皮肤滋润，在皮肤与有色化妆品之间形成保护屏障，可防止有色化妆品的色素对皮肤的直接侵蚀。

5）打底。改善肤色与皮肤质感，使皮肤细腻洁净。打底时最好把海绵扑浸湿，然后用与肤色接近的粉底，轻轻点拍。

6）化妆。眼、睫、眉、唇、腮部化妆技巧。眼部化妆可分为三个步骤：画眼影、画眼线和卷染睫毛。眼影的选择要与妆型、妆色、服饰等协调；描画眼线可使眼部轮廓清晰，增强眼睛的黑白对比度；涂染睫毛油可增强睫毛的浓密感，并显得睫毛变长。用睫毛夹紧贴睫毛根部，使之卷曲上翘，然后顺睫毛生长的方向刷上睫毛膏。眉是眼睛的门户，眉的描画要与眼型、脸形协调对称。腮红可使人显得健康精神，并可弥补脸形的不足。选择适合自己的唇彩，用唇笔先描好唇形，再顺着唇形涂好口红或唇彩，加上唇蜜润泽更具风采。

7）老师选择几种类型的脸进行妆容分析，同学们根据这些分析再检查一下自己的妆容，然后互相检查提出修改意见。

8）填写训练报告。

5．在操作时经常会出现的错误

在进行化妆训练的时候要注重学会如何避短，重在协调，把不足之处进行遮盖、修饰、弥补，而有的同学却重点将自己最美的地方进行修饰而忽略了短处的修饰，反而收不到好的效果。例如，有的同学测量的时候发现自己的眼距小于一个眼长，可是在化妆的时候，却习惯性地将眼线画得长长的，使自己的眼睛看起来更大了，那就会使横向的五眼更加不协调。又如，有的同学测量的时候发现自己的上庭小于中庭与下庭，可是她在化妆的时候偏偏画了一个高挑眉，发型也不合适，前面没有刘海儿，这就使得自己的上庭看起来更短了，纵向达不到和谐，看着十分奇怪。

训练三　眼神与微笑训练

1．训练要求

通过训练，要求同学们掌握眼神的技巧、学会恰当的微笑、懂得脸部表情的变化所反映的心理、掌握观察对方的技巧。

2．训练器具

镜子、纸、一次性筷子。

3．训练方法

示范讲解、微笑练习、游戏体验、心得分享。

4．训练步骤

（1）实训所用器具、服装的准备。

着职业装，是为了让训练者更有工作的心境。

（2）实训进程：

1）眼神训练。以下两种方法可以坚持天天训练，不要间断，必使目光明亮有神。

① 点燃一根蜡烛，视点集中在蜡烛火苗上，并随其摆动，坚持训练可使目光集中、有神，眼球转动灵活。

② 视线追逐鸽子飞翔可使目光有神。

2）微笑训练，可按以下方法进行训练。

① 调整情绪，以 10 人为一个小组，围成 U 形，轮流站到中心，将自己生活中最高兴的事或者听到过的最好笑的笑话进行分享，并将这些能引起笑容的事情储存在记忆中。注意在分享的过程中，大家都微笑地看着分享者，分享者也要把眼光落到每一个组员的身上。

② 对着镜子，回想起最使自己兴奋的事件，脸上会流露出笑容。找到最使自己满意的表情，到离开镜子时也要保持微笑。或者嘴里念“一”音，使双颊肌肉用力向上抬，用力抬高口角两端，注意下唇不要过分用力。

③ 用纸遮挡住鼻子及以下部分，只露出眼睛以上部分，观察自己微笑时的眼神。

④ 保持住微笑，并轻轻咬住一根一次性筷子，保持笑容十分钟。此时指导老师可以放一些轻松一点的音乐。

3）表情判断游戏。

表情判断分组比赛，8～10 人一组。

由教师准备一些表情图片，大家分组讨论判断图片中的人物的心情是开心、发愁、愤怒、悲哀、兴奋、专注、伤心、欣喜若狂、无奈、鄙视、漠然、微笑、发呆、还是思考，每个判断正确得 10 分。

讨论确定后选代表将所在组的表情表演给其他组看，其他组进行判断，每对一个得 20 分，表演者另加 10 分。全部组成员表演完成后推选表演最投入、最准确的表演者另加 20 分。

4）填写训练报告。

5．在操作时经常出现的错误

1）目光无神，时间掌控不好。

2）目光闪烁，游移不定。

3）微笑不自然，用手遮掩。

4）微笑不能坚持，时间长了面部抖动。

5）表情判断观察力不够，没有注意细节

6）表演者没有放开，表情不够到位。表演指导，如表 1-1 所示。

表 1-1　表演指导

各部分的活动	A 表情	B 表情	C 表情	D 表情	E 表情
额与眉	平静	两眉靠紧，向上形成八字，额上出现皱纹	两眉靠紧，向下，眉间出现反八字纹	眉毛向上，额上有皱纹	稍靠近，眉间出现皱纹
眼睛	下眼皮向上，眼角出现皱纹	大睁	一部分或全部闭上	大睁	通常稍变小，伴有眼球的转动
鼻子	正常	鼻翅扩大	绷紧，变细，稍变长	鼻翅扩大	向上，鼻根上出现皱纹，鼻翅倾向两边
嘴	嘴张开，上齿露出	向两边紧紧地张开，下齿露出	张开，扭曲	张开，特别在强烈时大开不闭	稍稍向上
嘴唇	唇角向后，上唇向上绷紧	唇角向下，下唇充满力量	唇角向下，下唇颤动	唇角稍向下	唇角向下，下唇突起
下颚	向下	有力地向前突起	下垂	固定（不变）	向下
答案	喜悦	愤怒	悲伤	恐怖	厌恶

训练四　仪态训练

1．训练要求

通过训练，帮助同学们纠正不良的站立姿态，纠正错误的坐姿、蹲姿、行姿，进行标准站姿、坐姿、蹲姿、行姿的练习，养成良好的仪态习惯，给人美好的印象，并有助于身体的健康发育。

2．训练器具

纸、本子、椅子（要求在形体训练室训练）。

3．训练方法

示范讲解、姿态练习、教师纠错。

4．训练步骤

（1）基本站姿训练：

1）贴墙站立训练。面带微笑，背贴墙壁，面朝前，双目平视，脚后跟、小腿、臀部、双肩和后脑紧贴墙壁，身体上下处于一个平面的感觉，站立十分钟。

2）背靠背站立训练。学员分成两人一组，背靠背站立，两人的小腿、臀部、双肩和后脑勺紧贴，两人小腿之间或肩部放置纸板，要求保持不掉落。站立十分钟。

3）顶书站立训练。在头顶放置书本，要求上身和颈部挺直，收下颚，站立十分钟。

4）无帮助式标准体态训练。身体与地面垂直，重心放在两个前脚掌。头正、颈直、两眼平视前方、嘴微闭、挺胸、收腹、两臂自然下垂，手指并拢、自然微曲，中指压裤缝，两腿挺直，膝盖相碰，脚跟并拢，两脚张开成45°～60°夹角，从整体上给人精神饱满的感觉（此训练在前三种站姿态训练到一定阶段后进行，主要针对前台工作人员、礼仪服务人员）。

（2）基本坐姿训练：从左侧入座。

1）正坐姿训练。两腿并拢，上身挺直坐正，小腿与地面垂直，两手放在双膝上。男士双腿可以略微分开但幅度小于肩宽。

2）侧坐姿训练。坐正。女士双膝并拢，上身挺直，两脚同时向左或向右，双手叠放于左腿或右腿上。男士小腿垂直于地面，上身可以略微左倾或右倾。

3）交叉坐姿训练。两腿前伸，一脚置于一脚之上，在踝关节处交叉成前后交叉坐式，也可小腿后屈，脚前掌着地，在踝关节处交叉。

4）女士重叠坐姿训练。两脚交叉或跷起一条腿在另一条腿上，应力求膝部之上的并拢，双腿斜放，与地面呈45°夹角为佳。

（3）基本走姿训练：

1）直线行走训练。在地面上画出一条直线，行走时双脚内侧稍稍碰到所画直线，抬头挺胸、收腹、双目平视、面带微笑、充满自信和轻松。

2）顶书行走训练。每位学员头顶放置一本书，进行行走训练，走时要头正、颈直。

（4）基本蹲姿训练：

1）高低式蹲姿。下蹲时，应左脚在前，右脚完全着地，右脚跟提起，右膝低于左膝，右腿左侧可靠于左小腿内侧，形成左膝高右膝低姿势；臀部向下，上身微前倾，基本上用左腿支撑身体。采用此式时，女士应并紧双腿，男士可适当分开。

2）交叉式蹲姿。（适用于女士，尤其是适合身穿短裙的女性在公共场合采用）要求在下蹲时，右脚在前，左脚在后，右小腿垂直于地面，全脚着地；右脚往上，左腿在下交叉重叠；左膝从后下方伸向右侧，左脚跟抬起脚尖着地。两腿前后靠紧，合力支撑身体；上体微向前倾，臀部向下。

（5）填写训练报告

5．在进行体态训练时，经常出现的不规范动作：

1）站姿中经常出现的不规范：①面无表情，神情呆滞；②目光斜视、或往上往下看；③脚后跟没有并拢；④双肩不平；⑤弯腰驼背；⑥挺腹；⑦低头或头歪；⑧一腿站立、一腿抖动；⑨双手下意识做小动作；⑩纸板或书本经常掉落。

2）坐姿中经常出现的不规范：①抖腿；②身体前后或左右晃动；③靠在椅背上向后仰；④脚搭在椅子沙发茶几上；⑤脚尖指向他人；⑥脚伸得太远；⑦坐下或起立时动作过于迅猛或用双手撑着腿站起。

3）行姿中经常出现的不规范：①内八字、外八字形走；②前倾性走姿，头部先伸出去而腰臀部在后；③弯腰驼背，身体松垮，摇头晃脑，无精打采；④步幅过大、步速过快；⑤膝盖弯曲；⑥行走线路不成直线；⑦晃肩或髋部左右摆动。

◆ 任务评价

1．完成自身修饰训练后，填写以下训练报告（报告 1-1，报告 1-2）。

报告 1-1　自身修饰训练报告（个人）

姓名________　　班级________　　学号________　　小组________　　成绩________

训练项目	个人礼仪自身修饰训练
训练场所	多媒体教室
训练要求	通过训练，能够对自己面容及身材有正确的认识，了解自己的优势与不足，学会如何弥补不足、掩盖缺陷，学会正确地修饰自己
训练器具	镜子、软尺或绳子、细笔
训练操作	1．对自身条件测量的结果 脸形长宽比例： 三庭：　　五眼： 头身比例：　　头肩比例：　　头颈比例： 上下半身比例： 胸围：　　腰围：　　臀围： 2．对测量结果进行分析： （1）面部自我评价：

续表

训练操作	（2）体型自我评价： （3）认为适合自身的发型： （4）认为不适合自身的服饰：

报告 1-2　自身修饰训练报告（小组）

班级________　　小组________　　小组成绩________

小组成员	
训练项目	个人礼仪自身修饰训练
训练场所	多媒体教室
训练要求	通过训练，能够对自己面容及身材有正确的认识，了解自己的优势与不足，学会如何弥补不足、掩盖缺陷，学会正确地修饰自己
训练器具	镜子、软尺或绳子、细笔
训练情况	小组成员训练情况： 小组成员仪表规范互相检查与讨论情况： 本次训练收获：
训练建议	

2．完成化妆技巧训练后，填写以下训练报告（报告 1-3）。

报告 1-3 化妆技巧训练报告

姓名________ 班级________ 学号________ 小组________ 成绩________

训练项目		
训练场所		
训练要求		
训练器具	写上自己的化妆工具有哪些：	
训练操作	1．化妆前的工具准备 2．洁肤护肤：清洁皮肤、修眉、补水、护肤 3．化妆：打底、画眼线、涂眼影、上睫毛膏、画眉毛、涂口红、刷腮红 4．教师选择几种类型的妆容进行分析 5．自检妆容效果 6．互相检查学习	
化妆效果	化妆前：	化妆后：
训练心得	对本次妆容的评价： 同桌妆容的评价：	

3．完成眼神与微笑训练后，填写以下训练报告（报告 1-4）。

报告 1-4 眼神与微笑训练报告

姓名________ 班级________ 学号________ 小组________ 成绩________

训练项目	
训练场所	
训练要求	
训练器具	
训练操作	1．准备的训练器具 2．实训进程 （1）目光训练：（采用的方法） （2）微笑训练： 分享的开心因素：

续表

<table>
<tr><td>训练操作</td><td>用纸遮挡住鼻子及以下部分，观察自己微笑时的眼神：

练习十分钟微笑：

（3）表情游戏：
图片表情判断：　　　　模拟表情判断：
（开心、发愁、愤怒、悲哀、兴奋、专注、伤心、欣喜若狂、无奈、鄙视、漠然、微笑、发呆、还是思考）
A 表情：　　　　表情一：
B 表情：　　　　表情二：
C 表情：　　　　表情三：
D 表情：　　　　表情四：
E 表情：　　　　表情五：
F 表情：　　　　表情六：
G 表情：　　　　表情七：
表演加分：________ 游戏得分：</td></tr>
</table>

4．完成个人仪态训练后，填写以下训练报告（报告 1-5）。

报告 1-5　个人仪态训练报告

姓名________　班级________　学号________　小组________　成绩________

<table>
<tr><td>训练项目</td><td colspan="4"></td></tr>
<tr><td>训练场所</td><td colspan="4"></td></tr>
<tr><td>训练要求</td><td colspan="4"></td></tr>
<tr><td>训练工具</td><td colspan="4"></td></tr>
<tr><td>训练操作</td><td>站姿：</td><td>坐姿：</td><td>蹲姿：</td><td>行姿：</td></tr>
<tr><td>不良的
仪态习惯</td><td>站姿：</td><td>坐姿：</td><td>蹲姿：</td><td>行姿：</td></tr>
</table>

5．同步训练评价

项目小组评价表

组别＼分数	是否及时完成	质　量	团队表现
第一组			
第二组			
第三组			
……			

个人任务评价表

评分依据＼分数	个人具体分工		个人表现		
	承担任务的质量	个人记录	教师评分	组长评分	组员互评
成员一					
成员二					
……					

任务二　职业着装礼仪训练

导入案例

商务着装的重要性

郑伟是一家大型国有企业的总经理。有一次，他获悉有一家著名的德国企业的董事长正在本市进行访问，并有寻求合作伙伴的意向。于是他想尽办法，请有关部门为双方牵线搭桥。

让郑总经理欣喜的是，对方也有兴趣同他的企业进行合作，而且希望尽快与他见面。双方会面的那一天，郑总经理对自己的形象进行了精心的修饰。他根据自己对时尚的理解，上穿夹克衫，下穿牛仔裤，头戴棒球帽，足蹬旅游鞋。无疑，他希望自己能给对方留下精明强干、时尚新潮的印象。

然而事与愿违，郑总经理自我感觉良好的这一身时髦的“行头”，却偏偏坏了他的大事。德方同行认为：此人着装随意，个人形象不合常规，给人的感觉是过于前卫、尚欠沉稳，合作之事当再做他议。

郑总经理的错误在哪里？

◆ 任务要求

服饰表现的是一种社会文化。一个穿着得体的人，往往能体现出良好的文化修养和高雅的审美情趣，而穿着不当则会降低人的身份，损害自身的形象。本任务要求学员能通过学习与训练，规范地着装，大方得体地面对他人：

1）懂得一些简单的颜色搭配原理，找到属于自己的颜色。

2）学会正确地选择西装，规范地穿着西装。

3）学会西装与衬衫、领带的搭配。

4）掌握打领带、系丝巾的技巧。

5）合理地根据设定的场合，搭配好适合自己的服装。

◆ 任务分析

要完成任务二，主要在老师的指导下做好以下训练。

服装饰品佩戴训练：学会正确穿着职业装，学会服装选择过程中的各种装饰品的佩戴。男士重点掌握领带的各种打法，了解领带扣、袖扣、手表等男士饰品的佩戴修饰作用；女士重点掌握丝巾的多种系法，包括巴黎结、西班牙结、单叶结、蝴蝶结等，了解头饰、耳环、项链等饰品的佩戴修饰作用。

◆ 任务学习

一、服装礼仪的重要性

服装不是一种没有生命的遮羞布。它不仅是布料、花色和缝线的组合，更是一种社会工具，它向社会中的其他成员传达信息，表达出自己的个性、能力、对工作的重视性与他人的和谐度。从某种意义上说，服饰是一门艺术，服饰所能传达的情感与意蕴甚至不是用语言所能替代的。在不同场合，穿着得体、适度的人，给人留下良好的印象；而穿着不当的人，则会给他人不好的印象。

礼仪小故事

一个外商考察团来某企业考察投资事宜，企业领导高度重视，亲自挑选了庆典公司的几位漂亮女模特来做接待工作。并特别指示她们穿着紧身的上衣，黑色的皮裙，领导说这样才显得对外商的重视。但考察团上午见了面，还没有座谈，外商就找借口匆匆走了，工作人员一头雾水。后来通过翻译才知道，他们说通过接待人员的着装，认为这是个工作以及管理制度极不严谨的企业，完全没有合作的必要。

原来，该企业接待人员在着装上犯了大忌。根据着装礼仪的要求，工作场合女性穿着紧、薄的服装是工作极度不严谨的表现；另外，国际公认的是，黑色的皮裙只有妓女才穿。

礼仪小故事

一位女推销员在美国北部工作，一直都穿着深色套装，提着一个男性化的公文包。后来她调到阳光普照的南部，她仍然以同样的装束去推销商品，结果成绩不够理想。后来她改穿色彩淡的套装和洋装，换一个女性化一点的皮包，使自己有亲切感，着装的这一变化，使她的业绩提高了25%。可见，随着社会经济、文化的发展，如何得体、适度地穿着已成为一门大有可为的学问。就寻职或在职的女性而言，服装风格的第一个原则，尤其在工

商界和金融界或学术界，打扮过于时髦的女性，并不受宠，人们对服装过于花哨怪异者的工作能力、工作作风、敬业精神、生活态度，一般都会持有怀疑态度。

二、着装的原则

1. TPOR 原则

T、P、O、R 分别是英语中 time、place、object、role 四个单词的首字母缩写。“T”指时间，泛指早晚、季节、时代等；“P”代表地方、场所、位置、职位；“O”代表目的、目标、对象；“R”代表角色。TPOR 原则是目前国际上公认的衣着标准。着装遵循这一原则，就是合乎礼仪的。

（1）时间原则

不同时段的着装规则对女士尤其重要。男士有一套质地上乘的深色西装或中山装足以应付各种场合，而女士的着装则要随时间而变换。白天工作时，女士应穿着正式套装，以体现专业性；晚上出席鸡尾酒会就需要多加一些修饰，如换一双高跟鞋，戴上有光泽的佩饰，围一条漂亮的丝巾；服装的选择还要适合季节气候特点，保持与潮流大势同步。

（2）地点原则

在自己家里接待客人，可以穿着舒适但整洁的休闲服；如果是去公司或单位拜访，穿职业套装会显得专业；外出时要顾及当地的传统和风俗习惯，如去教堂或寺庙等场所，不能穿过露或过短的服装。例如，约见同一位客人，约会地点在对方办公室，则穿职业装较适宜；约在山顶，则见面时可穿运动服、登山服。

（3）场合原则

衣着要与场合协调。与顾客会谈、参加正式会议等，衣着应庄重考究；听音乐会或看芭蕾舞，则应按惯例着正装；出席正式宴会时，则应穿中国的传统旗袍或西方的长裙晚礼服；而在朋友聚会、郊游等场合，着装应轻便舒适。试想一下，如果大家都穿便装，自己穿礼服就有欠轻松；同样的，如果以便装出席正式宴会，不但是对宴会主人的不尊重，也会令自己颇觉尴尬。

（4）角色原则

角色原则是着装的个性化原则，主要指依个人的性格、年龄、身材、爱好、职业职位等要素着装，力求反映一个人的个性特征。选择服装因人而异，着重点在于展示所长，遮掩所短，显现独特的个性魅力和最佳风貌。现代人的服饰呈现出越来越强的表现个性的趋势。

礼仪小故事

着装的艺术

有位女职员是财税专家，具备很好的学历背景，常能为客户提供很好的建议，在公司里的表现一直很出色。但当她到客户的公司提供服务时，对方主管却不太注重她的建议，她所能发挥才能的机会也就不大了。一位形象大师发现这位财税专家在着装方面有明显的缺憾：她 26 岁，身高 147 厘米、体重 43 千克，看起来机敏可爱，喜爱着童装，像个不到 20 岁的小女孩，其外表与她所从事的工作相距甚远，所以客户对于她所提出的建议缺少安全感、依赖感，使得她的创意难以受到重视得以实现。这位形象大师建议她用服装来强调出学者专家的气势，用深色的套装，对比色的上衣、丝巾、镶边帽子来搭配，甚至戴上重黑边的眼镜。女财税专家照办了，结果，客户的态度有了较大的转变。很快，她成为公司的董事之一。

2. 整体协调性原则

正确的着装，能起到修饰形体、容貌等作用，形成和谐的整体美。服饰的整体美构成，包括人的形体、内在气质和服饰的款式、色彩、质地、工艺及着装环境等。服饰美就是从多种因素的和谐统一中显现出来。整体性有两层含义：

1）着装应与自身体形相和谐。例如，脖子比较短，就不适合穿高领衫，也不适合穿一字领、圆形领，可穿 U 领或者 V 领的服装，起到拉长脖子的效果；如果个子高大，上衣适当加长以缩小身高，较矮的人上衣不要太长、太宽，而裤子不能太短，裤腿不要太大；身材肥胖者，服装的面料不能太厚或者太薄，应选用厚薄适中、轻柔而挺括的面料服装，并忌穿大花、横条纹、大方格图案的服装，否则体型会更显得横宽。对身材肥胖的女士，不应选用皱褶的面料做衣服，不适合穿无袖短衫或连衣裙，最好不穿百褶裙、喇叭裙，西服裙较适宜。也不能穿紧身衣，宽松随意则好些；对于偏瘦的人而言，要尽量穿得丰满些，也不能穿太紧身的衣服，要不然尽显骨感。身材高而瘦的人，应选用面料稍厚一点的服装，这样会显得比较丰满、精神，并要避免颜色暗深的收缩色；腰长得比较粗，如果是个女士，那就不穿露脐装，否则露出一些囊肉。如果腿型较不美，不到万不得已不穿紧身装，不穿超短裙。

2）着装应在款式、色彩、质地配饰上保持相对统一。不同服装因款式、色彩等不同，可能搭配的各种配饰也会有所不同。例如，职业装色彩不应复杂，以素色为主，衬衣一般都要塞入裤裙里，否则会显得不够干练。女士鞋子尽量是以高跟皮鞋为主，不能搭配运动鞋。所配的首饰材质也要接近色彩相互协调。

生活小贴士

色彩因其物理特质，常对人的生理感觉形成刺激，诱发人们的心理定势和联想等心理活动，色彩还具有某种社会象征性，许多色彩象征着某种性格、情感、追求等。具体如下：

黑色，象征神秘、悲哀、静寂、死亡，或者刚强、坚定、冷峻；

白色，象征纯洁、明亮、朴素、神圣、高雅、怡淡、空虚、无望等；

黄色，象征炽热、光明、庄严、明丽、希望、高贵、权威等；

大红，象征活力、热烈、激情、奔放、喜庆、福禄、爱情、革命等；

粉红，象征柔和、温馨、温情等；

紫色，象征高贵、华贵、庄重、优越等；

橙色，象征快乐、热情、活动等；

褐色，象征谦和、平静、沉稳、亲切等；

绿色，象征生命、新鲜、青春、新生、自然、朝气等；

浅蓝，象征纯洁、清爽、文静、梦幻等；

深蓝，象征自信、沉静、平稳、深邃等；

灰色是中间色，可象征中立、和气、文雅等。

3. 整齐整洁原则

服装并非一定要追求高档华贵，但必须保持清洁，并熨烫平整，穿起来大方得体，显得精神焕发。整洁并不完全为了自己，更是尊重他人的需要。衣服勤换勤洗，不能沾有污渍，不能有绽线的地方，更不能有破洞，纽扣等配件应齐全。衣领和袖口处尤其要注意整洁。

4. 三色原则

在正式职场中，穿职业装的时候，全身的颜色最好不要多于三种，包括西装、衬衫、领带、鞋子和袜子在内，全身颜色应该保持在三种之内。

三、着装注意点

1. 女士规范着装

（1）不可过度

职业装的穿着应合身得体，不应过短或者过紧，不得露出内衣部分；色彩应该素静、柔和，不能夸张也不应过于透明。职业装体现保守，不能过露、过短，身体的部位过分暴露，不但有失自己身份，而且也失敬于人。

（2）饰物点缀

巧妙地佩戴饰品能够起到画龙点睛的作用，为自己的形象增添色彩。但是佩戴的饰品不宜过多，否则会分散对方的注意力，也会显得杂而乱。女士可选择的佩饰主要有首饰、胸花、丝巾、包、腰带等。佩戴首饰最关键的就是要与自己的整体服饰搭配统一起来，应尽量选择同一色系、同一材质，不要耳环是黄金的，项链是珍珠的。穿职业装时，可佩戴款式简单、颜色素净和不会发出声响的首饰；参加酒会或者晚宴一定要选择闪亮有质感的首饰，但不宜佩戴过多。

（3）穿好裙子

标准的西装套裙应是西装上衣与半截裙的搭配组合，而不能与牛仔裤、健美裤、裤裙等搭配，在上班等正式场合一定要按此规矩穿着，不可自由搭配。此外，在半截裙中，一般不可以将“黑色皮裙”与西装上衣配搭。因为在国外，“黑色皮裙”是“街头女郎”的工作服，不属正统装，故职业女性应慎穿，以免让知情者耻笑。工作场合一般不适合穿着长裙，不利于工作。着裙装的女士特别要注意在坐、蹲时的姿态，不能过于大意，使自己陷入尴尬的困境。

（4）讲究鞋袜配套

除了主体衣服之外，鞋袜手套等的搭配也要多加考究。正式、庄重的场合不宜穿凉鞋或靴子，不可穿布鞋、凉鞋、旅游鞋或拖鞋。平跟的黑色皮鞋、磨砂皮鞋、翻毛皮鞋属于休闲皮鞋，也不适合与西装相配。与西装配套的皮鞋，忌浅色、多色。最适于同西装套装配套的皮鞋，是黑色。就连棕色皮鞋，效果往往也会大打折扣。袜子以透明近似肤色或与服装颜色协调为好，在庄重场合不适宜穿带有大花纹的袜子，也不适合穿白色丝袜，白色丝袜一般用于孩子或者跳舞时穿着。丝袜的长度必须与裙子的长度相适应，一般而言，过膝的长裙应穿中筒袜；到膝盖及以上的裙子宜穿连裤袜，不要露出袜子与裙子之间的腿部皮肤。穿着西装套裙时，在任何场合也不可以穿色彩艳丽、图案繁多的低筒袜。

生活小贴士

皮鞋的保养

人们常觉得皮鞋没什么可保养的，穿完扔掉，这种想法是很不对的，如果懂得皮鞋的保养，不仅可以延长皮鞋的使用寿命，而且穿着也会很舒适。

1）保护皮鞋的方法是少浸水、多擦油。在存放前，最好涂抹猪油（也可用猪肉皮擦）或菜油，保护皮面不干皱。同时，用撕碎揉团的旧报纸塞进鞋里，以防变形。最后，把鞋放在纸盒里，存放在干燥处。

2）冬去春来，天气转暖，穿了整个冬天的棉毛皮鞋需要精心收藏保管。最理想的办法是，用塑料袋密封收藏。尤其是在夏季多雨潮湿的地区，效果最佳。具体方法是，先把穿过的皮鞋用湿布擦净、晾干，打上鞋油，稍等一会儿，用鞋刷擦亮，装入不漏气的塑料袋里，将袋内气体排出，用绳子将袋口扎紧。采用这种方法收藏保管皮鞋，可以防止皮鞋干裂变形和生霉变质。

3）擦好皮鞋：有的人以为擦皮鞋只用鞋油就够了，无论什么情况，有什么污渍都擦鞋油，这样对皮鞋是不利的。

香蕉皮含有单宁，用来擦拭皮鞋（或皮包）上的油污，可使皮面洁净如新。

白皮鞋擦干净，涂上亮光油后，再用蜡纸擦拭，最后用湿纸巾抹去鞋上的小污点，能经常保洁白。也可以先用食醋擦一擦，然后用干布擦干净，再擦白鞋油，其效果特别好。

擦皮鞋时，在挤出的鞋油中加几滴食用醋，会使皮鞋光亮而不易沾灰尘。

要把皮鞋擦亮，可在刷鞋的油里滴几滴清水。旧皮鞋在擦好鞋油后再涂一层地板蜡，用软布抛光。

用旧丝袜或旧尼龙袜套在鞋刷子上，蘸鞋油擦皮鞋，能把皮鞋擦得特别光亮。

浅色的皮鞋很容易弄脏。擦鞋时，先用柠檬汁涂在鞋面上，再擦鞋油，或者用牙膏刷，都会光亮如新。

喝剩下的牛奶或已陈腐了的牛奶，不要扔掉，用来擦皮鞋和其他皮革制品，可以防止皮质干裂。

2. 男士规范着装

作为男士，最常用的商务着装就是西装，但是西装不是穿上即可的，有些基本的规则还是要了解的。

礼仪小故事

小马刚从大学毕业，在一家公司的销售部从事产品推销工作。小马早就听说过公司职员的个人形象在业务交往中备受重视，因此他头一次外出推销产品时，便穿上了一身刚买的深色西装、一双黑色的皮鞋、一双白色的袜子，希望自己形象不俗，并因此而有所收获。

但是让小马困惑不解的是，他虽跑了不少地方，但与接待他的人刚一见面，对方往往朝他打量几眼，便把他支走了。有的大厦的保安，甚至连楼门都不让他进去。

后来，经过高人指点，小马才知道自己当时屡屡被拒之门外的原因，主要是着装上不够规范所致。小马上门进行推销时，虽然身穿深色西装、黑色皮鞋，但却穿了一双白色的袜子。这种穿法，有悖西装着装的基本规则，因而不能为他人所认可。虽是小瑕疵，但对商务人员来讲，却是直接与其所在单位的产品、服务的质量等量齐观的。

这一实例表明：在商务往来中，即使在西装的穿着、搭配方法上出了一个小小的漏洞，商务人员也很有可能为此而吃大亏。那么，作为一名商务人士，在西装的选择和穿着上应该

注意哪些方面？

（1）商界男士要注意西装的选择

要想使穿在自己身上的西装替自己增添色彩，首先要进行精心的选择。一般而言，要挑选一身味道纯正、有模有样，适用于商务交往之中穿着的西装，需要关注其面料、色彩、图案、款式、造型、尺寸、做工等七个方面的主要细节。

1）要关注其面料。鉴于西装在商务活动中往往作为正装或礼服，因此，其面料的选择应力求高档。在一般情况下，毛料应为西装首选的面料。具体而言，纯毛、纯羊绒的面料以及高比例含毛的毛涤混纺面料，皆可作为西装的面料。而不透气、不散热、发光发亮的各类化纤面料，则尽量不要用以制作西装。

目前，以高档毛料制作的西装，大都具有轻、薄、软、挺等四个方面的特点。轻，指的是西装不重、不笨，穿在身上轻飘犹如丝绸；薄，指的是西装的面料单薄，而不过分地厚实；软，指的是西装穿起来柔软舒适，既合身，又不会给人以束缚挤压之感；挺，则指的是西装外表挺括雅观，不发皱，不松垮，不起泡。

2）要关注其色彩。商界男士在穿西装时，往往将其视为自己在商务活动中所穿的制服。因此，西装的具体色彩必须显得庄重、正统，而不过于轻浮和随便。根据此项要求，适合于男士在商务交往中所穿的西装的色彩，理当首推藏蓝色。在世界各地，藏蓝色的西装往往是每一位商界男士首先必备的。

除此之外，还可以选择灰色或棕色的西装。黑色的西装亦可予以考虑，不过它更适于庄严而肃穆的礼仪性活动之中穿着。要是平日上班时穿黑色的西装，未免有些小题大做。

按照惯例，商界男士在正式场合不宜穿色彩过于鲜艳或发光发亮的西装，朦胧色、过渡色的西装，通常也不宜选择。越是正规的场合，越讲究穿单色的西装，因而带有两种以上色彩的“杂色”西装，在大多数情况下是与商界男士无缘的。

3）要关注其图案。商界男士所推崇的是成熟、稳重，所以其西装一般以无图案为好。不要选择绘有花、鸟、虫、鱼、人等图案的西装，更不要自行在西装上绘制或刺绣图案、标志、字母、符号等。

通常，上乘的西装特征之一，便是没有任何图案。唯一的例外是，商界男士可选择以“牙签呢”缝制的竖条纹的西装。竖条纹的西装，以条纹细密者为佳，以条纹粗阔者为劣。在着装异常考究的欧洲国家里，商界男士最体面的西装，往往就是深灰色的、条纹细密的竖条纹西装。

用“格子呢”缝制的西装，一般是难登大雅之堂的。只有在非正式场合里，商界男士才可以穿着。

4）要关注其款式。与其他任何服装一样，西装也有自己的不同款式。当前，区别西装的具体款式，主要有两种最常见的方法：

① 按照西装的件数来划分。根据此项标准，西装有单件与套装之分。依照惯例，单件西装，即一件与裤子不配套的西装上衣，仅适用于非正式场合。商界男士在正式的商务交往中所穿的西装，必须是西装套装。有时，男士在商务交往中所穿的西装套装，索性被人们称为商务套装。

所谓西装套装，指的是上衣与裤子成套，其面料、色彩、款式一致，风格上相互呼应的

多件西装。通常，西装套装又有两件套与三件套之分。两件套西装套装包括一衣和一裤。三件套西装套装则包括一衣、一裤和一件背心。按照人们的传统看法，三件套西装比起两件套西装来，要显得更加正规一些。上面所说的最正宗、最经典的商务套装，自然也是三件套西装。所以，商界男士在参与高层次的商务活动时，以穿三件套的西装套装为好。

② 按照西装上衣的纽扣数量来划分。根据这一标准，西装上衣有单排扣与双排扣两种。一般认为，单排扣的西装上衣比较传统，而双排扣的西装上衣则较为时尚。

具体而言，单排扣西装上衣与双排扣西装上衣的纽扣的数目各自有所不同，因而又使其各自呈现不同的风格。

单排扣的西装上衣，最常见的有一粒纽扣、两粒纽扣、三粒纽扣等三种。一粒纽扣、三粒纽扣等两种单排扣西装上衣穿起来比较时髦，而两粒纽扣的单排扣西装上衣则显得更为正统一些。

双排扣的西装上衣，最常见的有两粒纽扣、四粒纽扣、六粒纽扣等三种。两粒纽扣、六粒纽扣等两种款式的双排扣西装上衣属于流行的款式，而四粒纽扣的双排扣西装上衣则明显地具有传统风格。

5）要关注其造型。西装的造型，又称西装的版型，指的是西装的外观形状。目前，世界上的西装主要有欧式、英式、美式、日式等四种主要的造型。

① 欧式西装的主要特征是，上衣呈倒梯形，多为双排两粒扣式或双排六粒扣式，而且纽扣的位置较低。衣领较宽，强调肩部与后摆，不甚重视腰部，垫肩与袖笼较高，腰身中等，后摆无开衩。其代表品牌有杰尼亚、阿玛尼、费雷、伊夫圣洛朗、瓦伦蒂诺、皮尔·卡丹、津达、杉杉，等等。

② 英式西装的主要特征是，不刻意强调肩宽，而讲究穿在身上自然、贴身。多为单排扣式，衣领是 V 形，并且较窄。腰部略收，垫肩较薄，后摆两侧开衩。商界男士十分推崇的登喜路牌西装，就是典型的英式西装。

③ 美式西装的主要特征是，外观上方方正正，宽松舒适，较欧式西装稍短一些。肩部不加衬垫，因而被称为“肩部自然”式西装。其领型为宽度适中的 V 形，腰部宽大，后摆中间开衩，多为单排扣式。美式西装的知名品牌有麦克斯、拉尔夫·劳伦、卡尔文·克莱恩等。

④ 日式西装的主要特征是，上衣的外形为H形，即不过分强调肩部与腰部。垫肩不高，领子较短、较窄，不过分地收腰，后摆也不开衩，多为单排扣式。国内常见的日式西装的品牌有高、斯丽爱姆、仁奇、顺美、雷蒙。

上述四种造型的西装，各有自己的特点：欧式西装洒脱大气，英式西装剪裁得体，美式西装宽大飘逸，日式西装则贴身凝重。商界男士在具体选择时，可以随心选择。不过一般而言，欧式西服要求穿着者高大魁梧，美式西装穿起来稍显散漫，中国人在选择时宜三思而后行。比较而言，英式西装与日式西装似乎更适合中国人穿着。

6）要关注其尺寸。穿着西装，务必要令其大小合身，宽松适度。一套西装，无论其品牌名气有多大，只要尺寸不适合自己，就坚决不要穿。在商务活动中，一位男士所穿的西装不管是过大还是过小，过肥还是过瘦，都肯定会损害其个人形象。

要使自己所选择的西装真正合身，有必要注意如下三条：

① 了解标准尺寸。人所共知，西装的衣长、裤长、袖长、胸围、腰围、臀围都有一定标准，唯有对此加以了解，才会在选择西装时有章可循。

② 最好量体裁衣。市场上销售的西装多为批量生产。其尺寸尽管十分标准，但穿在每一个人身上都未必能尽如人意。所以有条件者最好寻访名师为自己量身缝制西装。

③ 认真进行试穿。假如购买成衣，务必要反复进行试穿。切勿得过且过，马马虎虎，买来不合身的西装。

7）要关注其做工。一套名牌西装与一套普通西装的显著区别，往往在于前者的做工无可挑剔，而后者的做工则较为一般。在选择西装时，对其做工精良与否的问题，是万万不可以忽略的。

在挑选西装时，检查其做工的好坏，特别需要从下述六点着手：①要看其衬里是否外露；②要看其衣袋是否对称；③要看其纽扣是否缝牢；④要看其表面是否起泡；⑤要看其针脚是否均匀；⑥要看其外观是否平整。假如在这六个方面不符合要求，则应放弃。

在选择西装时，除了有如上七个方面的主要细节必须加以关注之外，还要了解西装有正装西装与休闲西装的区别。一般而言，正装西装适合在正式场合穿着，其面料多为毛料，其色彩多为深色，其款式则讲究庄重、保守，并且基本上都是套装。休闲西装则恰好与其相反。休闲西装大都适合在非正式场合穿着。面料可以是棉、麻、丝、皮，也可以是化纤、塑料。它的色彩，多半都是鲜艳、亮丽的色彩，并且多为浅色。它的款式，则强调宽松、舒适、自然，有时甚至以标新立异而见长。通常，休闲西装基本上都是单件的。

（2）商界男士要注意西装的穿法

商界男士应重视西装的穿着方法，如图 1-23 所示。不遵守西装的规范穿法，在穿西装时肆意妄为，都是有违礼仪的无知表现。

根据西装礼仪的基本要求，商界男士在穿西装时，务必要特别注意以下七个方面的具体穿法问题：

1）要拆除衣袖上的商标。在西装上衣左边袖子上的袖口处，通常会缝有一块商标。有时，那里还同时缝有一块纯羊毛标志。在正式穿西装之前，切勿忘记将它们先行拆除。这种做法，等于是对外宣告该套西装已被启用。假如西装穿过许久之后，袖子上的商标依旧停留于原处，好似有意以此招摇过市一样，难免会见笑于人。

图 1-23 规范着装

2）要熨烫平整。欲使一套穿在自己身上的西装看上去美观而大方，首先就要使其显得平整而挺括，线条笔直。要做到此点，除了要定期对西装进行干洗外，还要在每次正式穿着之前，对其进行认真的熨烫。千万不要疏于此点，而使西装褶皱、弄脏，美感全失，影响形象。

3）要扣好纽扣。穿西装时，上衣、背心与裤子的纽扣，都有一定的系法。在三者之中，又以上衣纽扣的系法讲究最多。一般而言，站立之时，特别是在大庭广众之前起身而立之后，西装上衣的纽扣应当系上，以示郑重其事。就座之后，西装上衣的纽扣则大都要解开，以防其“扭曲”走样。唯独在内穿背心或羊毛衫，外穿单排扣上衣时，才允许站立之际不系上衣的纽扣。

通常，系西装上衣的纽扣时，单排扣上衣与双排扣上衣又有各不相同的具体做法。系单排两粒扣式的西装上衣的纽扣时，讲穿“扣上不扣下”，即只系上边那粒纽扣。系单排三粒扣式的西装上衣的纽扣时，正确的做法是，要么只系中间那粒纽扣，要么系上面两粒纽扣。而系双排扣式的西装上衣的纽扣时，则可以系上的纽扣一律都要系上。

穿西装背心，不论是将其单独穿着，还是同西装上衣配套，都要认真地扣上纽扣，不能敞开。在一般情况下，西装背心只能与单排扣西装上衣配套。它的纽扣数目有多有少，但大体上可被分为单排扣式与双排扣式两种。根据西装的着装惯例，单排扣式西装背心的最下面的那粒纽扣应当不系，而双排式西装背心的全部纽扣则必须统统系上。

目前，在西裤的裤门上“把关”的，有的是纽扣，有的则是拉锁。一般认为，前者较为正统，后者使用起来更加方便。不管穿着以何种方式“关门”的西裤，都要时刻提醒自己，将纽扣全部系上，或是将拉锁认真拉好。参加重要的活动时，还须随时悄悄地对其进行检查，西裤上的挂钩，也应挂好。

4）要穿好衬衫。穿西装时，衬衫袖口应比西装袖口长出 1.5 厘米左右，衬衫领口高出西装领口 1.5 厘米左右。衬衫下摆必须扎进裤内。如果不系领带，衬衫领口的扣子不用扣上；如果系了领带，则衬衫领口的扣子必须扣上。在正式交际场合，衬衫的颜色一般以白色为主。

5）要不卷不挽。穿西装时，一定要悉心呵护其原状。在公共场所里，千万不要当众随心所欲地脱下西装上衣，更不能把它当做披风一样披在肩上。需要特别强调的是，无论如何，都不可以将西装上衣的衣袖挽上去。否则，极易给人以粗俗之感。在一般情况之下，随意卷起西裤的裤管，也是一种不符合礼仪的表现。因此，绝对禁止商务人员如此这般。

6）要慎穿毛衫。商界人士要打算将一套西装穿得有“型”有“味”，那么除了衬衫与背心之外，在西装上衣之内，最好就不要再穿其他任何衣物。在冬季寒冷难忍时，只宜暂作变通，穿上一件薄型 V 领的单色羊毛衫或羊绒衫。这样既不会显得过于花哨，也不会妨碍自己打领带。不要去穿色彩、图案十分繁杂的羊毛衫或羊绒衫，也不要穿扣式的开领羊毛衫或羊绒衫。后者的纽扣不少，与西装上衣同时穿，令人眼花缭乱。千万不要同时穿上多件羊毛、羊绒的毛衫、背心，甚至再加上一件手工编织的毛衣。这样领口之处难免会“层次分明”，犹如不规则的“梯田”一样难看；而且还会致使西装臃肿不堪，变型走样。

7）要巧配内衣。西装的标准穿法，是衬衫之内不穿棉纺或毛织的背心、内衣。至于不穿衬衫，而以 T 恤衫直接与西装配套的穿法，则更是不符合规范的。因特殊原因，而需要在衬衫之内再穿背心、内衣时，有三点注意事项：①数量上以一件为限。如果同时穿上多件，则会使自己显得十分臃肿。②色彩上宜与衬衫的色彩相仿，至少也不应比衬衫的色彩还深，免得令两者反差鲜明。在浅色或透明的衬衫里面穿深色、艳色的背心、内衣，则更易于招人笑话。③款式上应短于衬衫。穿在衬衫之内的背心或内衣，其领型以 U 领或 V 领为宜，在衬衫之内最好别穿高领的背心或内衣，不然在衬衫的领口之外很可能会露出一截有碍观瞻的“花絮”。此外，还须留心，不要使内衣的袖管暴露在别人的视野之内。

8）要少装东西。为保证西装在外观上不走样，就应当在西装的口袋里少装东西，或者不装东西。对待上衣、背心和裤子均应如此。要是把西装上的口袋当做一只“百宝箱”，用乱七八糟的东西塞得满满的，无异于是在糟踏西装。具体而言，在西装上，不同的口袋发挥

着各不相同的作用。

在西装上衣上，左侧的外胸袋除可以插入一块用以装饰的真丝毛帕，不准再放其他任何东西，尤其不应当别钢笔、挂眼镜。内侧的胸袋，可用来别钢笔、放钱夹或名片夹，但不要放过大过厚的东西或无用之物。外侧下方的两只口袋，原则上以不放任何东西为佳。

在西装背心上，口袋多具装饰之功能，除可以放置怀表之外，不宜再放别的东西。

在西装的裤子上，两只侧面的口袋只能够放纸巾、钥匙包或者碎银包。其后侧的两只口袋，则大都不放任何东西。

最后，商界男士要注意西装的搭配。熟知西装着装规范的人，大都听说过一句行话：“西装的韵味不是单靠西装本身穿出来的，而是用西装与其他衣饰一道精心组合搭配出来的。”由此可见，西装与其他衣饰的搭配，对于成功地穿着西装是何等的重要。商务男士的配饰宜精不宜多，讲究的是质量和品味。

生活小贴士

西装七问

Q：我有时在街上看见一些不论颜色、款式和质料都非常喜欢的西装，但没有自己的尺码，又或者很不合身，我究竟应否买回来，再拿去改呢？西装经过改动是否会不好？

A：这是一个非常好的问题，相信很多男人都曾遇到过以上的情况。我的意见——不买也罢！因为一套西装的好坏，除了取决于其颜色、款式和质料外，最大的因素是自己能否穿得好看。如果根本已经不合身，再漂亮也只会是浪费。虽然可以做出改动，但每个品牌的西装本身都有自己一套的尺码比例与剪裁，所以如果要做改动的话，便会破坏其原有的设计和形态。

Q：平时应该怎样打理西装，才能使它耐穿一些？

A：在衣柜里，最好买一些专挂西装的衣架，才可以保持它们原有的形态。在公司内，不要将西装挂在椅背上，应该找地方挂起它，或者平放着。最好每隔一个月便拿去干洗一次，而且尽量不要在西装袋内放太重的东西。

Q：如果西装掉了一粒纽扣，又没有后备纽扣可以立即补上，有什么办法可以不那么碍眼？

A：掉的纽扣如果是最上或中间的，可将最底下的纽扣取下补上，如果是最底下的就没有问题。因为西装最底下的纽扣很多时都不扣上，方便穿者坐下或做其他动作，反正不用扣上，有没有纽扣也就无所谓了。

Q：究竟要什么体形穿对襟西装才好看？

A：通常体形较瘦削、不太高大和肩膀较窄的，穿起对襟西装也会变得好看。原因是对襟可以使人看来健硕一些，而且比例也会夸张一点。所以穿起来便会觉得特别高大威猛，完全利用了视觉上的效果。

Q：怎样穿西装才可以不那么成熟？

A：其实现在有很多西装也不跟随传统法则，非常前卫新潮，我们可以选这一类西装。也可以改变传统西装的穿法，使它变得不传统，如在西装内可以不穿衬衫打领带，只穿一件 V 领针织或 T 恤，便可以有另一种 style，但这些穿法都不适合在正式场合。

Q：新买回来的西装是否一定要“开袋”呢？

A：不一定要“开袋”，建议不拆开，因为西装的外袋一般是装饰用的，不能用来放东西，要放东西可以用内袋。如果拆了外袋的线，西装便会很容易走样。保持对口，亦可以保持西装的耐用程度。

Q：请问一套西装有什么选择标准？

A：只要记着以下数点，便可为自己选到最合适的西装。

1）肩：最初试穿时，要先看看肩位是否与你的肩膀确切地吻合，因为别人的视线很多时候都停留在这些位置上。

2）背中：尝试伸展一下，看背中是否太紧，又或者太松（布料会皱起）。这是一个比较难做得好的部位。

3）长度：西装的长度应该是整套衣服总长的 1/2，但如果你双腿较短，西装的长度也最好短一些。

4）上身：你要清楚自己的三围数字，让工作人员为你找到合适的尺寸的上衣，而且左右襟必须平均挺直才算是一件好的西装外套。

5）裤子：左右裤管要平衡，切忌大腿位置太紧，长度则应该刚盖过鞋面。

◆ 任务实施

案例讨论

工作场合拒绝性感着装

小丽是个很时尚的青年，任职于一家事业单位。某天，她穿了件很透明的黑色衬衫去上班。正好，下午有个会议召开，她正坐在局长对面，整个会议过程中，看到小丽若隐若现的内衣，局长被“雷”倒了，不能正面朝向正前方，只能看两旁，视线更不好落在小丽身上，脸色一直颇为尴尬和严肃。开完会后，局长急电秘书，让她马上拟一份通知：从今天开始，上班不许穿吊带，不许穿过短、过紧、过透的性感服装。

讨论：为什么工作场合拒绝性感着装？应该如何着装？

同步训练

服装饰品佩戴训练

1．训练要求

学会正确穿着职业装，学会服装选择过程中的各种装饰品的佩戴，重点掌握领带的各种打法、掌握丝巾的多种系法：巴黎结、西班牙结、单叶结、蝴蝶结等。

2．训练器具

各种丝巾、领带、其他配饰。

3．训练方法

示范讲解、学生佩戴练习、老师点评、互相点评。

4．训练步骤

（1）实训所用器具的准备。

着职业装、黑色皮鞋、深色袜子，准备好领带、丝巾、项链、头饰、手表、戒指等。

（2）实训进程：

1）男士领带的打法练习。掌握温莎式的打法：宽端从颈圈下部向上穿过，再从窄端下

方穿过至另一边。再将宽端从颈圈上部向下穿过，拉紧成结。宽端从窄端上方置于另一边，再从颈圈下方向上穿出。宽端一端从打结处穿过。双结叠加后使领带看上去更笔挺、大气。

温莎结打法如图 1-24 所示。

2）女士丝巾的打法练习，掌握几种常见的打法。

① 巴黎结如图 1-25 所示。

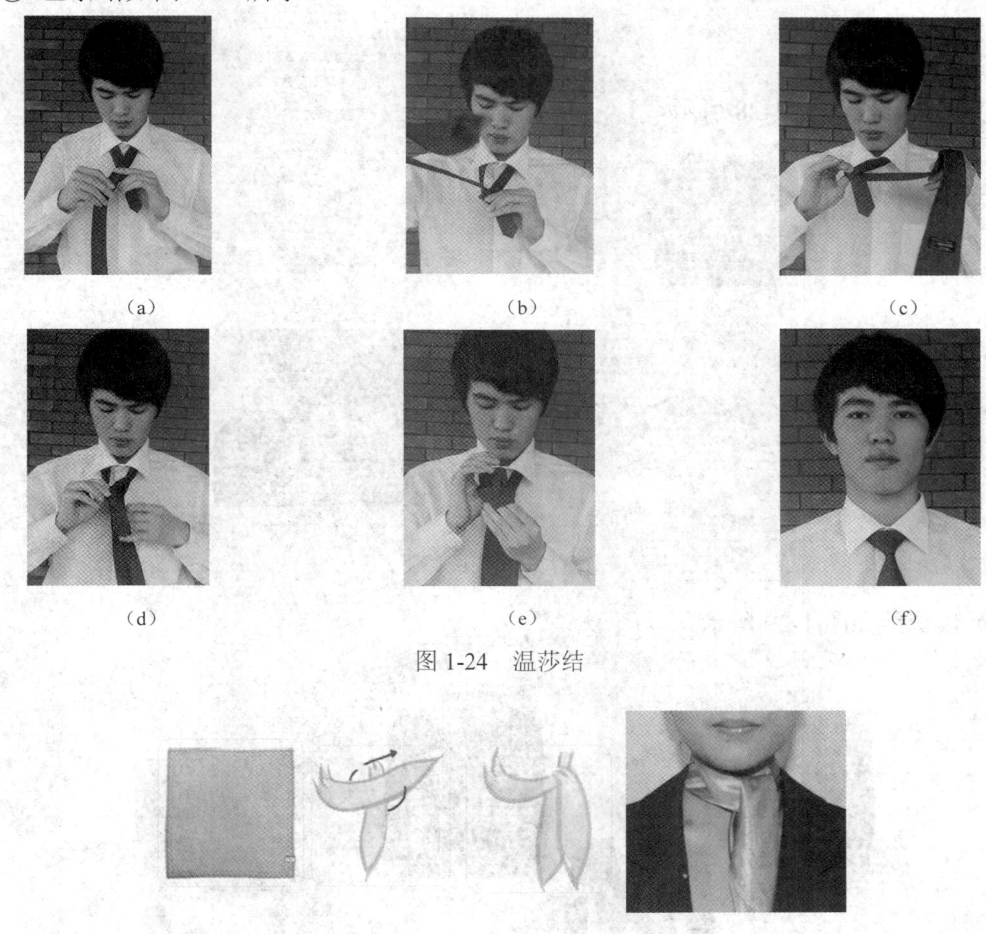

（a） （b） （c）

（d） （e） （f）

图 1-24 温莎结

图 1-25 巴黎结

② 单凤结如图 1-26 所示。

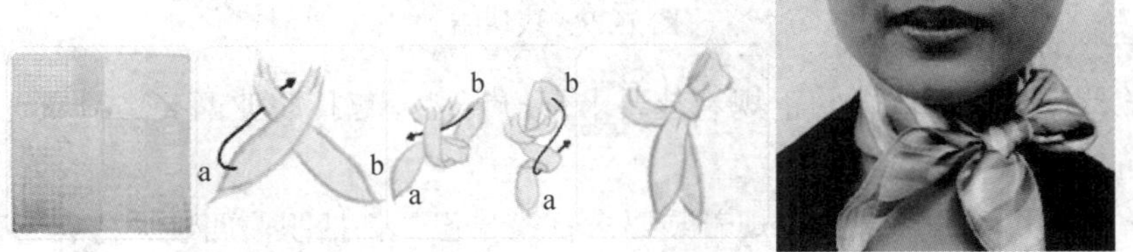

图 1-26 单凤结

③ 蝴蝶结如图 1-27 所示。

图 1-27　蝴蝶结

④ 西班牙结如图 1-28 所示。

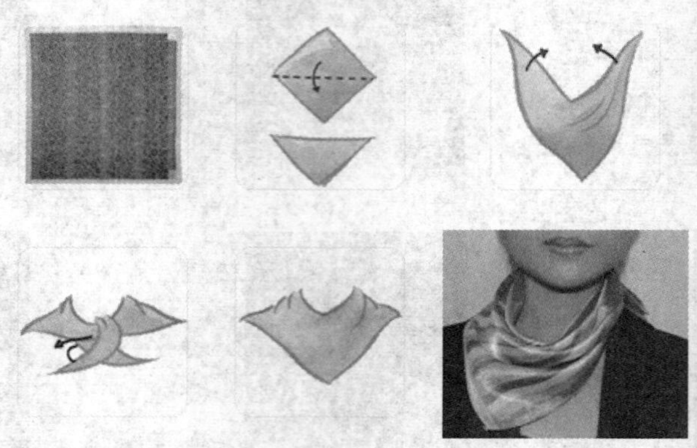

图 1-28　西班牙结

⑤ 玫瑰结如图 1-29 所示。

图 1-29　玫瑰结

3）男学员按照商务场合的正规着装要求打扮自己，包括职业西装、衬衣、领带、公文包、鞋袜等的配套。

4）女学员按照商务场合的正规着装要求打扮自己，包括职业西装、衬衣、鞋子、化妆、发型首饰等的配套。

5）五人一组商务装走秀，教师点评。

6）选择装饰后拍上最满意的照片上交。

7）填写训练报告。

5．在训练过程中经常出现的错误

（1）男士打领带时经常出现的错误：

1）过长或过短。一开始的定位很重要，定位不同，最后打出的长短也不同，大家要经过多次试验后，才能找到适合自己的定位。

2）三角形易变形。三角形易变形的原因主要有打结时太松，容易变形；另外打结过程中整理不到位，三角形的形状也出不来，往往会成为梯形或斜三角。

3）打开后打结。领带拉伸打开时会打结原因主要是最后一圈环绕的时候方向错误导致的，只要换一个方向环绕即可。

4）使用质地太差的领带：质地差，领带很厚打的结会很大很重，不好看；领带太薄，打的结很单薄，不挺实不饱满，一样也不好看。

5）与衣服图案颜色不搭配，要防止出现“梅花鹿配”和“斑马配”。

（2）女士系丝巾时经常出现的不足：

1）女士丝巾结打得太松，不挺实，容易变形。

2）把有结的一面朝外，或者定位长短不一，不美观。

3）有的人脖子较短，不适合打过于复杂的结。

4）所选择的丝巾太软或太硬不适合打结。

◆ 任务评价

1．完成服装饰品佩戴训练后，填写以下训练报告（报告 1-6）。

报告 1-6　服装饰品佩戴训练

姓名________　班级________　学号________　小组________　成绩________

训练项目		
训练场所		
训练要求		
训练器具	写上自己选择的服装及佩饰有哪些：	
训练操作	1．选择适合自己的职业装及服装佩饰 2．男士打领带、女士系丝巾 3．选择其他配饰：公文包、手表、饰扣、项链、头饰等 4．五人一组商务着装走秀 5．教师点评	
商务形象设计效果	打领带/系丝巾：（颈部）	着职业装及各种配饰后（全身）
训练心得	对本次着装的评价：	

2．自我测试

职业形象设计测试

（1）商务人员在写字间内不可以戴（　　）。

A．戒指　B．帽子　C．领带夹　D．耳环

（2）商务人员为了使口腔不出异味儿，与人见面之前最好不吃（　　）。

A．辣椒　B．大蒜　C．巧克力　D．牛奶

（3）眉毛是能够传达表情的，所以商务女士不可以把眉毛（　　）。

A．描得较细　B．描得较粗　C．纹眉　D．描得较弯

（4）商务人员站着等候他人的规范姿势是（　　）。

A．挺胸收腹，双肩平直，双手交叉于身前

B．双手抱在胸前，若有所思

C．一只手插入裤子口袋，一只手拿着文件类

D．整个人斜靠在墙壁上可以省些力气

（5）一位商务人员坐在他人的面前，可用（　　）的坐姿来表示谦恭之意。

A．将双手夹在大腿之间　B．不坐满椅面

C．把手放在桌子下面　D．坐满椅面，手可以搭在椅背上

（6）商务人员在正式场合的入座与离座要遵守（　　）。

A．右进右出原则　B．右进左出原则

C．左进左出原则　D．左进右出原则

（7）请远处的人过来时，应当（　　）。

A．单手掌心向上，手指弯曲，向自己方向挥动

B．单手掌心向下，手指弯曲，向自己方向挥动

C．双手掌心向上，手指与掌心水平，向自己方向挥动

D．用食指指向他们，向自己方向挥动

（8）商务人员与客户接触时，看顾客的视线角度为（　　）最恰当。

A．俯视　B．平视　C．仰视　D．侧视

（9）商务人员使用香水（　　）让他人闻到不算过量。

A．一米左右　B．两米左右　C．三米左右　D．膝盖

（10）商务人员前额的头发无论男女，有一条同样的规定内容是（　　）。

A．不可以染色　B．长度不可以盖住眼睛

C．不可以烫发　D．不可以有刘海

（11）男士正装西装的颜色不可以是（　　）。

A．藏蓝色　B．红色　C．黑色　D．灰色

（12）男士正装西装面料的图案不可以是（　　）。

A．牙签条儿　B．素色无图案　C．方格图案　D．大方格图案

（13）着男士正装西装单排三粒扣西装时，站立时为表示郑重应当（　　）。

A．只系上面两粒　B．只系下面两粒

C．将三个扣子都系上　D．都不扣

（14）着男士正装西装双排六粒扣西装时，站立时为表示郑重应当（　　）。

A．只系上面四粒　　B．只系下面四粒

C．将六个扣子都系上　　D．都不扣

（15）着男士正装西装时，可以在左侧的外衣兜里放（　　）。

A．钢笔　　B．名片夹　　C．装饰手帕　　D．手机

（16）着男士正装西装时，传统上规定穿（　　）。

A．黑色牛皮鞋　　B．黑色羊皮鞋

C．棕色牛皮鞋　　D．和袜子一色就可以

（17）领带打好后，最佳长度是（　　）。

A．领带长至皮带扣处　　B．领带长至皮带以下很多

C．领带长至皮带以上很多　　D．长短没有关系

（18）领带夹应当夹在（　　）。

A．自上往下数衬衣的第 4 与第 5 个扣子之间

B．自上往下数衬衣的第 3 与第 4 个扣子之间

C．随意

D．任何情况都不用扣

（19）男士正装西装的袖长算法为（　　）。

A．伸直手臂，上衣袖口距拇指指尖约 12 厘米

B．伸直手臂，上衣袖口距拇指指尖约 5 厘米

C．随意

D．抬起手臂，上衣袖口距拇指指尖约 12 厘米

（20）戴在女士左手无名指上的戒指的表明（　　）。

A．已经结婚　　B．独身，正在恋爱

C．已经订婚　　D．已婚

3．同步训练评价

项目小组评价表

分数 组别	是否及时完成	质　量	团队表现
第一组			
第二组			
第三组			
⋮			

个人任务评价表

分数 评分依据	个人具体分工		个人表现		
	承担任务的质量	个人记录	教师评分	组长评分	组员互评
成员一					
成员二					
……					

项目二

客户接待与拜访礼仪

学习目标

1．学会在日常接待工作中常用的礼节，待人接物中透出成熟与优雅。

2．学会制定详细的接待方案，组织协调接待任务的完成。

3．掌握在拜访过程中的各项原则及拜访礼节。

4．通过沟通游戏体会沟通的方式、沟通的禁忌，成为一个成功的倾听者。

技能目标

培养学生的组织协调能力、沟通接待能力、商务交往能力。在此项目的训练中，将接待对象资料的收集、接待规格和方式的确定、接待方案的制定、接待工作的实施都进行模拟训练，让学员掌握如何进行规范的商务会客接待或家庭会客接待，学会做一个热情周到的接待者和受欢迎的拜访者，能自如地进行商务拜访，从容交流。

学习任务

任务一：做好客户接待工作。

任务二：做一名受人欢迎的拜访者。

在这两项任务的学习中，一定要认真地进行模拟操作，从接待的准备开始，直到最后送走客户都要进行总结回顾。因为接待对象的不同，接待的过程也就会有不同，产生的问题也会不同，这些应变能力并不是这本书中的知识所能教会的，必须通过训练自己去总结出来；同样，拜访也是一样，如何做一名受人欢迎的拜访者，也是从准备及约访开始的，与主人挥手告别结束，一次次约访、上门拜访、赞美、表达及倾听……只有按规范练习，不断地总结，才能成为一名受欢迎的拜访者。

任务一　做好客户接待工作

导入案例

不是任何事都是可以抢着做的

某公司在一次接待外商团队到访的任务中，由于工作人员小丁与外商团队的团长熟识，因而在这次接待工作中被作为主要迎宾人员陪同老总前往机场迎接外宾。当团长率领外商人员到达后，小丁立即面带微笑热情地走上前，抢先与团长握手致意，表示欢迎，然后转身向自己的老总介绍了这位团长，接着又热情地向团长介绍了随自己同来的其他部门经理。小丁一直以为他这次接待任务完成得相当圆满成功，但他却不知正是这次接待工作中的一些举动令他的老总及其他部门经理十分不满。

你知道为什么吗?

◆ 任务要求

具体任务：

1）学会在日常接待工作中常用的礼节，学会规范地致意、鞠躬、握手。

2）掌握介绍的顺序，进行规范介绍。

3）掌握名片的制作要求以及使用礼仪，更好地利用名片宣传自己。

4）学会客户资料的收集、确定接待方式并制定详细的接待方案。

5）能够全面安排一些重要的接待活动并模拟实施。

◆ 任务分析

要完成任务一，就要在教师的指导下做好以下几项训练。

1）常用礼节的训练：在此项训练中，把日常接待中的常用礼节进行练习，主要有致意礼、鞠躬礼、握手礼、介绍他人礼节和名片交换礼节。

2）客户接待模拟训练：在此项训练中，把接待工作中接待对象资料的收集、接待规格和方式的确定、接待方案的制定、接待计划的撰写、接待工作的实施都进行模拟训练，让学员掌握如何进行规范的商务会客接待或家庭会客接待。

◆ 任务学习

客户接待工作是商务活动中一项经常性的工作，无论是行政岗位还是服务岗位，或者是销售岗位，都会有客户的接待工作。而如今，各个公司或企业强化了客户管理意识，对客户接待工作也就更加讲究规范。每一次严谨、热情、周到、细致的接待工作，能充分地表达对客户的尊重，给客户以特别的感受，从而大大加强客户对公司的了解，坚定与公司合作的信心，促进双方业务的发展。对于在校园中生活的大学生来说，客户的接待礼仪正是他们走进

社会前必须掌握的知识。

一、接待原则

1. 互尊原则

尊敬是礼仪的情感基础，只有尊重交往对象，交往对象也才会尊重自己。尊敬在交往中所发挥的往往是“润滑剂”的作用，从而使交往能够在一种融洽的气氛中进行，最终达到双赢的效果。在互相尊重的氛围下，交往才能顺利进行。古人云：“敬人者，人恒敬之。”只有相互尊敬，人与人之间的关系才会融洽和谐。

礼仪小故事

尊重退休员工

上海某电影院曾经发生这样一件事。年末，电影院经理把员工包括离退休人员及其家属都请到电影院来参加一个茶话会。会议前，专门制作了这些离退休人员和在职人员的生活录像片，会上放给大家观看。每个人，尤其是离退休职工非常感动。原因很简单，这些人一辈子的工作就是给别人放电影，从来未感受到自己上银幕是什么滋味。今天他们有机会在给人们放了一辈子电影的电影院里，看到自己走上了银幕，感到电影院的领导没有忘记他们，因此，也很自然地加深了他们对自己单位的感情，同时也使在职职工感到很振奋，团体的凝聚力大增。

在接待的过程中，需要把对别人的尊重用具体的语言或行动表达出来。例如，在接待重要来宾时，如果在会见刚开始时，当着对方的面关掉自己的手机，就如同告诉对方，自己很重视这次会谈，很重视来宾，不愿意有电话的干扰，很明确地表达了自己对对方的尊重。对方会从心底里感激自己的尊重，交往就会顺利许多。

尊重的表达必须是规范的。有时候明明想表达自己对对方的尊重之意，但却往往因为“形不达意”而做无用功，甚至弄巧成拙。例如，秘书在请来宾入座汽车里时，就有可能把客人让座让到下座。安排错了座位，就有可能招致对方的误解，以为接待方故意为难或贬低自己，交往就会遇到诸多麻烦。为免不必要的尴尬，关键就是明确表达的规范性。

2. 平等原则

现代商务礼仪的平等原则，是指以礼待人，有来有往，既不能盛气凌人，也不能卑躬屈膝。这一原则在接待工作中应充分地体现出来。

平等原则是现代礼仪的基础，是现代礼仪有别于以往礼仪的最主要原则。传统社会是等级森严的社会，社会等级制度将人们划分为不同的等级，如中国周代将人分成天子、卿、大夫、士、庶人五个等级。礼仪成了维护阶级秩序的有利武器。

近代资本主义的兴起，瓦解了旧的等级社会存在的基础，平等成了社会发展的内在要求。资产阶级启蒙思想家洞察了历史的需要，提出了“自由、平等、博爱”的口号，主张人生来平等，这就为现代礼仪的产生打下了思想基础。与人交往，只有既不盛气凌人、高人一等，又不卑躬屈膝、低人一头，才能愉悦地沟通，建立起和谐的人际关系。

礼仪小故事

小姑娘给的教训

英国著名戏剧家、诺贝尔文学奖获得者萧伯纳有一次访问苏联，在莫斯科街头散步时，遇到了一位聪明伶俐的小女孩，便与她玩了很长一段时间。分手时，萧伯纳对小姑娘说："回去告诉你妈妈，今天和你一起玩的是世界有名的萧伯纳。"小姑娘望了望萧伯纳，学着大人的口气说："回去告诉你妈妈，今天同你一起玩的是苏联小姑娘安妮娜。"这使萧伯纳大吃一惊，立刻意识到自己太傲慢了。后来，他常回忆起这件事，并感慨万分地说："一个人不论有多大的成就，对任何人都应该平等相待，要永远谦虚。这就是苏联小姑娘给我的教训，我一辈子也忘不了她！"

在实践中贯彻平等原则，不仅需要平等观念，而且还要讲究艺术。例如，按照中国人的习惯，长者对年幼者可以直呼其名，而年幼者对长者也直呼其名则被视为无礼；介绍客人要同时介绍几位客人，介绍者应先将社会地位高、年龄较大、女士介绍给相应的人；拍照合影如果是家族成员合影，辈分高或年龄大者应安排在中间。商务接待中，中国已接受了西方国家盛行的女士优先的礼仪，因此，在介绍、握手、座次安排时都要体现女士优先原则。这些礼仪形式的差异，以及礼宾过程中的先后顺序，并非"看人下菜碟"，而是平等原则的必要补充。

礼仪小故事

半 支 烟

一位教授回忆在延安见到毛泽东时的情景说："我去见主席，主席拿出纸烟招待我，可是不巧纸烟只剩下一只了。我想，主席怎么办？他自己吸不请客人吸，当然不好；请客人吸，自己不吸，客人肯定不同意。而主席将这只烟分成两半，给我半只，他自己半只。从这件事可以看出主席的随和、诚恳、平等和亲切，这使我很感动，终生难忘。"毛泽东就是这样把别人看似非常尴尬的事情，艺术地处理好，既礼貌，不摆架子，又给人亲切、诚恳的感觉。

3. 宽容原则

宽容，就是心胸坦荡、豁达大度地待人接物，能换位思考，会设身处地地为他人着想，谅解他人的过失，不计较个人得失，有很强的容纳意识和自控能力。中国传统文化历来重视并提倡宽容的道德原则，并把宽以待人视为一种为人处世的基本美德。在商务交往活动，也要求宽以待人，保持豁达大度的品格或态度。在商务活动中，出于各自的立场和利益，难免出现冲突和误解，宽容原则是处理人际纷争问题的最基本原则。遵循宽容原则，凡事想开一点，眼光看远一点，善解人意、体谅别人，才能正确对待和处理好各种关系与纷争，争取到更长远的利益。

礼仪小故事

总统的死党

芝加哥人茅谈在林肯竞选期间频频发出尖刻的批评，可谓修炼不到家。而林肯当选总统后，却为茅谈在大饭店举行了一次欢迎会，虽然茅谈大声辱骂过林肯，但是林肯还是很有风度地对茅谈说："你不应该站在那里，你应该过来和我站在一起。"当天的欢迎宴会林肯给了茅谈很大的荣耀，之后，茅谈便成为林肯的死党。

如何在礼仪中做到宽容？应当从以下几方面入手：

1）要做到“入乡随俗”。尊重当地的风俗习惯，不能我行我素，更不能歧视。

2）要理解他人，体谅他人，对别人不能求全责备。

3）要虚心接受他人对自己的批评建议，即使批评错了，也要认真倾听。俗话说“人非圣贤，孰能无过”，有了过错后允许他人批评指正，才能得到大家的理解和尊重。有时批评者的意见是错误的，但只要不是出于恶意，就应以宽容的姿态对待，有则改之，无则加勉。

礼仪小故事

宽容化解矛盾

某消费者从公司买了一辆摩托车，由于行驶中操作不当，在公路上翻倒。这位消费者怨气冲天地来到公司，说摩托车的刹车有问题。负责接待的公司公关小姐听完消费者的指责后，并没有发怒反驳消费者，而是连忙关切地问：“人摔伤了没有，要不要去医院检查一下？”小姐的一席话，马上缓和了气氛，接着，两人就摩托车的操作问题心平气和地进行了交谈，越谈越融洽。最后，这位消费者对自己的言行深感惭愧，并对公关小姐的态度表达了敬意。

4. 适度原则

在商务接待过程中要注意各种不同情况下的交往分寸，也就是要善于把握住沟通时的感情尺度。古话“君子之交淡如水，小人之交甘如醴”，不无道理。交往中，沟通和理解是建立良好人际关系的重要条件，但如果不善于把握沟通时的感情尺度，缺乏适度的距离，结果会适得其反。例如，在接待来宾时，既要彬彬有礼，又不能低三下四；既要热情大方，又不能轻浮谄谀。所谓适度，就是要注意感情适度、谈吐适度、举止适度。只有这样才能真正赢得对方的尊重，达到沟通的目的。

二、见面礼仪

见面礼仪是商务交往中最常用与最基础的礼仪，人与人之间的交往都要用到见面礼仪，给人留下良好的第一印象，为以后的深入交往打下基础。在接待工作中，不管是日常的客户接待，还是重要的大型接待，掌握一些见面礼仪是非常有必要的。

1. 致意礼

致意包括起立致意、举手致意、点头致意、微笑致意、欠身致意、脱帽致意等。

1）起立致意常用于较正式场合，在长者、尊者到来或离去时，在场者应起立致意表示尊重。

2）举手致意适用于向距离较远的熟人打招呼，如在车站迎接已来往多次的客人，远远看见来宾可以高举手吸引来宾的注意。一般不必出声，只将右臂伸直掌心朝向对方，轻轻摆一下手即可，不需要反复摇动。

3）点头致意适用于不宜交谈的场合，如会议、会谈的进行中，与相识者在同一地点多次见面或仅有一面之交者，在社交场合相识亦可点头为礼。点头的正确做法是头向下微微一动，不可幅度过大，也不必点头不止。

4）微笑致意适用范围广，可用于不宜交谈的场合，或者初次相识，或者短暂相遇，或者同一天多次相遇时。微笑致意可以不做其他动作，只是唇角向上微微扬起，不必出声，即可表达友善之意，实际交往中，微笑致意往往和点头示意结合起来使用。

5）欠身致意适用范围较广，表示对他人的恭敬。行礼时全身或身体的上部微微向前一躬即可。在介绍与会人员时，被介绍人也可用欠身礼向大家致意。

6）脱帽致意，朋友熟人见面若戴着有帽檐的帽子，则以脱帽致意最为合适。其礼节用于室外，其方法是微微欠身用距对方稍远的一只手脱下帽子，将其置于大约与肩平等的位置，同时与对方交换目光。若与朋友相遇并迎面而过，可以回身问一声好，并以一只手轻轻地掀一下帽子，不必将帽子脱下来。如果戴的是无檐帽，不必脱帽，只需欠身致意。注意不可以手插兜。

以上致意礼基本规范：男士应当先向女士致意；年轻者应当先向年长者致意；学生应当先向老师致意；下级应当先向上级致意。当年轻的女士遇到比自己年岁大得多的男士时，应先向男士致意。

致意的各种方法可以在同一时间内使用一种以上，但遇到对方已先向自己致意时，则应以同样的方式向对方致意，否则是失礼的。致意要注意文雅，一般不要在致意的同时，向对方高声叫喊以免妨碍他人。

2. 握手礼

中国人握手是常规的礼仪。人们第一次见面要握手，熟人途中相见也要握手，会见会谈前还要握手，告辞送行时要握手，祝贺、感谢、慰问时要握手，谈判开始或结束时也要握手。在商务接待活动中，握手礼运用得最为频繁。可是握手礼仪貌似简单，却蕴涵着复杂的礼仪细节，承载着丰富的交际信息。例如，与成功者握手，表示祝贺；与失败者握手，表示理解；与同盟者握手，表示期待；与对立者握手，表示和解；与悲伤者握手，表示慰问；与欢送者握手，表示告别，等等。标准的握手姿势应该是平等式，即大方地伸出右手用手掌和手指用一点力握住对方的手掌。

握手，一个简单而又普通的动作，几秒钟之内展现握手之人的文化、修养、心态，蕴涵着丰富的信息。

（1）握手的场合

1）握手的三大类场合：见面或者告别、表示祝贺慰问和表示尊重对方。

2）需要握手的情况（具体分析）：

① 在正式场合当有人为自己介绍时，或要离开他们时。

② 在商务场所迎接客人来访时或送别时。

③ 遇见熟识的人或久别重逢的老朋友时。

④ 别人向自己送礼或表示祝贺时。

⑤ 向某人道贺时（在演讲或颁奖之后）。

⑥ 向别人表示安慰和慰问时。

⑦ 在家中迎接客人到来及客人拜访辞别时。

3）不宜握手的情况（具体分析）：

① 对方两手满是东西的时候。

② 自己说完话无法脱身，虽两手空着但沾满油污，不宜握手时，但别忘记微笑示意或表示不能握手的歉意。

③ 当对方地位比自己高出许多，而自己又没有什么话要对他说时，不需要刻意上前与之握手并介绍自己。

④ 对方一手正吃着开胃菜，而另一手正拿着饮料，这时最好以点头微笑示意为宜。

⑤ 自己在人群中，无法握到对方的手，可挥手或点头示意。

（2）握手的顺序

一句话原则：尊者先伸手，由尊者决定是否愿意握手。

1）两人之间握手的顺序为男士女士间，女士先伸手；晚辈长辈间，长辈先伸手；上司下属间，上司先伸手；老师学生间，老师先伸手；迎接客人时，主人先伸手；送别客人时，客人先伸手。

2）与多人握手的顺序为，第一个顺序是由尊而卑；第二个顺序是由近而远；圆形场地按顺时针顺序。

（3）握手的要领

面带微笑，表情自然注视对方，上身微微前倾，两足立正，距离对方约一步左右时伸出右手握住对方的右手。伸出的右手应四指并拢，拇指张开，右手掌处于垂直状态，紧握住对方的手，摇晃三下后就可松开。

用口诀表示便于记忆和练习：讲求顺序；身体前倾；虎口相接；两眼相对；上下轻摇；及时分开。

握手姿势如图 2-1 所示。

（4）注意细节

初次见面时，当听到向自己介绍对方的名字时，一般自己要站起身来，身体稍稍向前做斜，眼睛看着对方，微笑着伸出右手握住对方的右手，两三秒钟之后松开。

握手手部动作如图 2-2 所示。

图 2-1　握手姿势

图 2-2　握手的手部动作

如果自己的手经常出汗，可在与他人握手之前，悄悄弄干；如果自己的手冰冷，可在握手前弄热，万不得已可先与对方做出必要解释。

有时对方可能没注意到自己伸出的手，这时只要微笑地收回自己的手，将对方指引到座位上即可。这几秒钟的尴尬谁都有可能碰到。

如果与坐在轮椅上的残疾人握手，最好让对方采取主动，用对方的方式进行握手示意。

人数较多的聚会或社交场合，可只与主人和熟人握握手，向其他人点头致意即可。

美国人一般只与不常见面的朋友握手，而经常见面的熟人朋友却不握手。

（5）握手的禁忌

1）禁忌一：握手时心不在焉，轻轻触碰。

2）禁忌二：握手时眼睛没有注视对方。

3）禁忌三：用左手握手。

4）禁忌四：戴手套和他人握手。

5）禁忌五：戴墨镜和他人握手。

6）禁忌六：用双手和女士握手。

7）禁忌七：两手交叉和别人握手，或越过别人正在握手的手与他人握手。

8）禁忌八：握手时左手拿东西或插在衣兜或裤兜里。

9）禁忌九：握完手后当场擦手。

不规范握手如图 2-3 所示。

（a）

（b）

图 2-3　握手的禁忌

3. 鞠躬礼

“鞠躬”起源于中国古代，在商代时有一种祭天仪式“鞠祭”：祭品牛、羊等不切成块，而将整体弯卷成圆的鞠形，再摆到祭处奉祭，以此来表达祭祀者的恭敬与虔诚，这种习俗在一些地方一直保持到现在。人们在现实生活中，逐步沿用这种形式来表达自己对地位崇高者或长辈的崇敬，更是日本人的见面礼节。在接待工作中，一般在迎接来宾、彼此问候、向对方表示谢意或歉意的时候，都可用到鞠躬礼。

不规范鞠躬如图 2-4 所示。

鞠躬即弯身行礼，它既适合于庄严肃穆或喜庆欢乐的仪式，又适用于普通的社交和商务活动场合。常见的鞠躬礼有以下三种：①三鞠躬。行礼之前应当先脱帽，摘下围巾，身体肃立，目视受礼者。男士的双手自然下垂，贴放于身体两侧裤线处；女士的双手下垂搭放在腹前。身体上部向前下弯约 90°，然后恢复原样，如此三次。②深鞠躬。其基本动作同于三鞠躬，区别就在于深鞠躬一般只要鞠躬一次即可，但要求弯腰幅度一定要达到 90°，以示敬意。

③社交、商务鞠躬礼。行礼时立正站好，保持身体端正；面向受礼者，距离为两三步远；脖子和背部挺直，以腰部为轴，整个肩部向前倾 15°～60°（具体视行礼者对受礼者的尊敬程度而定，前倾度数越大则表达的敬意越深），在问候“您好”、“早上好”、“欢迎光临”等之后进行，而后恢复直立姿势。行毕抬头时，双眼仍应有礼貌地注视对方，若视线移向别处，会让人感到行礼不是诚心诚意的。上级或长者还礼时，可以欠身点头同时伸出右手以表达。

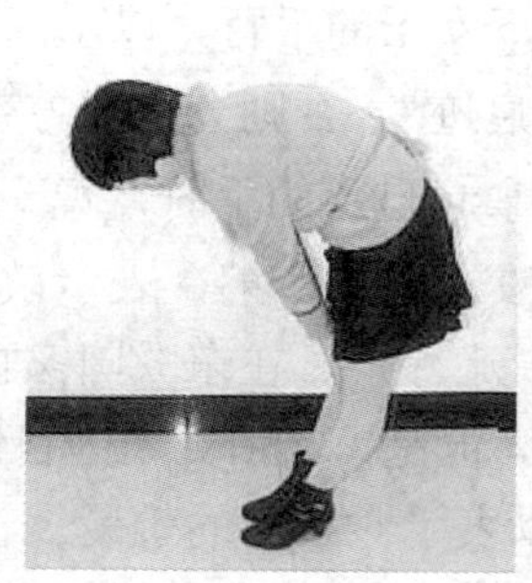

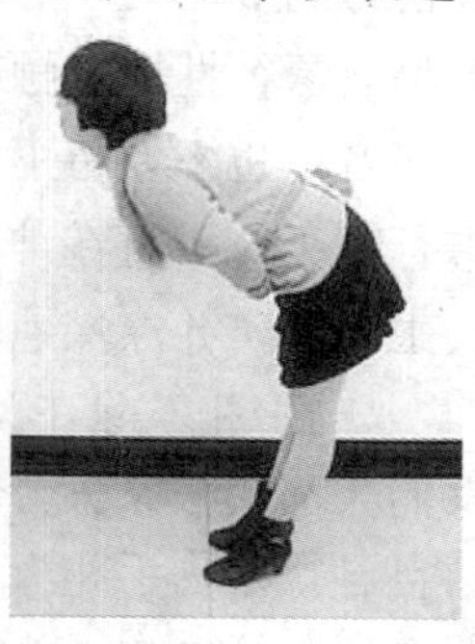

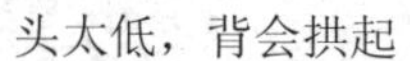

头太低，背会拱起　　仅仅把头低下　　手的位置太低　　脸部抬得太高

图 2-4　不规范的鞠躬

鞠躬时，弯腰速度适中，之后抬头直腰，动作可慢慢做，这样令人感觉很舒服。鞠躬动作如图 2-5 所示。

（a）

（b）

（c）

图 2-5　鞠躬礼

4. 吻礼

在西方，比较流行的还有吻礼，在涉外交际活动中会遇到，起源于古罗马。一般用于长辈对晚辈，朋友之间或夫妇之间表示亲昵、爱抚的一种见面礼仪。欧美人，特别是意大利、法国、荷兰、德国、美国人多喜欢“亲吻礼”，但是，此礼对象范围界限很严格，“不能越雷池一步”。长辈若吻子女和晚辈，只吻额头部位。如果晚辈吻长者，只能吻长者的下颌部位。若同辈人、亲友年纪相近，只要脸颊贴一下，或吻一下脸颊即可，只有恋人、夫妻之间才可

嘴对嘴地相互拥抱而吻。

英国的上层人士，表示对女士们敬意和感谢时，往往行“吻手礼”。这种习俗形成原因，除英国人的性格而外，大约也是英国女士在社交场合都化妆打扮，若行面部的亲吻礼多有不便。现今英国上层人士、学者、教授还保持行此礼之俗。行吻礼时，需等女方先把右手伸向左前方约60°时，男士以右手或双手轻轻提起女士手指指尖部，同时，俯身弯腰以自己微闭的嘴唇象征性地轻触一下女士的手背，以示高雅。动作应轻柔、温雅，千万不要发出“吮”的声音，也不要留下“痕迹”，否则会给双方带来难堪。吻手礼仅限于室内。如果不喜欢对方行吻手礼，可在绅士拿起自己的手时，说一句“我们不喜欢这种方式”。这时绅士会放下女士的手，并深深地向女士鞠一个躬，表示敬意和感谢。

“吻手礼”除在英国流行外，在东欧国家也盛行，但是含义和英国不同。这个地区的妇女们大都热心家务劳动，但是，又怕丈夫因自己干活手粗了而不爱自己，所以非常期盼丈夫给自己行“吻手礼”，以表示对自己的敬爱。在这些国家的报刊上，经常刊登国家领导人向普通女工行“吻手礼”的照片，这会赢得妇女对领导人的好感。

5. 拥抱礼

所谓拥抱礼，一般指的是交往双方互相以自己的双手揽住对方的上身，借以向对方致意。在中国，人们的性格普遍较为内敛和含蓄，对此不太习惯，而在国际社会中，拥抱礼却得到广泛的运用。对于拥抱礼，主要应注意下述四点：

1）具体做法。拥抱礼最常见的做法是，两人走近站立，右脚在前，左脚在后，身体略为前倾。各自抬起右臂，把右手搭在对方左肩之后，左臂在对方抬起的右臂下方绕向对方背部，形成拥抱之势，两手轻拍对方背部。

2）具体区域。一般而言，拥抱礼在西方国家广为流行。在中东欧、阿拉伯各国、大洋洲各国、非洲与拉丁美洲的许多国家里，拥抱礼也颇为常见。但是在东亚、东南亚国家里，人们对此却不以为然。

3）具体场合。在庆典、仪式、迎送等较为隆重的场合，拥抱礼最为多见，在政务活动中尤为如此。在私人性质的社交、休闲场合，拥抱礼则可用可不用。在某些特殊的场合，如谈判、检阅、授勋等，人们则大都不使用拥抱礼。

4）具体人员。在欧洲、美洲、大洋洲诸国，男女老幼之间均可采用拥抱礼。而在亚洲、非洲的绝大多数国家里，尤其是在阿拉伯国家，拥抱礼仅适用于同性之人，与异性在大庭广众之前进行拥抱，是绝对禁止的。

三、介绍与名片礼仪

介绍与名片的交换是人与人进行相互沟通的出发点，是接待的过程中见面初期广泛运用的礼节，最突出的作用，就是能很快缩短人与人之间的距离，使对方大致了解自己。在社交或商务场合，如能正确地利用介绍，不仅可以扩大自己的交际圈，广交朋友，而且有助于自我展示、自我宣传，并且替自己在人际交往中消除误会，减少麻烦。

1. 介绍礼仪

介绍和被介绍是商务交往中常见而重要的一环，在接待与拜访中都经常使用。掌握介绍的礼节就等于掌握了一把通往社交之门的钥匙。特别是对于接待工作人员来说，经常要接待一些陌生人或者对企业来说的关键性人物，可能是重要客户、上级管理人员、媒体记者，就更要熟悉这些礼节，并很好地运用。恰当地运用能帮助接待人员更好地完成接待工作与各类商务活动。对于职场新人来说，无疑更是入门指南。

（1）介绍他人

1）介绍顺序。在较为正式、庄重的场合，通行的介绍规则是，将男性介绍给女性；将年轻者介绍给年老者；将职位低的介绍给职位高的；将迟到者介绍给早到者；将未婚的介绍给已婚的。其实只要掌握一句话，要让尊者先了解对方，尊者居后。在接待工作中，还经常会遇到主人与客人之间的介绍，一般情况下，应该将主人介绍给客人，即客人有优先知情权，以示对客人的尊重。但是如果主人的地位要远远高于来访客户，则还是应先将客人介绍给主人。介绍场景如图 2-6 所示。

图 2-6　介绍礼

2）介绍内容。接待工作中，介绍人首先要将被介绍人的姓名、单位、职务进行介绍。有时还可以介绍被介绍人的兴趣、爱好等，可以为双方提供说话的话题，会使初识的交谈更加顺利。如果要进行详细的介绍，还要加入被介绍人的简单工作经历和工作业绩，如在会场上介绍演讲人员或者竞选人员。

3）介绍方式。首先在介绍之前要征得双方的同意，然后将被介绍之人引到对方的面前，站立后以右手指向被介绍人进行介绍，介绍完毕后再进行另一位的介绍。被介绍双方应立即互相问候，比如说“很高兴认识您”、“你好”，显得自然，彬彬有礼，切忌无反应或很冷淡。适当场合在介绍完之后就可以互赠名片了。在介绍时要注意不能背对任何一方。

如果是在一般的、非正式的场合，则不必过于拘泥礼节，假若大家又都是年轻人，就更应以自然、轻松、愉快为宗旨。介绍人说一句“我来介绍一下”，然后即进行简单的介绍，也不必过于讲究先介绍谁、后介绍谁的规则。最简单的方式恐怕莫过于直接报出被介绍者各自的姓名，也不妨加上“这位是”、“这就是”之类的话以加强语气，使被介绍人感到亲切和自然。在把一个朋友向众人做介绍时，说句“诸位，这位是……”即可。

（2）自我介绍

接待工作中有时也要主动地做自我介绍，让对方先认识自己，使对方处于一个相对有利的形式，也是对对方的尊重的表达。

接待工作中的自我介绍有几个要点需要注意：

1）主动迎上。无论是受邀前来的嘉宾，或者预约来访的客人，还是不期而至的来访者，当接待人员确定对方是自己等待的客人，或是有人进入自己工作范围内，就要主动地上前做一个简短的自我介绍，并确认对方的身份。

2）自我介绍的时间长度。接待工作中自我介绍一般在半分钟左右即可，介绍自己的姓名、单位及职务。

3）自我介绍需要辅助工具，辅助工具就是名片。名片是社交的介绍信，名片是社交的联谊卡。电话号码、所在单位、联系方式、各种头衔和职务一目了然，能言人所不能言，而且可信性比较强，所以接待工作人员可在介绍完毕之后递上名片，使对方更能清楚明白。

2. 名片礼仪

名片，是商务人员必备的物品之一，一个重要作用就是它是每一个商务人员的自我介绍信，是推广自己的媒介，是社交联谊卡。向别人递上名片，等于向别人推广了自己的企业形象，说明了个人身份，以及自己所从事的具体业务、具体职责，甚至在某种意义上来说，推荐了自己的产品或服务，使得对方在需要进行合作时，就可以借助名片上的联系方式来联系。名片是商务人员个人形象和企业形象的有机组合，没有名片，可信度会降低，有名片而不会用名片，会自毁形象。在接待工作中，名片是加深记忆、明示身份、展现形象的工具，一定要学会规范使用。

（1）制作好名片

制作名片时不要全由名片制造商来决定，要自己定好其规格、素材、颜色、内容、字体等。

1）规格。国际上的规格是 6 厘米×10 厘米，国内通用规格是 5.5 厘米×9 厘米。不要太大，太大有炫耀之感；也不要太小，显得小气。而且太大太小都不利于对方保管。

2）素材。名片制作大多使用纸张，在此提倡选用再生纸。现代人都应该有环保意识，而且使用再生纸，给人以有爱心有责任感的好印象。

3）色彩。一般以浅色为主，不适宜用黑色、红色。黑底白字或金字，给人以压力，有不吉利之感。红色又太晃眼，有“红色炸弹”之嫌。

4）图案。一般来说，名片上出现的图案主要有企业识别的标志、本单位所处地理位置、本地标志性建筑物或主打产品等。对于企业或政务工作人员来说，名片还是有其严肃性的，在名片上不主张印本人照片。

5）字体。一般用规范的楷体、宋体等印刷体。有很多人喜欢用繁体字，如果交往对象大多是港澳台的客商，可以使用繁体字，而如果主要是内地的客商，就没有必要用繁体字。

6）内容。

① 要有本人归属，包括企业标志（形象）、单位全称、所属部门；

② 要有本人称谓（给自己定位定级），包括姓名（不能给自己加上先生、小姐的称呼）行政职务、学术头衔（博士、律师、工程师），一般不提供两个以上头衔；

③ 要有联络方式，包括所在地址（企业规模大可写国、省）邮政编码（方便快件）、办公电话（其他酌情提供，私人电话不提供）。

在联系方式一栏中要提醒的是在名片中不提供私宅电话。现代交往是讲究保护个人隐私的，一般有教养、有身份的人不会向别人索取家庭电话号码，要给对方一个私人的活动空间。自己也要有自我保护意识，私宅电话是不随便提供的。另外，如有国际间往来，在座机号码前面应有我国的国际长途区号“86”。

创意名片如图 2-7 所示。

图 2-7　创意名片

（2）规范名片使用

1）递名片时应注意以下几点：

① 顺序。如果是一对一地交流的时候，一般是地位低的人首先把名片递给地位高的人，位低者先行。如同在介绍礼仪当中的顺序原则，让尊者优先知情，所以位低者先向对方递出名片，让对方先了解自己；如果对方是两人，一般要先女后男，先长后幼，按照地位高低由高而低递出；如果对方人更多，三人及以上，一般社交场合或者不是很重要的接待工作中可以由近而远，但在重要接待工作中还是要先递给对方最主要的人物，也就是主宾，然后再由近及远；如果在圆桌上，则可以按照顺时针方向前进，表达与时俱进。逆时针，回忆过去，开追悼会时以逆时针方向向遗体告别，所以在正式商务场合，不用逆时针方向递名片，还有握手、敬酒、介绍，也是顺时针方向。正式场合逆时针走动方向只有运动会运动员入场，但那是古代奥林匹克传下来的习惯，礼出于俗。

② 方式。递名片时要起身站立，眼睛平视对方，双手四指并拢在下、拇指在上，捏着名片的上侧，把自己名字面朝着对方递出，不要反向或倒立递出，也不要正直竖立着给对方，给人感觉好像犯罪的人一样。位置的高低基本与胸齐平。递出时要说声“请您多指教”，“请您多关照”，“希望保持联络”，或者“这是我的名片”。不要一声不吭地像发传单一样发放名片，给人留下不好的印象。

递接名片如图 2-8 所示。

（a）

（b）

（c）

图 2-8　递接名片

2）接名片时应注意以下几点：

① 方式。接受名片的一方也应起身站立，目视对方的名片，双手接过。

接过名片后一定要仔细阅读，更直观地了解对方的姓名、工作单位和职务，是对对方的尊重，也便于使接下来的寒暄赞美有内容，还可以避免接待过程中出现把对方姓名、工作单位名称或者职务弄错的局面。可以将对方姓名重复叫一次以加深记忆。如果遇上很冷僻的生字，不认识，不妨大方地请教对方。

② 礼尚往来。“来而不往非礼也”，当接过对方先递的名片后，一定要回礼，将自己的名片回赠给对方。如果没有带或者用完了，也要委婉表达歉意“不好意思，名片用完了”、“抱歉今天没有带名片”。如果同时递接名片，可以在交替时迅速地单手接过对方名片，然后双手收回，如图 2-9 所示。

图 2-9　同时递接名片

3）保管名片时应注意以下几点：

① 要放好。接受对方的名片后，看过、念过、寒暄过，然后应该毕恭毕敬地把名片放在适当的地方，如上衣的口袋或西装的内侧口袋，或名片夹。有些地方是不合适放的，如裤兜里，前裤兜会把别人的名片折皱，后裤兜会把别人的名片坐到屁股下；也不可随意地放在桌角，显得非常随意，给人以不重视对方的感觉，而且也容易滑落到地面上。接受名片后也千万不要一直捏在手里，像折纸一样折着，可能在折的时候，对方的脸会随着折动而扭曲。

② 不随意在名片上涂改。现实生活中，经常有人为了节约，电话号码改动，地址变动了，就在原来的名片上相应部位划掉再写，涂涂改改，是不尊重自己的名片或他人名片的表现。在国际往来时更要注意这一点，因为在国际交往中，强调名片譬如脸面，脸面是不改的，自己的名片和他人的名片都不适合涂改，如果原来的名片内容有误，就重新制作新的名片，这也是建议大家使用再生纸制作名片的原因之一。

4）索取名片时应注意以下几点。

在商务交流中，获取对方的名片，是打开下一次交流之门的钥匙。对于年轻人来说，获取对方的名片有以下几种方式：

① 交易法，这是运用得最为普遍的方式，也非常有效。社会交往已成习惯，当接过他人的名片，必会将自己的名片回赠。年轻人可主动先递上名片，同时说：“您好，这是我的名片，请笑纳。”或者说：“您好，这是我的名片，请多指教。”之后恭立一旁，留出时间让

对方阅读名片，随时等候对方递过自己的名片。

② 谦恭法，对地位高、名气大的名流显达可用谦恭法。“今天您的话让我很受启发，钱老师，不知道以后还有没有机会向你继续请教？”“董老，和您交流我学到了很多，以后我还能再来学习吗？”言下之意就是能否留下联系方式以便请教。这样对方往往会将名片送上，至少也可以获得对方的联系方式。

③ 联络法，这用于平辈之间或者长辈对晚辈、上级对下级。“小李，认识你很高兴，希望以后能够保持联络，不知道以后怎么跟你联络比较方便？”“王小姐，非常高兴认识你，以后多联系好吗？”很随和，也很容易让人接受，听到这样的问话，接下来就是马上递出名片。

④ 直白法，此种方式用于平辈之间，或者在展会上，直接明了，不浪费时间。注意用词还是要使用敬语：“请问，能有幸拥有一张您的名片吗？”一般不用于长辈或女士，容易给对方留下过于直白的印象。更不能直接说“能给我一张名片吗？”，把话说透了，似乎对方不想给也得给，有点逼人，一般用于平辈之间。

在大型会议的接待过程中，为了更有效率地收集与会人员的信息，接待工作人员往往会在签到桌前放置一个漂亮的名片盒，前面竖立“请赐名片”的牌子，这个盒子也可以直接称为请赐名片盒。此种方法也普遍用于展会接待。在来往人太多无暇顾及时，请来客自取自放，但如果人不多，还是要交流并用手递出或接入名片的，切不可手指向桌面，给人很不热情的感觉。

四、迎送接待礼仪

1. 准备阶段

在迎宾接待工作中，接待人员要进行必要的先期准备，以求有备无患，这也是提高接待质量的关键。

（1）掌握来宾基本状况

一定要充分掌握迎宾对象的基本状况，来宾尤其是主宾的个人简况。例如，姓名、性别、年龄、籍贯、民族、单位、职务、职称、学历、学位、专业、专长、偏好、著述、知名度等。必要时，还需要了解其婚姻、健康状况，以及政治倾向与宗教信仰。在了解来宾的具体人数时，不仅要求准确无误，而且应着重了解对方由何人负责、来宾之中有几对夫妇等。查看主宾此前有无正式来访的记录，如果有，则在接待规格上要注意前后协调一致。无特殊原因时，一般不宜随意在迎宾时升格或降格。来宾如能报出自己一方的计划，如来访的目的、来访的行程、来访的要求等，则在力所能及的前提之下，应当在迎宾活动之中兼顾来宾一方的特殊要求，尽可能地对对方多加照顾。

（2）制订具体计划

一定要详尽制订迎接来宾的具体计划，可使接待工作避免疏漏，减少波折，更好地、按部就班地顺利进行。根据常规，一份完整的计划中包含接待目的、接待对象、接待人数、接待方案、准备资料、接待工作人员及其分工、经费预算。接待方案至少要包括迎送方式、交通工具、膳宿安排、工作日程、文娱活动、游览、会谈、会见、礼品准备、人员等各项基本

内容。单就迎宾而言，接待方也应有备在先，最为重要的有五项内容，即迎宾方式、迎宾人员、迎宾时间、迎宾地点、交通工具。是否安排迎宾活动，如何安排迎宾活动，怎样进行好迎宾活动。一定要精心选择迎接来宾的迎宾人员，数量上要加以限制，身份上要大致相仿，职责上要划分明确。

（3）准备工作提前完成

1）所需资料与物品的准备。在接待过程中要准备好面谈时所需的资料，包括可能要用到的纸笔都统一放在资料袋中，可事先放在座位边或者签到处。如果需要水果和鲜花也要提前摆放好。水也要准备充分。

2）接待地点环境的准备。一般而言，在公务活动之中待客的常规地点，有办公室、会客室、会议室等。接待一般的来访者可在自己的办公室进行。接待重要的客人，可选择专门用来待客的会客室。接待身份极其尊贵的来宾，有时还可选择档次最高的会客室——贵宾室。来客较多时，往往在会议室进行接待。必要时，在通向接待地点的各个转变处还须设置指引客人之用的“指向牌”。

招待来宾的地点确定之后，往往有必要对其室内进行一些必要的布置：

① 注意光线。应以自然光源为主，人造光源为辅，切勿使光线过强或过弱。招待来宾，尤其是接待贵宾的房间最好面南。如果阳光直射，则可设置百叶窗或窗帘进行调节。使用人造光源时，最好使用顶灯、壁灯，尽量不要使用台灯或地灯，特别是不要直接照射来宾。不必使用彩灯、漫光灯或瀑布灯。

② 注意色彩。招待来宾的现场，通常应当布置得既庄重又大方。特别是主要装潢、陈设的色彩，有意识地控制在一两种之内，最好不要令其超过三种。否则就会让来宾眼花缭乱，无所适从。在选择招待现场的主色调时，不要选用过于沉闷的白色、灰色、黑色，不要选用过于热烈的红色、黄色、橙色，也不要选用易于给人以轻浮之感的粉色、金色或银色。

③ 注意温度。室温以 24℃左右为最佳，因为它是人体体温的“黄金分割点”，令人最为舒适；室温低于 18℃，往往令人寒冷难耐；室温高于 30℃，则又可能会令人燥热不堪。

④ 注意湿度。一般认为，相对湿度为 50%左右，最为舒适宜人。相对湿度过高，往往会令人感到憋闷压抑，呼吸不畅。相对湿度过低，则又会让人觉得干燥不堪，易生静电。

⑤ 注意安静。地上可铺放地毯，以减除走动之声；窗户上可安放双层玻璃，以便隔音；茶几上可摆放垫子，以防安置茶杯时出声；门轴上可添润滑油，以免关门开门时噪声不绝于耳。

⑥ 注意卫生。在待客的房间之内，一定要保持空气清新、地面爽洁、墙壁无尘、窗明几净、用具干净。

⑦ 注意陈设。其一，是要务求实用。一般来讲，在待客的房间之内放置必要的桌椅和音响设备即可。必要时，还可放置一些盆花或插花。诸如奖状、奖旗、奖杯等奖品，绘画、挂毯、壁挂等装饰之物，是没有必要摆放或悬挂在其中的。其二，是要以少为佳。其三，是要完整无缺。一般不应为残、破、次、损、坏、废之物。硬要以次充好，或摆放残破物品，往往得不偿失。

⑧ 注意位次。比较大型的或重要的接待活动，要事先安排好位次，并将桌牌放置好，要放置在同一水平线上。位次安排要遵循面门为上、以右为上、以中为上、以前为上、以内

为上、以好为上、自由为上等原则酌情进行，在下一项目中进行具体讲解。

3）人员的准备。在规模较大的接待工作中，需要的接待工作人员有联系人、迎宾人员、引导人员、服务人员、主持人、摄影录像人员、记录人员。在来宾到来之前都要提前到位，清楚各自的职责，尽量不要临时更换接待工作人员。

一切准备就绪，等待嘉宾到来。

2. 实施阶段

（1）迎宾热情周到

在迎宾工作中，现场操作进行得是否得当，是关键的一环。

首先，迎宾时间的确认：①要预先由双方约定清楚；②要在来宾启程前后再次予以确认；③要提前到达迎宾地点。

其次，迎宾地点的选择：①交通工具停靠站，如机场、码头、火车站、长途汽车站等；②来宾临时下榻之处，如宾馆、饭店、旅馆、招待所等；③东道主一方用以迎宾的常规场所，如广场、大厅等；④东道主的办公地点门外，如政府大院门口、办公大楼门口、办公室门口、会客厅门口，等等。前三类地点多用以迎接异地来访的客人，其中的广场，主要用以迎接贵宾。第四类地点也就是办公地点门外，则大多用以迎接本地来访的客人。

然后，确认来宾的身份：①使用接站牌。使用接站牌时，牌子要正规、整洁，字迹要大而清晰，不要随便用纸乱写。尽量不要用白纸写黑字，让人感到晦气。接站牌的具体内容，主要写法有四种，一是“热烈欢迎某某同志”，二是“热烈欢迎某单位来宾的光临”，三是“某单位热烈欢迎来宾莅临指导”，四是“某单位来宾接待处”。②使用欢迎横幅。③使用身份胸卡。④自我介绍。在方便、务实的前提下，上述四种确认来宾的方法，可以交叉使用。

最后，迎宾方式的确认。迎宾方式分为一般迎宾与仪式迎宾。

1）一般迎宾。在迎宾之时向来宾施礼、致意，最重要的是要做到下列四点：①与来宾热情握手；②同来宾主动寒暄；③对来宾有问必答；④为来宾周到服务。接到来宾后，在步出迎接地点时，迎宾人员应主动为来宾拎拿行李。不过，对于来宾手中的外套、提包或是密码箱，则没有必要“代劳”。

2）仪式迎宾。迎宾仪式往往用于一些重要的接待活动，指由主人一方出动专人，前往来访者知晓的某一处所，恭候对方的到来，在一般情况下，迎宾仪式包括如下内容：

① 宾主双方热情见面。

② 向来宾献花。献花者通常应为女青年或少先队员。若来宾不止一人，可向每位来宾逐一献花，也可以只向主宾或主宾夫妇献花。向主宾夫妇献花时，可先献花给女主宾，也可以同时向男女主宾献花。

③ 宾主双方与其他人员见面。依照惯例，应当首先由主人陪同主宾来到东道主方面的主要迎宾人员面前，按其职位的高低，由高至低，将其一一介绍给主宾。随后，再由主宾陪同主人行至主要来访人员的队列前，按其职位的高低，由高至低，将其一一介绍给主人。

④ 主人陪同来宾与欢迎队伍见面，如图 2-10 所示。

图 2-10　迎宾接待

（2）引导正确规范

来宾的引导，指的是迎宾人员在接待来宾时，亲自为之带路，陪同对方一道前往目的地。在一般情况下，负责引导来宾的人，多为接待单位的接待人员、礼宾人员、专门负责此事者，或是接待方与来宾对口单位的办公室人员、秘书人员。

引导情况一般分为平地引导、楼梯引导、电梯引导、入室引导和出入汽车引导。

1）平地引导。遵循的原则有以右为上、以内为上原则。在宾主双方并排行进在走廊、街道上时，引导者应主动在外侧行走，而请来宾行走于内侧。若三人并行时，通常中间的位次最高，内侧的位次居次，外侧的位次最低。如果在较为宽阔的道路上行走，引导人员走在来宾的左侧。至于引导人员是在前还是在后，视来宾是否明确要走的路线而定。如果对方熟悉道路，引导人员可立于来宾的左后方，如果对方不熟悉，则引导人员在左前方，而使来宾行走于其后，以便由前者为后者带路。

2）楼梯引导。上楼梯要单行行进，楼梯比较窄，不能并排走，否则就会影响到其他下楼的人或者想超越的人。一般情况下，请来宾先上楼，并告知要去的楼层，理由有三：①让对方居于高位，他高我低，以示尊重；②楼梯有高度差，接待人员在上的话，就把自己的背部甚至臀部展现在来宾面前，不太雅观；③为了安全，接待人员在下方更可以保证安全。下楼梯时，由引导人员先下楼，为的也是让来宾居于高位，从上往下看，轻松；同时还能保证安全。但有时也会例外，如来宾是着裙装的女性，而引导人员为男性，这时先上楼的就应该是男士了，这也是礼仪针对性的体现。

3）电梯引导。出入无人控制的电梯时，引导者须先入后出，以操纵电梯，这样做是为了保证来宾的安全。出入有人控制的电梯时，引导者则应后入先出，这样做主要是表示对来宾的礼貌。如果是商场、机场等的自动扶梯，则要注意立于右侧，左侧为急行者让出通道。

4）入室引导。到达目的地，请客人进入办公室也要遵循先进后进的规范。如果门是向外开的，那么引导人员要先开门，然后站在门边，请客人先进；如果门是向内开的，那么引导人员要先进去，然后站在门边，请客人进来，并告知领导，客人已经来了。在这里，只要记住在出入房门时，引导者须主动替来宾开门或关门。

5）出入汽车引导。如果引导者与来宾出行，宾主不同车时，一般应引导者座车在前，来宾座车居后，引导人员先为来宾开门请来宾上车，再到自己的座车上车；宾主同车时，则大都讲究引导者后登车、先下车，来宾先登车、后下车。

在引导来宾的路途中，注意切勿一味沉溺于高谈阔论，免得令来宾走神摔倒，引起尴尬。在有台阶或有其他磕绊物的时候都要提醒来宾注意脚下。

（3）招待细心入微

在接待工作之中，对于来宾的招待乃是重中之重。要做好接待工作，重要的是要以礼待客，从细节上体现对来宾的尊重。盛情款待表现在以下几个方面：

1）让座于人。将来宾请到上座就坐。座次原则一般遵循以右为上、以中为上、面门为上、以内为上、以好为上的原则，具体内容将在项目三中详细讲解。

2）斟茶倒水。在重要接待工作中，茶水器具一般用陶瓷的，要保证其卫生及完整无缺。一般会议中，许多单位采用了一次性纸杯，此时应注意纸杯的质量，不要选用容易漏水的纸杯。接待人员上茶的顺序为先客后主、先重要后次要的顺序进行，人较多的时候在确定了几位重要的来宾之后，可以用由近及远的方式上茶水。茶叶不可用手拣，水不要超过七分满；上茶时要用双手或者右手，一般情况下从客人的侧面或右后方上茶，同时轻声说："打扰了，请慢用！"如图 2-11 所示。

图 2-11　茶水接待

3）认真专注。与来宾交谈时，务必要聚精会神，切不可一心二用，答非所问。认真专注在体态上的表现为，眼睛注视对方眼鼻三角区域，面带微笑，身体略倾向对方。在语言上的表现为，轻声地重复对方的话，认可对方的感受，"嗯"、"是的"、"我也有同感"等。在行动上的表现为，停止手头的工作，拿出纸笔记录，把手机调为静音或者振动状态等。千万不要在招待来宾时忙于处理其他事务。例如，打电话、发传真、批阅文件、寻找材料，或是与其他同事交谈等。如果中途暂时离开，或是去接电话，要事先向来宾表示歉意。最好不要在同一时间内在同一地点接待来自不同地方的人士。如果出现这种情况，可按"先来后到"的顺序接待，也可以安排其他人员分别予以接待。

（4）交通及时到位

在正式的公务接待活动之中，为来宾安排、准备、选择交通工具，既要求舒适，也要注意勤俭节省。一般而言，应当为来宾选择快速并且直达目的地的交通工具。最好不要让来宾在凌晨或子夜动身上路，也不要让对方在夜晚抵达目的地。行驶过程中要遵守安全规章。

在交通礼仪中还要注意汽车的座次，要把嘉宾请到上座就坐。汽车座次的常规一般是右座高于左座，后座高于前座。以一辆目前在国内公务接待中最为常用的双排五人座汽车为例，车上座次的尊卑自高而低依次应为后排右座、后排左座、后排中座、前排副驾驶座。在公务活动中，汽车上的前排副驾驶座通常被称为“随员座”。按惯例，此座应由秘书、译员、警卫或助手就座，而不宜请客人在此就座。唯独在主人亲自驾驶汽车时，客人坐在副驾驶座上与主人“平起平坐”，才是合乎礼仪的。在一般情况下，双排五人座汽车上的后排中座左右挨夹，十分不舒服，故不宜请客人就座于此。汽车位次如图 2-12 所示。在公共汽车上，座次尊卑的一般规则是，前座高于后座，右座高于左座；距离前门越近，其座次便往往越高。在有的公共汽车上，座位被安排在通道两侧。碰到这种特殊情况时，一般应以面对车门的一侧为上座，而以背对车门的另一侧为下座。在火车上，座次的常规通常为，距离火车头愈近的车厢，其位次便愈高。距离车厢中部越近的包厢、铺位或座位，其位次便愈高。皆以面对火车行进方向的一侧为上位，而以背对火车行进方向的另一侧为下位。卧铺则以下铺高于中铺，中铺高于上铺。在同一排座位之中，以临窗者为上座，以临通道者为下座。在同一行座位之中，则以右座高于左座。

(a)

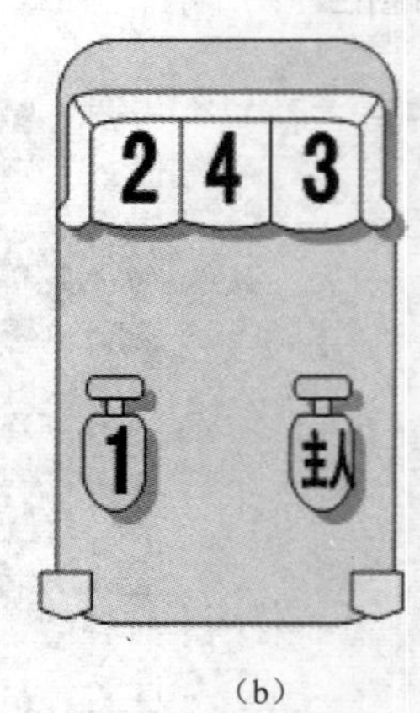

(b)

图 2-12　汽车位次

（5）食宿安排得当

公务接待住宿安排要根据客人的身份、人数、性别、年龄、身体状况、生活习惯和工作需要来酌情安排，选择宾馆要根据接待经费预算、宾馆实际接待能力、口碑与服务质量、周边环境、交通状况、安全条件等因素来考虑，基本生活需要如空调、热水、卫生间、电话、电视、娱乐、购物及办公、会议设施要符合要求。接待人员要让来宾产生宾至如归之感，体贴入微、善解人意，但要以不妨碍对方私生活为准、以不限制对方个人自由为限、以不影响对方休息为度。

（6）礼品情深意长

礼品的选择要突出纪念性，讲究“礼轻情义重”，不宜赠送过于贵重的礼物，否则有行贿受贿之嫌。还要体现民族和地方特色，要有针对性，因人、因事而异，尽量使礼品受到来宾的欢迎，要避免品种、色彩、图案、形状、数目、包装方面的禁忌，禁送现金、有价证券、天然珠宝、贵重首饰、药品、营养品、广告性和宣传性物品、易引起异性误会的物品、涉及国家机密和商业秘密的物品及不道德的物品。懂得送礼技巧，不仅能达到大方得体的效果，

还可增进彼此感情。

生活小贴士

送礼忌讳

1）要根据对方的兴趣爱好选择对方喜欢的礼物。

2）为避免每年选同样的礼物给同一个人的尴尬情况发生，最好每年送礼时做一下记录。

3）千万不要把以前接收的礼物转送出去或丢掉，送礼物的人会留意有没有用他所送的物品。

4）切勿直接去问对方喜欢什么礼物，一方面可能他要求的会导致你超出预算，另一方面即使照着他的意思去买，可能会出现买的礼物与对方期望不一致的情况。

5）切忌送一些会刺激别人感受的东西。

6）不要打算以自己的礼物来改变别人的品味和习惯。

7）必须考虑接受礼物的人的职位、年龄、性别等。

8）即使自己比较富裕，送礼物给一般朋友也不宜太昂贵，而送一些有纪念性的礼物较好。如果送给朋友儿子的礼物贵过他父母送他的礼物，这自然会引起他父母的不快，同时会令两份礼物失去意义。接受一份朋友难以负担的精美礼品，内心会很过意不去，因此，送礼的人最好在自己能力负担范围内较为人乐于接受。

9）谨记除去价钱牌及商店的袋装，无论礼物本身是如何普通，最好用包装纸包装，有时细微的地方更能显出送礼人的心意。

10）考虑接受者在日常生活中能否应用自己送的礼物。

（7）送别功德圆满

送别，是在来宾离去之际，出于礼貌，而陪着对方一同行走一段路程，并看着对方离去。按照常规，道别一般由来宾率先提出来，否则主人先提出难免会给人以厌客、逐客的感觉。如果实在因为某些特殊原因不得不中断谈话，主人请客人先行离开，则主人必须要先道歉，再说明原因，并约好下一次见面的时间和地点以请求对方谅解。在道别时，来宾往往会说“就此告辞”、“后会有期”，而此刻主人则一般会说“一路顺风”、“旅途平安”。有时，宾主双方还会向对方互道“再见”，叮嘱对方“多多保重”，或者委托对方代问其同事、家人安好。在道别时，特别应当注意下列几个环节：①应当起身在后；②应当伸手在后；③应当相送一程；④要在对方走后，自己才能转身离去。

3. 及时总结归档

每一次接待完毕之后，要及时地将此次接待工作的资料进行整理归档，并做好总结工作，对此次接待进行概括或评估，肯定成绩，找出差距，以便采取必要的措施改进今后的接待工作，提高接待水平。

◆ 任务实施

案 例 讨 论

赞美是人际交往的“润滑剂”

因工作关系，某公司年轻的职员小李常常需要与一些外单位的高层人士打交道，进行电话联系。让她苦恼的是，这些高层人士似乎没有不忙的，每次通话，他们急匆匆的语气让她的语速也急促起来。话未说完，对方早已经不耐烦。可是她发现，同事王姐打起电话来却从容不迫，笑声朗朗，就像和熟人说话一样，偶尔还会听到一两句“您的声音好听”、“贵公司是国内有影响的企业”、“我也注意到这个问题，但没您想得这么深”，而且她负责联络的人士十有七八都能配合。

有一次吃午饭，小李谈起自己的苦恼，叹了一口气，说：“王姐，我要是像你那么能干就好了。”王姐笑道：“其实你能行的，刚才不就做到了？用赞美的方式向我表达了取经的意思。”小李有点纳闷。王姐说：“谁都喜欢听好听的，在适当的时候夸夸他，你可以赞美对方专业能力，可以用请教问题的方式间接表达赞美，甚至可以夸他的单位，这也是一种间接提高对方身份的方式。比如对方的声音好听、女士的声音显得年轻，等等，你都可以直接表达出来。你要学会从对方的话中发现特点，从这个特点深入下去，一般都会得到良好的反馈的。”后来，小李试着按王姐教的方法去做，果然非常有效，苦恼也渐渐减轻了。

（资料来源：范一茗．2008．你会打电话吗．中国妇女，（12）．）

讨论：请大家谈一谈生活中赞美的作用。对方能够接受、喜欢接受怎样的赞美？

同步训练

训练一 常用接待礼节训练

1．训练要求

训练自己与人交往时的致意礼节，掌握鞠躬、握手、介绍及名片交换的顺序，能熟练大方自然地介绍他人、交换名片，有礼有节地鞠躬、握手。

2．训练器具

名片（事先要求学员自己制作名片）。

3．训练方法

示范讲解、分组进行各项礼节的训练体会，之后自我评价、老师点评。

4．训练步骤

（1）实训所用器具的准备。

实训课前制作好自己的名片，身份可假设十年后的角色。

（2）实训进程：

1）致意礼仪训练。2 个人一组进行点头、微笑、欠身礼节的训练。

2）鞠躬礼训练。5 个人一组进行鞠躬礼的训练。注意行鞠躬礼的场合、时间、眼睛、幅度及身体的姿态，教师找出不规范的鞠躬。

3）握手礼训练。

① 2 个人一组进行握手礼的训练。两两相对，确定一方先说“你好”之后伸手，另一方回应“你好”后伸手相握，握时采用虎口相对的方式，身体略向前倾。握手在同时说完“很高兴认识你”之后松开；教师同时观察学员的眼睛、手势、力度、时间、表情的变化。

② 场景模拟握手礼的训练。由教师设计多种场景，随机抽取多位学员进行模拟训练。要求场景中有男女握手、领导与职员握手、主人与客人握手、一对一握手、一对多握手、多对多握手的情况。教师此时要观测学员握手的顺序及眼神的运用。

4）介绍他人礼节训练。

① 循环介绍的方式。10 个人一组组成环形站立，确定一位学员，由此开始向小组成员介绍位于其右手方的学员，要求介绍学员的姓名、所在单位及其职务，被介绍人在介绍后向大家鞠躬表敬意。之后介绍人左手方学员成为介绍人，以顺时针方向进行，至 10 个人被介绍完毕；教师特别关注介绍人介绍时的手势：采用中位手势，指示被介绍的一方。

② 场景模拟介绍。由教师设计多种场景，随机抽取多位学员进行模拟训练。要求，场景中有朋友之间的介绍、领导与职员的介绍、主人与客人介绍等，介绍完要有握手及寒暄赞美。教师此时要观测介绍人介绍的顺序及手势、眼神的运用。

5）名片交换礼节训练。2 个人一组进行训练，确定由一方先开始：“你好，我是×××，这是我的名片。”然后双手递出名片，另一位双手接过，并递出自己的名片：“你好，这是我的名片，我是×××”，双方看名片，寒暄、赞美、握手。

5．训练中可能会出现的错误

教师在这个环节的实训中要特别注意关注学员训练中的先后顺序、眼神是否到位、表情是否过于严肃、幅度及力度是否恰当，有不对的则重新进行，直到完成过程中没有一点差错为止。学员在操作时经常会出现以下错误：

① 名片的大小不合规范，名片上有涂改的情况。

② 致意、介绍、名片交换的顺序错误。

③ 名片的放置忌乱放乱扔，如放入裤袋或扔在角落，或忌拿在手中玩。

④ 握手时间过短或过长。

⑤ 握手部位、力度不对。

⑥ 握手时眼睛没有看对方。

⑦ 握手时另一只手还插在口袋里。

⑧ 介绍他人时眼睛没有看被介绍人，手势不规范。

⑨ 被介绍双方没有眼神交流。

训练二　客户接待模拟训练

1．训练要求

根据所学知识编制模拟接待的接待计划、训练接待过程中的迎宾、引导、座次安排及会场服务等礼节，从容做好接待工作。熟练结合日常交往礼节加以运用，培养更好的交际、接待能力，进一步增强学生的职业素养。

2．训练场所

相应的实训室或布置会客室（以小型商务接待、大型商务接待两种标准布置）。

3．训练器具

签到单、笔、茶杯、茶叶、热水瓶、开水、鲜花、桌牌、礼品道具等。

4．训练方法

示范讲解、化妆练习、老师点评、互相点评。

5．训练步骤

（1）实训场所的布置及所用器具的准备：

1）小型接待（家庭接待）的布置。

2）大型接待（会议接待）的布置。

（2）实训进程：

1）小型商务接待的训练。3～5人一组，有介绍、握手、交换名片；请入座，敬茶，模拟谈话一分钟后，送客。

2）大型商务会议接待的训练。全班为一组共同合作模拟，角色确定为主人领导若干、工作人员若干、迎宾人员服务人员若干、客人若干（角色人数根据学员制定的接待计划来定）。

① 迎宾仪式的训练。迎宾人员迎宾、领导人员迎接、介绍人将主宾双方进行介绍、握手、交换名片、签到领取资料、佩戴鲜花。

② 引导训练。设计中要有平地引导、楼梯引导、电梯引导、会议室引导、入座引导。

③ 服务训练。由服务人员为与会来宾和领导上茶，在会议模拟进行中关注续水、传递物品等服务。

④ 送客训练。由主方领导送来宾至会场外，赠送礼品道具。

6．训练中要注意的问题

在进行接待训练的时候要提前做好接待计划，并准备好接待用的所有资料与道具，大型接待任务模拟要开接待准备工作会议，分工明确、落实到人。教师在接待模拟计划阶段进行掌控，计划通过后再让学员着手进行模拟准备，模拟进行中不用叫停，全部结束后对整个接待工作进行点评。

◆ 任务评价

1．完成常用接待礼节训练后，填写以下训练报告（报告2-1）。

报告 2-1　常用接待礼节的训练报告

姓名________　班级________　学号________　小组________　成绩________

训练项目	
训练场所	
训练要求	
训练器具	请贴上自己制作的名片：
训练操作	致意 教师指出的不足： 自我评价： 鞠躬礼 教师指出的不足：

续表

<table>
<tr><td rowspan="1">训练操作</td><td>自我评价：

握手礼：
教师指出的不足：

自我评价：

介绍他人：
教师指出的不足：

自我评价：

名片交换
教师指出的不足：

自我评价：</td></tr>
</table>

2．完成客户接待模拟训练后，填写以下训练报告（报告 2-2）。

报告 2-2　客户接待模拟训练报告

姓名________　　班级________　　学号________　　小组________　　成绩________

训练项目	
训练场所	
训练要求	
训练器具	在接待过程中所准备的资料或工具
训练操作	1．小型商务接待模拟 小组成员： 模拟场景描述： 自我评价： 2．大型商务接待模拟 扮演角色： 所承担的分解任务： 完成情况： 对他人完成情况的评价：

续表

训练操作	对整体接待完成情况的评价：

3．同步训练评价

项目小组评价表

分数 组别	是否及时完成	质　量	团队表现
第一组			
第二组			
第三组			
⋮			

个人任务评价表

分数 评分依据	个人具体分工		个人表现		
	承担任务的质量	个人记录	教师评分	组长评分	组员互评
成员一					
成员二					
⋮					

任务二　做一名受人欢迎的拜访者

导入案例

礼仪可能价值百万

某集团新建的办公大楼需要添置一系列的办公家具，价值数百万元。集团总经理决定，在A公司和B公司中选择一家购置这批办公用具。于是将购买意向向两家公司的销售人员透露。很快就接到A公司的销售部负责人小张的电话，要拜访上门这位总经理。总经理觉得对方如此积极上心，打算如果产品没有什么问题，就在订单上盖章，定下这笔生意。

小张听说这家公司的员工宿舍也要在近期内落成，正想在这次交流中把

员工宿舍需要的家具订单也拿下。于是他带来一大堆资料，提前2个小时来到集团总经理办公室。总经理没料到对方会提前到访，刚好手边又有事，便请对方等一会儿。小张等了不到半小时，就开始不耐烦了，一边收拾起资料一边说："我还是改天再来拜访吧。"这时，总经理发现小张在收拾资料准备离开时，将自己刚才递上的名片不小心掉在了地上，不但没发觉，走时还无意地从名片上踩了过去。总经理感觉这小张不但性子急躁，而且粗心大意，做事不够稳妥，于是改变了初衷。A公司不仅没有机会与对方商谈员工宿舍的设备购买，连几乎到手的数百万元办公用具的生意也告吹了。

◆ 任务要求

具体任务：

1）学会做好上门拜访前的准备工作。

2）掌握在拜访过程中的准时原则及登门礼节。

3）熟练进行规范的自我介绍。

4）学会拜访时的寒暄赞美。

5）学会恰当地运用尊称、文明用语表现拜访者的风范。

6）通过沟通游戏体会沟通的方式、沟通的禁忌。

◆ 任务分析

要完成任务二，需要做好以下几项训练。

1）约访及自我介绍训练：在此项训练中，要学会如何事先了解拜访对象的资料，学会如何电话约访；掌握上门拜访时的各种礼节，如在询问、敲门、自我介绍时应该注意的礼节，并能大方自然地进行自我介绍；同时学习在面试过程中如何进行较为详细的自我介绍，给招聘人员留下优良的第一印象。

2）交谈礼仪训练：通过一系列的沟通游戏，深刻体会到交谈过程中的眼神、表情、语言的作用，学会赞美，学会双向沟通。熟练运用尊称、文明用语，了解沟通禁忌。

◆ 任务学习

拜访活动也是商务活动中的一项经常性的工作，接待是等待客户的来临，而拜访却是主动地接近客户。同样，在拜访活动中，商务人员的礼仪表现，不仅关系到他本人的形象，还涉及他所代表的组织形象。因此，拜访礼仪向来受到重视，因为它会增进客户对公司的了解，增添双方的情感，促进双方未来业务的发展。

一、拜访原则

做客拜访是日常生活中最常见的交际形式，也是商务活动中联络感情、增进友谊的一种有效方法。在做客拜访时，要遵循以下原则。

1. 主人便利原则

做客拜访要选择一个对方方便的时间。一般可在假日的下午或平时晚饭后，要避免在吃饭和休息的时间登门造访。

2. 守时守约原则

拜访前，应尽可能事先告知，约定一个时间，以免扑空或打乱对方的日程安排。约定时间后，不能轻易失约或迟到。如因特殊情况不能前去，一定要设法通知对方，并表示歉意。

3. 摆正自己的位置

既然是陪同上司做商务拜访，那么首先应该突出上司的重要地位，而不应该突出自己，使自己高高在上，甚至喧宾夺主。这样不仅使上司难堪，也会给对方留下不好的印象。

二、拜访

1. 约访

约访形式可以是口头形式、书面形式。口头形式又可分为当面约访和电话约访。当面约访往往用在认识之初，可能是因为时间的约束，第一次不方便深谈，为了能更好地沟通交流，当面约好下一次见面的地点与时间。拜访应选择适当的时间，如果双方有约，应准时赴约。万一因故不得不迟到或取消访问，应立即通知对方。

口头约访也可采用电话约访的方式。电话约访时，对方看不见自己的表情及态度，但可从声音作为第一印象的判断。所以，保持愉快心情才能有悦耳的音调，同时也可使对方减少排斥感。电话约访时间不能太长，在三分钟内发出请求，约好见面的时间、地点、人物、拜访目的即可。当面约访和电话约访是商务拜访的主要方式。

书面形式则更为慎重、正式，多用于向企业或政府高层领导人发出的约访请求，是以信函、邮件、通知书等载体向对方发出见面交谈的邀请。

2. 拜访前的准备

拜访前的准备工作如下：

1）按照拜访前的事先约定，提前告知对方自己已经出发，表示能准时见面，并再一次确认见面的时间和地点。

2）拜访前应当准备好相应的资料，如公司介绍、产品目录和名片等。大致准备好面谈时要谈及的内容。

3）如果提前与顾客预约好时间则应准时到达，到达时间过早会给顾客增加一定的压力，到达时间过晚会给顾客传达“我不尊重你”的信息，同时也会让顾客产生不信任感，最好是提前 5～7 分钟到达，做好进门前准备。为能准时赴约，要提前确认前往所需要的交通工具和路上会花费的时间。尽量要比约定的时间早 10 分钟。如果有急事不得不迟到，必须通知要见的人（打不了电话让别人代为通知）。如果交通阻塞，要通知对方说晚到一点。如果是

对方晚到，可以利用这些时间整理一下文件，仔细想想需要办理的事情，或者问接待员能否到休息室先休息一下。

4）根据 TPOR 原则，选择要见面时的合适服装，注意个人的卫生整洁。

要有良好的精神风貌。陪同上司进行商务拜访，上司代表公司形象，自己也一样代表公司形象，所以不可马虎。应该给对方留下豁达开朗、大方自然、谦恭和蔼、坦荡潇洒、淳朴热情的印象。

5）提前 10 分钟到达约定地点，可以在洗手间再次检查自己的服饰、妆容是否得体。调整好心态，微笑面对。

3. 拜访时的礼节

拜访时应注意以下礼节：

1）如果拜访的地点选择在对方的工作地点，当到达时，告诉接待员或者助理自己的名字和约定的时间，并递上自己的名片以便助理能够方便通知。如果主人因故不能马上接待，可以在接待人员的安排下在会客厅、会议室或前台安静地等候。如果接待人员没有说“请随便参观”之类的话，不能随便地东张西望，“窥探”房间里面动静是非常失礼的。

2）在等待时要安静，不要通过谈话来消磨时间，这样会打扰别人工作。尽管自己已经等待较长时间，也不要不耐烦地总看手表，可以问接待或者助理约见者什么时候有时间。如果自己有事无法继续等待，可以向助理解释自己有事另外再约定一个时间。不管自己对要见的人有多么不满，都不要对助理或者接待员发火。

3）讲究敲门的艺术。到主人办公室门口，不要直接进入，应先敲门。敲门时，要用手指中间指关节的指背，轻扣房门，力度适中。敲门不宜太重或太急，间隔有序。一般敲三下，等待回音。如无应声，可再稍加力度，再敲三下，如有应声，再侧身隐立于右门框一侧，待门开时再向前迈半步，与主人相对。即使门开着，也要敲门或以其他方式告知主人有客来访。

4）进门后，拜访者随身带来的外套、雨具等物品应搁放到主人指定的地方，不可任意乱放。对室内的人，无论认识与否，都应主动打招呼。如果是家庭拜访，可能会带孩子或其他人来，则要先介绍给主人，并教育孩子该如何称呼。主人端上茶来，应从座位上欠身，双手捧接，并表示感谢。吸烟者应在主人敬烟或征得主人同意后，方可吸烟。和主人交谈时，应注意掌握时间。有要事必须要与主人商量或向对方请教时，应尽快表明来意，不要浪费时间。到达拜访地点后，如果与接待者是第一次见面，应主动递上名片，或进行自我介绍。对熟人可握手问候。

5）主人不让座不能随便坐下。如果主人是年长者或上级，主人不坐，自己不能先坐。主人让座之后，要说“谢谢”，然后采用规矩的礼仪坐姿坐下。主人递上烟茶要双手接过并表示谢意。如果主人没有吸烟的习惯，要克制自己的烟瘾，尽量不吸，以示对主人习惯的尊重。主人献上果品，要等年长者或其他客人动手后，自己再取用。即使在最熟悉的朋友家里，也不要过于随便。

6）手机调为静音或关机。入座后，进入正题前，要拿出自己的手机调整为静音状态或关机状态。通过此举向主人表示：我很重视这次谈话，我不想有任何事干扰我们，我将全情投入即将开始的交谈中。

7）谈话时间不宜过长。如果是工作时间，每个人都有自己的工作要做，所以不要占用主人太多的时间。适时起身告辞，并向主人表示“打扰”之歉意。到门口时，回身主动伸手与主人握别，说“请留步”，并对主人的热情接待道谢，然后“再见”道别。待主 人留步后，走几步，再回首挥手致意“再见”。

8）要注意观察接待者的举止表情，适可而止，当接待者有不耐烦或有为难的表现时，应转换话题或口气，当接待者有结束会见的表示时，应立即起身告辞。

三、电话礼仪

在日常工作和商务交往中，经常要通过电话进行沟通，上述所谈到的约访大多是通过电话进行的，因此，电话礼仪非常重要。

1. 接电话

接电话过程中的注意点如下所述。

（1）接听电话要及时

铃响不过三声，及时接起电话，表示对客人的重视，不让客户等待。时间过长，客户会误以为没人或者没人愿意来接，就会去选择成为其他企业的客户，所以接听电话要及时，铃响不过三声。如果实在是因为忙或者距离远，没有及时接起电话， 接起来问候之后的第一句话要说“抱歉，让您久等了”，来表示一种歉意，这也是对对方的尊重。当然，也不能铃刚响一声，就马上接起来，打电话的人还没做好准备，突然传来的声音会把对方吓一跳的。

（2）通话声音清晰，语言要规范

不管是接电话还是打电话，都要保证通话声音清晰，语言规范。要保证声音清晰，环境要保持安静，同时自己嘴里不能含有食物或水。电话交流时，对方不可能通过表情、文字等其他信息来判断自己听到的信息是否正确，因此，耳朵里听到的语言就是唯一获取信息的来源。同时，语言要规范，拿起电话之后第一句话就是要问候对方“你好”，第二句话自报家门，告知所在的单位及部门。例如，“你好，××公司市场部××”，一线窗口行业更要注意这一点。有的人不注意这些电话礼仪，拿起话筒直接就“喂，喂，有人吗？谁啊？”给人粗俗的印象，语言太不规范。

（3）遇到掉线的情况

手机、座机都经常会有掉线的情况，如果通话中遇到掉线的情况，要及时拨回去，再次接通之后要说明歉意，告知刚才是电话掉线的缘故，别让对方误以为是这边有意不听他电话。

（4）请对方挂后再挂

挂电话之前，要把对方来电事项再重复一次，加以确认，然后感谢对方的来电，礼貌再见，有意识地等待对方挂电话之后再挂电话，就像是送客送到对方看不见为止，目送对方离去一样，是尊重对方的表现。

礼仪小故事

电话里的女高音

某杂技团计划于下月赴美国演出，该团团长刘明就此事向市文化局请示，于是他拨通了文化局局长办公室的电话。可是电话响了足足有半分多钟时间，不见有人接听。刘明正纳闷着，突然电话那端传来一个不耐烦的女高音：“喂，什么事啊？”刘明一愣，以为自

己拨错了电话："请问是文化局吗？""废话，你不知道自己往哪儿打的电话啊？""哦，您好，我是市歌舞团的，请问王局长在吗？""你是谁啊？"对方没好气地盘问。刘明心里直犯嘀咕："我叫刘明，是杂技团的团长。""刘明？你跟我们局长什么关系？""关系？"刘明更是丈二和尚摸不着头脑："我和王局长没有私人关系，我只想请示一下我们团出国演出的事。""出国演出？王局长不在，你改天再来电话吧。"没等刘明再说什么，对方就"啪"地挂断了电话。刘明感觉像是被人戏弄了一番，拿着电话半天没回过神来。

评析：在上述事例中，文化局的那位女同志在接听电话时态度懒散，语气生硬、粗鲁，给人以盛气凌人的感觉。这不仅影响到公务的正常办理，而且极大损害了国家公务员在人民群众心目中的形象和地位。

2. 打电话

规范打电话要注意以下几个要点。

（1）择时通话

打电话时选择通话时间非常重要，尽量不要在非公务交往时间打电话。和自己的亲人打电话时可以不必考虑太多，可以随时通话。但和外人通话时要注意，不要影响他人的个人空间。一般来讲，周末、假日、晚上八点以后～早上七点之前，尽量不要因为公事打扰他人。同样道理，跟海外人士通话要注意时差的问题，还要知道在什么时间打电话，不会影响通话效果，如临近下班时间谈论较复杂的事情，对方往往心不在焉，影响效果。要选接听电话的一方心平气和、专心致志的时间打电话，通话要达到的效果才容易实现。

（2）通话三分钟原则

电话沟通往往用于事情简单、程序明了的情况，也就是在三分钟内可以说得清楚，让对方明白的内容。如果过于复杂，还是通过电话约访，争取面谈比较合适。工作时间不能电话聊天，要做到"长话短说，废话不说，没话别说"。私人电话也尽量在下班时间接打，通话时间要简短。有些工作人员不太注意，空闲的时候无事可做，就拿起话筒。

（3）拨错电话要道歉

拨错电话很常见，可能是电话号码记错了，也可能是拨错了，许多人都遇到过这样的事。如果自己接到的电话是有人打错了，对方不道歉，自己也会觉得恼火，所以，如果自己打错电话，首先就说："对不起，打错电话了，很抱歉！"

3. 代接电话

有的时候，经常会接到一些并不是找自己的电话，找同事或找领导，而该接电话的人又刚好不在，作为同一部门或同一企业的人，代接电话是义不容辞的事。代接电话时要注意以下几点：

（1）先告知对方要找的人不在

不要在盘问对方的身份和致电目的等一系列问题之后，才告诉对方说要找的人开会去了现在不能接电话。试问如果自己是打电话的人心里会作何感想？或许会认为自己被耍了。所以，在代接电话时，必须首先告知对方要找的人不在，并告知原因，然后再问对方是何人、为何事，是否需要留言等。

（2）要有主人翁意识

当问清楚来电事项之后，也许这件事并不是对方要找的人才能办理，接电话的工作人员也一样能够解决，对于打电话之人，打电话的目的就是要解决问题，只要问题能够解决，是谁帮助解决的或许并不是他所关心的，所以可以主动询问对方是否可以代劳。

（3）详细记录并及时转告

如果来电需要转达留言，则代接电话之人要负起将留言准确转达的职责，将来电要转达内容进行详细记录，并重复一次加以确认，确认无误后再礼貌再见。当应接电话之人来时，要及时转告，千万不要传递错误信息或忘记转告，最后造成他人的损失，引起纠纷。

4. 移动电话的使用

现代商务人员都使用移动电话，移动电话的使用，就很能体现使用人的文化素养。在使用移动电话时要注意以下四点。

1）不要借用他人的手机。随着电子产品的更新换代，现代手机的存储功能越来越强大，每个人的手机里都保存个人资料：家庭电话，亲人联系方式、地址，朋友照片等，甚至存有日志，这些都涉及个人隐私，开口向他人借用手机，会使对方为难。

2）当着谈话对象的面将手机关机。当有重要商务沟通或者在一些重要商务场合中，手机铃声响起会干扰到交流或会议的进行，这时为不妨碍更多的人，要主动地拿出手机，当着谈话对象的面关机或把手机声音调整为静音状态。这个行为无异于告诉对方，自己很重视这次谈话，不会让任何人任何事来干扰这次谈话。

3）使用手机要注意安全。驾驶车辆、乘坐飞机时应按照有关规则不接打电话。在加油站、医院及出现煤气中毒现象的室内，都是不能接打电话的。这关系到生命安全，一定要注意。

4）使用手机不要制造噪声。无论是开会、观看演出、还是在工作场合，都不要让手机发出铃声。要养成习惯，进入公共场合后将手机调为振动状态或者关机。接打电话时要控制自己的说话声音，对方可以听清即可，不要大声喧哗。

5）注意手机放置的位置。一般手机别在腰间，不要挂在脖子上，正常情况下，手机放在公文包里比较合适。

四、自我介绍礼仪

鉴于需要进行自我介绍的时机多有不同，因而进行自我介绍时的表达方法便有所不同。自我介绍的内容，指的是自我介绍时所表述的主体部分，即在自我介绍时表述的具体形式。确定自我介绍的具体内容，应兼顾实际需要、所处场景，并应具有鲜明的针对性，切不可千人一面，一概而论。

1. 自我介绍的形式

依照自我介绍时表述内容的不同，自我介绍可以分为下述五种具体形式。

（1）应酬式

应酬式自我介绍，适用于某些公共场合和一般性的社交场合，如旅行途中、宴会厅里、

舞场中、通电话时。其对象主要是进行一般接触的交往对象。对介绍者而言，对方交往不深，或者早已熟悉，此时进行自我介绍的目的是为了确认身份，所以这种自我介绍内容要少而精。

应酬式自我介绍内容最为简洁，往往只包括姓名一项即可。例如，“您好！我是××工商学院的×××。”或“您好，我是×××。”

（2）工作式

工作式自我介绍，主要适用于工作之中，是以工作为自我介绍的中心，因工作而交际，因工作而交友，又称公务式自我介绍。

工作式自我介绍的内容，应当包括工作式自我介绍三要素，即本人姓名、供职的单位及其部门、担负的职务或从事的具体工作，通常缺一不可。其中，第一项姓名，应当一起报出，不可有姓无名，或有名无姓。第二项供职的单位及其部门，有可能最好全部报出，具体工作部门有时也可以暂不报出。第三项担负的职务或从事的具体工作，有职务最好报出职务，职务较低或者无职务，则可报出目前所从事的具体工作。例如，“您好！我叫×××，是××市政府外办的交际处处长。”或“您好！我是××工商学院外语外贸分院的老师，我叫××，主教社交礼仪课程。”

（3）交流式

交流式自我介绍，主要适用于在社交活动中，是一种刻意寻求与交往对象进一步交流与沟通，希望对方认识自己、了解自己、与自己建立联系的自我介绍，又称社交式自我介绍或沟通式自我介绍。

交流式自我介绍的内容，大体应当包括介绍者的姓名、工作、籍贯、学历、兴趣以及与交往对象的某些熟人的关系等。涉及内容不一定非要面面俱到，而应依照具体情况而定。例如，“我叫×××，现在在北京吉普有限公司工作。我是××大学汽车工程系 90 级毕业生，我听说您也是××大学的毕业生，咱们是校友，对吗？”“我的名字叫××，现在在××公司当财务总监，我和您先生是高中同学。”“我叫××，天津人。我刚才听见您在唱蒋大为的歌，他是我们天津人，我特喜欢他唱的歌，您也喜欢吗？”

（4）礼仪式

礼仪式自我介绍，适用于讲座、报告、演出、庆典、仪式等一些正规而隆重的场合，是一种意在表示对交往对象友好、敬意的自我介绍。

礼仪式自我介绍的内容，包含姓名、单位、职务等项，但是还应多加入一些适宜的谦辞、敬语，以示自己礼待交往对象。例如，“各位来宾，大家好！我叫×××，是礼邦传媒有限公司的总经理。现在，由我代表本公司热烈欢迎大家光临我们的开业仪式，谢谢大家的支持。”

（5）问答式

问答式自我介绍，一般适用于应试、应聘和公务交往。在普通性交际应酬场合，它也时有所见。问答式自我介绍的内容，讲究问什么答什么，有问必答。例如，面试时，主考官问：“请简单介绍一下你的基本情况。”应聘者答：“各位好！我叫×××，现年 25 岁，浙江杭州人，汉族，共产党员， 2008 年毕业于××工商职业技术学院经济管理分院金融保险专业。现在太平洋人寿杭州分公司任组训，已工作 3 年……”

2. 自我介绍注意点

进行自我介绍时，对下述几方面的问题必须予以正视，才能使自我介绍恰到好处、不失分寸。

（1）注意时间

在进行自我介绍时要注意时间，具有双重含义。

1）要求自我介绍一定要力求简洁、尽可能地节省时间。虽说各种形式的自我介绍所用的时间长度不可等量齐观，但总的原则，除应聘时的自我介绍外，大部分还是所用时间愈短愈好，以15秒至半分钟为佳。

在初次见面作自我介绍时，指望交往对象仅凭自己的自我介绍，就对自己有所了解是不现实的。在自我介绍时，信口开河，滔滔不绝，对自己而言是失态，对对方而言是失敬，都是不合适的。

为了节省时间，在做自我介绍时，还可利用名片、介绍信加以辅助。

2）要求自我介绍应在适当的时间进行。进行自我介绍的适当时间，包括对方有兴趣时，对方有空闲时，对方情绪好时，对方干扰少时，对方有要求时。进行自我介绍的不适当时间，是指对方无兴趣、无要求、工作忙、干扰大、心情坏、休息用餐或正忙于私人交往之时。

（2）讲究态度

进行自我介绍，态度务必要自然、友善、亲切、随和。应显得落落大方，笑容可掬。既不要小里小气，畏首畏尾，也不要轻浮夸张，矫揉造作。

在做自我介绍时，要充满信心和勇气。千万不要妄自菲薄，临场发挥失常。在进行自我介绍时，一定要敢于正视对方的双眼，显得胸有成竹。这样有助于进行自我放松，并使对方对自己产生好感。在应聘面试时要与各位面试官都有眼神交流，虽然一般情况下主考官坐在最中间，但有时也有例外。

在自我介绍的过程之中，语气要自然，语速要正常，语音要清晰，这对自我介绍的成功将大有好处。一定要力戒语气生硬冷漠、语速过快或过慢，语音含糊不清，这都是缺少经验、缺乏自信的表现。

（3）力求真实

进行自我介绍时所表述的各项内容，一定要实事求是，真实可信。没有必要过分谦虚，一味贬低自己去讨好别人，但也不可自吹自擂，夸大其词。

五、谈话礼仪

语言是双方信息沟通的桥梁，是双方思想感情交流的渠道。语言在人际交往中占据着最基本、最重要的位置。语言作为一种表达方式，能随着时间、场合、对象的不同，而表达出各种各样的信息和丰富多彩的思想感情。而要通过语言向交往对象表达尊重，就要巧妙地运用好敬语、谦语、雅语，准确地称呼对方，熟练地讲出文明用语，尽量避免交谈禁忌，这样就可较充分地表现出尊重对方和自我谦让。

1. 使用敬语、谦语 、雅语

（1）敬语

敬语，又称敬辞，与谦语相对，是表示尊敬礼貌的词语。除了礼貌上的因素外，能多使用敬语，还可体现一个人的文化修养。

1）敬语的运用场合包括：①比较正规的社交场合；②与师长或身份、地位较高的人的交谈；③与人初次打交道或会见不太熟悉的人；④会议、谈判等公务场合等。

2）常用敬语。需要了解一些常用敬语，在生活中加以运用。日常使用的“恭请”，第二人称中的“您”字，代词“阁下”、“尊夫人”、“贵方”等，另外还有一些常用的用法，如初次见面称“久仰”，很久不见称“久违”，请人批评称“请教”，请人原谅称“包涵”，麻烦别人称 “打扰”，托人办事称“拜托”，赞人见解称“高见”，等等。

（2）谦语

谦语又称谦辞，是与敬语相对，是向人表示谦恭和自谦的一种词语。谦语最常用的用法是在别人面前谦称自己和自己的亲属。例如，称自己为“愚”、“家严、家慈、家兄、家嫂”等。自谦和敬人，是一个不可分割的统一体。尽管日常生活中谦语使用不多，但其精神无处不在。只要在日常用语中表现出自己的谦虚和恳切，自然会赢得他人的尊重。

（3）雅语

雅语是指一些比较文雅的词语。雅语常常在一些正规的场合以及一些有长辈和女性在场的情况下，被用来替代那些比较随便，甚至粗俗的话语。多使用雅语，能体现出一个人的文化素养以及尊重他人的个人素质。在待人接物中，如果正在招待客人，在端茶时，应该说“请用茶”。如果还用点心招待，可以说“请用茶点”。假如自己先于别人结束用餐，应该向其他人打招呼说：“请大家慢用。”问他人是否需要方便时，可问：“去洗手间吗，直走往左转就是。”雅语的使用不是机械的、固定的，只要自己的言谈举止彬彬有礼，人们就会对自己的良好修养留下较深的印象。只要大家注意使用雅语，必然会对形成文明、高尚的社会风气大有益处，并对我国整体民族素质的提高有所帮助。

2. 日常交谈应对

（1）与别人保持适当距离

说话通常是为了与别人沟通思想，要达到这一目的，首先必须注意说话的内容，其次也必须注意说话时声音的轻重，使对话者能够听明白。这样在说话时必须注意保持与对话者的距离。说话时与人保持适当距离也并非完全出于考虑对方能否听清自己的说话，另外还存在怎样才更合乎礼貌的问题。从礼仪上说，说话时与对方离得过远，会使对话者误认为不愿向他表示友好和亲近，这显然是失礼的。然而如果在较近的距离和人交谈，稍有不慎就会把唾沫溅在别人脸上，这是令人讨厌的。有些人因为有近距离和别人交谈的习惯，又明知别人顾忌被自己的唾沫溅到，于是先知趣地用手掩住自己的口。这样做形同“交头接耳”，样子难看也不够大方，还给人说悄悄话的感觉。如果三人以上交流时，有两人以此种方式在交流，第三位一定会怀疑是什么悄悄话不能让自己听到，内心肯定会有所不满，从而为交流埋下不愉快的种子。因此，从礼仪角度来讲，一般保持半米至 1 米的距离较为适合。这样做，既让对方感到有种亲切的气氛，同时又保持一定的“社交距离”，在常人的主观感受上，这也是最舒服的。

（2）恰当地称呼他人

无论是新老朋友，见面都需要称呼对方。特定的称呼可以使交往对象感觉到问候是专门提供给他的，被尊重的感觉更强烈些。每个人都希望得到他人的尊重，尊称就是对人们的社会地位、劳动价值、文化修养等的肯定。人们比较看重自己业已取得的地位，对有头衔的人称呼其头衔，就是对他的充分认可，也就表现出对他的尊重。直呼其名仅适用于关系密切的人之间。若与有头衔的人关系非同一般，直呼其名更亲切，但若是在公众和社交场合，还是称呼他的头衔更得体。对于知识界人士，可以直接称呼其职称。但是，对于学位，除了博士外，其他学位，就不能作为称谓来用。例如，孙博士、毛博士，却没有人称呼王研究生、严学士的。

礼仪小故事

这里没师傅

某高校一位大学生，用手捂着自己的左下腹跑到医务室，对大夫说：“师傅，我肚子疼。”坐诊的医生说：“这里只有大夫，没有师傅。找师傅请到学生食堂。”学生的脸红到了耳根。

评析：对于文化人称呼一定要明确，这样才能减少尴尬，这样既体现了自己的文化水平，也表示了对他人的尊重。当然，作为大夫也应该注意服务态度，讲究礼仪修养。对顾客不当的语言应予以宽容，批评对方要采用委婉的语气。

（3）细语柔声

在谈话的过程中，不仅要吐字清晰，更要在日常生活和工作中使用标准的普通话，避免粗声大嗓。一般的商务往来都会选择在安静的适合于交流的场所，一定不要大声喧哗。即使在公共场合，也要尽可能地选择双方可以听清的声音说话。高声喧哗影响他人是没有教养的标志。

（4）适时与交往对象互动

不管是名流显贵，还是平民百姓，作为交谈的双方，他们应该是平等的。交谈一般选择大家共同感兴趣的话题，说对方听得懂的话，才能进行有效的互动。互动可以形成良性的反馈，自己说的话对方爱听，对方说的话自己会意会心，这样才能让人有继续交流的想法。

礼仪小故事

老太太与“配偶”

2010年人口普查时，有位人口普查员填写人口登记表时，问一位文化水平较低的老太太：“您有配偶吗？”老太太愣了半天回答不上来。旁边有人解释说：“他是问您有老伴吗？”老太太这才恍然大悟。

评析：要得到最佳的沟通传播效果，必须顾及对方的理解接受能力和对方的文化水平，从而有针对性地使用恰当的称呼、词句。如果对方听不懂自己的问题，就更谈不上对方的理解了。

（5）注意交谈禁忌

交谈包括两个问题：第一个是说什么的问题，即内容问题，语为心声，不能信口雌黄；第二个问题是如何说，即形式问题，同一个意思，用不同的形式表达，对听者而言，有截然

不同的感受。一般而言，交谈有四忌。

1）忌打断对方。双方交谈时，上级可以打断下级，长辈可以打断晚辈，平等身份的人是没有权力打断对方谈话的。万一与对方同时开口说话，应该说“您请”，让对方先说。

2）忌补充对方。有些人好为人师，总想显示自己知道得比对方多，比对方技高一筹。出现这一问题，实际上是没有摆正位置，因为人们站在不同角度，对同一问题的看法会产生很大的差异。如果谈话双方身份平等，彼此熟悉，有时候适当补充对方的谈话也并无大碍，但是在谈判桌上绝不能互相补充。

3）忌纠正对方。“十里不同风，百里不同俗。”不同国家、不同地区、不同文化背景的人考虑同一问题，得出的结论未必一致。一个真正有教养的人，是懂得尊重别人的人。尊重别人就是要尊重对方的选择。除了大是大非的问题必须旗帜鲜明地回答外，人际交往中的一般性问题不随便与对方争论是或不是，不要随便去判断，因为对或错是相对的，有些问题很难说清谁对谁错。例如，美国人吃螃蟹习惯吃钳子，其余部分都不要，而中国人习惯吃黄、吃膏，对美国人就不能说：“吃螃蟹应该吃黄、吃膏。”

在中国，点头表示同意，摇头表示反对，但在有些国家，如马其顿、保加利亚、尼泊尔，则正好相反，点头表示反对，摇头表示同意。

所以请大家记住一个社交的原则：从心理上接受别人。每个人的受教育程度不一样，职业背景不一样，考虑的问题也不相同，所谓做人必须宽容，不要把自己的是非判断标准随便强加于人。

4）忌质疑对方。对别人说的话不随便表示怀疑。质疑对方并非不行，但是不能写在脸上，这点很重要。如果不注意，就容易带来麻烦。质疑对方，实际是对其尊严的挑衅，是一种不理智的行为。人际交往中，这样的问题值得高度关注。

（6）注意尊重对方

礼者敬人也，在与他人的交谈过程中，一定要眼里有事、心中有人，在交流形式与谈话内容上注重细节，处处显示出懂得如何尊重对方。在交流形式上要注意眼神的交流，谈话时看着对方的眼睛，眼神交流的时间约占整个交流时间的1/3左右；身子可适当前倾，手中不要把玩其他物品，可拿笔进行记录；脸上带着会心的微笑。

在谈话内容上，要有“六不谈”，谈论这些内容会有失身份，给别人没有教养的感觉。

1）不要非议党和政府。作为中华人民共和国的公民，作为一个有教养的人，思想上、行动上应与党和政府保持一致，这是讲政治的要求，也是社会公德的体现，不要非议党和政府。热爱祖国如同热爱母亲，当肆无忌惮地诋毁国家或政府的时候，对方也会很鄙夷，认为一个人连自己的祖国都不尊重，都可以背叛，那么这个人一定是不可信的。

2）不要涉及国家秘密与商业秘密。国家有安全法、保密法，涉及国家秘密与商业秘密，是有法律保护的，不保密很有可能就会违法犯罪。企业也有商业秘密。不该说的话不说，不该知道的事，知道得越少越安全，在他人面前没有必要去打探或者传播这样类似的问题。说话要有分寸，不能涉及国家秘密与行业秘密。

3）不随便非议交往对象。与人打交道，要有宽容之心，别让他人难堪和尴尬。例如，许多人在讨论一个问题，谈及男女感情忠实程度的时候，直接说“男人都不是好东西”。这一句话，就把所有的男同胞都否定了，包括面对面交流的男士。有时候说者无心，听者有意。

不要随便让他人陷入尴尬和难堪，这是有教养的标志。

4）不在背后议论领导、同事和同行。爱说是非者必是是非之人，许多的矛盾与纠纷都是在是非之人传播是非之后产生或者加剧的。做人、做事要光明磊落，可在自己组织内部、单位内部开展批评与自我批评，但是在外人面前就不适合说自己单位或部门的坏话，思想上、行动上维护自己组织的形象是一种教养。要讲自尊，小到尊重自己的职业，尊重自己的单位，大到尊重自己的祖国。现代社会分工不同，行行出状元，只要能把本职工作做好，就是个人能力的体现。一个受他人尊重的人是有实力的人，是爱岗敬业、维护自己所在组织的人。

5）不谈论格调不高的话题。商务往来的场合，是严肃庄重的场合，不适合谈论家长里短、小道消息、男女关系。谈论这些话题不合乎气氛，也有失身份。

6）不涉及个人隐私问题。现代社会强调尊重个人隐私，在商务交谈时，关心他人要有度。个人隐私一般涉及以下五个问题，称为个人隐私“五不问”：①不问收入。在现代社会上，一个人的收入往往是个人实力的标志，询问收入实际上是在考量这个人本事如何，很失礼貌。②不问年龄。在现代市场经济条件下，竞争比较激烈，一个人的年龄问题，实际上也是个人的资本。男性怕被看小，女性怕被看老。特别是女性，往往不愿意回答对于年龄的提问。③不问婚姻家庭。家家都有一本难念的经，如果对方婚姻家庭情况不好的话，只会引起双方尴尬。④不问健康问题。跟年龄一样，现代人的身体健康也是资本，而且，有些疾病让人难以启齿。⑤不问个人经历。英雄不问出处，一个人的学科背景、出身来历、学校重点与非重点之类的问题，都会显示个人实力，有教养的人不会主动问。

◆ 任务实施

案 例 讨 论

这样的自我介绍应聘能成功吗？

以下为两位学生在面试中的自我介绍讲稿，大家请仔细阅读，并对该自我介绍进行分析。

讲稿一

各位领导好:

我是来自×××工商学院金融保险专业的×××，我来应聘贵公司的保险客服人员。我知道客服人员以服务为主，要具备良好的服务态度和素质，让客户认可。我相信我已具备了这些条件。并且，我非常喜欢这个专业，希望能够到贵公司工作，同时，我也会积极进取，努力工作，为公司发展做出贡献。

讲稿二

大家好！我叫×××，毕业后在工商银行工作了1年的时间，一直是临柜工作。俗话说人往高处走，水往低处流。因为这份工作没有太大的发展潜力，所以我辞去工作，以谋求更好、更有发展前途的工作。之前的工作使我有了丰富的银行临柜能力，我认为我可以很好地胜任贵行的信贷岗位的工作，所以我来应聘。

讨论：以上自我介绍中哪些字句用得不妥当？哪些话句场合不对？是否让对方了解了自己？自己的能力能否体现？如果你是领导，你的决定是什么？

同步训练

训练一　电话约访及模拟面试训练

1．训练要求

通过几次同学之间的电话沟通和与老师的电话约访，训练接打电话的礼节；模拟公司应聘过程，从接到公司面试通知开始，到准时拜访，认真自我介绍，回答面试官的提问，直至面试结束离场。通过模拟面试，考核学生一个学期以来应掌握的礼仪知识以及应具备的能力，使学生对将来寻找工作面临的面试的基本要求及方法有全面的考虑，并以此培养和提高交际、沟通、协调以及实际操作等各方面的能力。

2．训练器具

手机、求职简历。

3．训练方法

示范讲解、逐个进行面试训练，现场进行录像，之后回放，自我评价、老师点评。

4．训练步骤

（1）实训所用器具的准备。

课前准备好求职简历。

（2）实训进程：

1）电话礼仪训练。两人一组进行电话礼仪训练，分别为接电话、打电话、代接电话。角色内容自定，二人角色互换后同样进行三个电话礼仪训练。此训练在课堂内进行。

2）求职简历书写训练。每人写一份求职简历，所应聘岗位为某银行大堂经理、某外贸公司销售部经理、某集团技术部工程师，三个岗位任选其一，写求职简历。此训练在课余时间进行。

3）电话约访训练。打电话给老师，约时间请老师帮忙审核简历，带上打印出来的简历拜访老师。此训练在课余时间进行。

4）拜访礼仪训练。出发前的准备工作，能准时到达，正确敲门，规范地进行自我介绍，当面将手机关机或者调为静音，说明来意并及时拿出简历，请老师批改，老师提出修改意见，告别。此训练在课余时间进行，教师在学生离去后根据学生的简历，准备三个面试时的提问问题。

5）应聘自我介绍训练。接到电话面试通知，礼貌感谢；准时到达；敲门；进面试场地进行自我介绍；回答面试官提问；面试结束，礼貌再见，告别。

5．在操作时经常会出现的错误

教师在这个环节的实训中要特别注意关注学员电话礼仪训练中的语言、声音、语速语调、表情、挂电话的顺序。拜访礼仪训练时的穿着、进入房间的方式、交流时的眼神、所用的礼貌用语、态度；自我介绍礼节训练中自我介绍是否到位，是否有利于面试的成功，面试时是否大方自然，面试时何时入座，如何回答提问，等等。

在接打电话训练中，不仅要让学员练习接打电话的基本要求，还要帮助学员设计几种心情，让学员进入角色模拟表演，并体会接打电话时的语言表情、姿态语言在接打电话中的重

要性。此训练中，操作时经常会出现以下错误。

① 电话接通后没有问候，也没有自我介绍。

② 接电话的声音听起来很冷漠。

③ 挂电话速度快。

④ 拜访时服饰过于休闲。

⑤ 对老师办公室其他老师没有问候。

⑥ 与老师沟通时、面试自我介绍时没有眼神交流。

⑦ 面试时面无表情。

⑧ 交流时、面试时手部的小动作很多。

⑨ 不请自入座。

⑩ 离开时立即转身，关门声音很响。

训练二　交谈礼仪训练

1．训练要求

通过游戏体验和情景模拟演练，让同学们充分体会交谈礼仪的规范，熟练地使用尊称、敬语、谦语和雅语，学会交流时的互动，成为一个受人欢迎的谈话者。

2．训练场所

会客室或教室。

3．训练器具

纸、笔、游戏题目、小礼品。

4．训练方法

游戏体验、小组竞赛、自我点评、老师点评。

5．训练步骤

（1）教师发放相关沟通游戏所用资料或物品。

（2）实训进程。

交谈游戏一：含水传话

1）将学员分成5组，纵向站立，由小组长发给学员每人一杯水。

2）要求除第一位学员面向教师站立外，其他都背对教师。

3）教师事先准备好一句话，如“钱老师要我们去买一盒彩色墨水，回来画一幅宣传讽刺画”，拿给小组第一位成员。等他看完后，轻拍第二位学员的背部，请第二位学员转过声来，同时喝一大口水，但不能咽下，含着水，向第二位学员耳边轻声将刚才看到的话复述。

4）第二位学员再让第三位转过声来，同时含一大口水向第三位耳边轻声复述刚才听到话；依次往下传，直至传到最后一位学员。

5）最后一位学员迅速地将听到的话记录下来，将答案递给老师。

6）由教师宣布最快、最准确地传递情报的小组并进行总结。

交谈游戏二：赞美与批评

1）先选两位志愿者，志愿者A要求站在讲台上，不用说话，只要微笑面对。志愿者B要求蒙上眼睛，按未知的路线前进。

2）全班学员批评志愿者A，每个人用一句话进行批评（注意，是批评，不能是明贬实褒）；大家关注被批评者的表情。

3）全班学员赞美志愿者A，每个人用一句话进行赞美，大家关注被批评者的表情。

4）教师采访志愿者A被批评时的感受和被赞美时的感受。

5）志愿者B被蒙上眼睛后，由专人带出教室，带到听不到教室内的声音为止。

6）教师向余下学员告知志愿者B将要走的路线，推选几位选手手拿吹气棒，如果志愿者走错方向就以手中的“棒”打志愿者肩背部。

7）请志愿者进入教室，告知路线已确定好，方向自己选定，选错的话会棍棒相加，选对的话悄无声息，志愿者进行路线行走，计时整条路线走完的时间。

8）走完后，请志愿者B再次离开教室，老师重新选择路线，这一次，路线要比第一次长，更复杂一些，以掌声作为信号。

9）志愿者B再次试探路线，走对时掌声响起，走错时悄无声息，计时整条路线走完的时间。

10）比较两次所花的时间，同时采访志愿者B两次的感受。

情景演练：陌生拜访

1）设定某产品的销售。

2）要求学生进行陌生拜访；学生组团进行，具体情节小组成员自定。要求有敲门、自我介绍、寒暄、赞美、入座、产品介绍、被拒绝、回答拒绝，再次被拒绝，应对，被拒绝。告辞。

3）分小组表演。

4）教师点评。

6．训练中要注意的问题

通过游戏和参与演练让学员自己去得出结论，因此，在此任务环节，教师重在引导，不要急于告知结果，不要对学员说应该和不应该，最好能让学员自己得出结论，注意场控。游戏一重在告知交流时语言的清晰度的重要性；游戏二重在分析与人交流时赞美的力量，人们更愿意听到的是赞美、肯定的话语，批评让人内心产生抗拒和绝望；情景演练重在体会拜访时的各项规范，敲门、自我介绍、入座、寒暄赞美、交谈时眼睛表情的处理、被拒绝时的应对、离开时的礼节、文明用语的使用，等等。

◆ 任务评价

1．完成电话约及自我介绍训练后，填写以下训练报告（报告2-3）。

报告2-3　电话约访及自我介绍训练报告

姓名__________　班级__________　学号__________　小组__________　成绩__________

训练项目	
训练场所	
训练要求	
训练器具	电话、应聘简历

续表

<table>
<tr><td rowspan="2">训练操作及训练评价</td><td>（1）电话礼仪训练中同组成员的评价：
（2）电话礼仪训练中教师的评价：
（3）拜访礼仪训练中教师的评价：
（4）拟应聘的岗位：
（5）修改前的自我介绍：</td></tr>
<tr></tr>
<tr><td>应聘面试自我介绍训练</td><td>（6）修改后的自我介绍：</td></tr>
</table>

续表

	（7）模拟面试自我介绍评价 表情： 体态： 语音语速： 眼神交流：

2．完成交谈礼仪训练后，填写以下训练报告（报告 2-4）。

报告 2-4　交谈礼仪训练报告

姓名＿＿＿＿＿　班级＿＿＿＿＿　学号＿＿＿＿＿　小组＿＿＿＿＿　成绩＿＿＿＿＿

训练项目	
训练场所	
训练要求	
训练器具	眼罩、塑料吹气棒、水杯、开水
训练操作	游戏一：含水传话 所在小组：　　　　排列位次： 你听到的： 小组最后上传的： 游戏心得： 游戏二：赞美与批评 你是志愿者吗？ 志愿者 A 听批评时的表情： 志愿者 A 听赞美时的表情： 游戏心得： 情景演练：　陌生拜访

续表

训练操作	第　小组，　　成员： 你的角色： 演练心得： 你认为一次成功的拜访取决于什么？

3．单项选择题

（1）介绍的次序正确的是（　　）。

A．应把身份低的先介绍给身份高的　B．应把年纪大的先介绍给年纪轻的

C．把男子先介绍给女士　　　　　　D．介绍时，除女士和年长者外，一般应起立

（2）下列关于自我介绍的分寸的说法中，（　　）不正确。

A．自我介绍的内容应当真实而准确

B．自我介绍的态度应当大方、亲切、和善

C．在应聘自我介绍时，应当全面具体地介绍个人的基本情况，使对方很好地了解自己

D．自我介绍不需要得到对方的许可

（3）关于握手的礼仪，描述不正确的有（　　）。

A．客人到来之时，应该主人先伸手，客人离开时，客人先握手

B．下级与上级握手，应该在下级伸手之后再伸手

C．男士与女士握手，男士应该在女士伸手之后再伸手

D．不要用左手，不要戴手套握手

（4）礼品选择是一门学问，中国自古有言“宝刀赠壮士，红粉送佳人”，这一点提示我们在馈赠礼品时，应注意礼品选择的（　　）原则。

A．纪念性　　　　B．对象性　　　　C．独特性　　　　D．便携性。

（5）温文尔雅的致意能体现对他人的尊重和友善，下列关于致意的说法不正确的是（　　）。

A．微笑致意几乎是应用范围最广的一种致意方式

B．男士应当先向女士致意

C．年轻者应先向年长者致意

D．无论年龄大小，在任何情况下，通常女士不轻易先向男士致意

4．判断题

（1）上下级握手，下级要先伸手，以示尊重。（　　）

（2）进出门时主人要为客人引路。（　　）

（3）应先将未婚女子介绍给已婚女子。（　　）

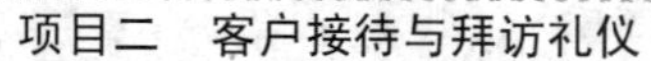

（4）冬天可以戴手套握手。（　　）

（5）递名片时，名片的文字要正向自己。（　　）

5．同步训练评价

项目小组评价表

组别＼分数	是否及时完成	质　量	团队表现
第一组			
第二组			
第三组			
……			

个人任务评价表

评分依据＼分数	个人具体分工		个人表现		
	承担任务的质量	个人记录	教师评分	组长评分	组员互评
成员一					
成员二					
……					

项目三

商务宴请礼仪

学习目标

1. 掌握中餐宴请礼仪。
2. 掌握西餐宴请礼仪。

技能目标

培养学生宴请接待的技巧，使其在各类宴请中无论是作为主人还是作为客人，都能应对自如。

学习任务

任务一：中式宴请礼仪。

任务二：西式宴请礼仪。

在这两项任务的学习中，如果认真学习理论知识，积极参与实践训练，并且能够顺利地完成具体任务，就能使自己在社交过程中不失礼节，避免尴尬，树立良好形象。

任务一　中式宴请礼仪

导入案例

剔牙缝朋友失胃口

王先生前不久刚结婚，为答谢好友李先生一家，夫妻二人特地在家设宴。新娘的手艺真不错，清蒸鱼、炖排骨、烧鸡翅……李先生一家吃得津津有味，只不过偶尔有肉刺钻进牙缝。李先生拿着桌上的牙签，当众剔除滞留在牙缝中的肉，还“文雅”地将剔出来的肉刺吐在烟灰缸内。看着烟灰缸里吐出来的肉刺，王先生夫妻二人一点胃口也没有了。

李先生的失礼之处在哪里？

◆ 任务要求

具体任务：

1）了解中国菜系。

2）掌握中餐宴请的尊位确定及位次排序。

3）掌握中餐宴请程序及中餐点菜。

4）掌握中餐用餐礼仪。

◆ 任务分析

要完成任务一，就要在老师的指导下做好以下训练：

中式宴请模拟训练。在此项训练中，主要练习中餐待客、中餐筹备、中餐布置、中餐进餐的礼仪及中餐餐具的使用礼仪。

◆ 任务学习

所谓宴会，是请人赴宴的聚会，是国际国内社会交往中比较常见的礼仪活动形式之一。宴会按规格来分，有国宴、正式宴会、便宴、家宴；按餐别来分，有中餐宴会、西餐宴会和中西合餐宴会。中餐宴会，是中国传统的具有浓厚的民族色彩的宴会。宴会遵循中国的饮食习惯，饮中国酒，食中国菜，用中国餐具，行中国的传统礼节。

一、中国菜

中国幅员辽阔、民族众多，饮食习惯地区差异很大，形成了内涵丰富的饮食文化。特别是中国菜，在世界很多地区都享有盛誉。中国菜肴在长期的发展过程中逐渐形成了许多流派，最早在20世纪70年代，有人提出“四大菜系”之说，之后便有人提出应为“八大菜系”，近年则有“十大菜系”、“十二大菜系”，甚至“十六大菜系”之说。其中最有影响和代表性的也为社会所公认的有鲁、川、苏、粤、浙、湘、闽、徽等菜系，即被人们常说的中国“八

大菜系”。一种菜系的形成和其悠久历史与独到的烹饪特色是分不开的。同时也受到这个地区的自然地理、气候条件、资源特产、饮食习惯等影响。除了著名的八大菜系，其他诸如东北菜、湖北菜、陕西菜、上海菜、天津菜、云南菜和陕西菜等也各有特色。

有人把“八大菜系”用拟人化的手法描绘为，苏、浙菜好比清秀素丽的江南美女；鲁、皖菜犹如古拙朴实的北方健汉；粤、闽菜宛如风流典雅的公子；川、湘菜就像内涵丰富充实、才艺满身的名士。中国“八大菜系”的烹调技艺各具风韵，其菜肴之特色也各有千秋。下面对八大菜系和京菜作简单介绍。

1. 鲁菜

山东菜简称鲁菜，是中国著名的八大菜系之一，也是黄河流域烹饪文化的代表。山东菜可分为济南风味菜、胶东风味菜、孔府菜和其他地区风味菜，并以济南菜为典型，有煎炒烹炸、烧烩蒸扒、煮汆熏拌、溜炝酱腌等50多种烹饪方法，善于以葱香调味。济南菜以清香、脆嫩、味厚而纯正著称，特别精于制汤，清浊分明，堪称一绝。胶东风味菜精于海味，善做海鲜，且少用佐料提味，在花色冷拼的拼制和花色热菜的烹制中，独具特色。孔府菜做工精细，烹调技法全面，而且制作过程复杂，历来十分讲究盛器，银、铜等名质餐具俱备，此外，孔府菜的命名也极为讲究，寓意深远。

2. 川菜

四川菜简称川菜，历史悠久，风味独特，驰名中外。味型以麻辣、鱼香、怪味为突出特点，素以“尚滋味”、“好辛香”著称，享有“食在中国，味在四川”的美誉。川菜讲究色、香、味、形，在“味”字上下功夫，以味的“多、广、厚”著称。川菜口味的组成主要有“麻、辣、咸、甜、酸、苦、香”七种味道，巧妙搭配，灵活多变，创制出麻辣、酸辣、红油、白油等几十种各具特色的复合味，味别之多，调制之妙，堪称中外菜肴之首，从而赢得了“一菜一格，百菜百味”的称誉。

3. 苏菜

江苏菜简称苏菜，以苏州菜和扬州菜为代表，是中国著名的八大菜系之一。江苏的历代名厨造就了苏菜风格的传统佳肴，概括起来，江苏菜有如下特点：①选料严谨，制作精细，因材施艺，按时治肴；②擅长炖、焖、煨、焐、蒸、烧、炒等烹饪方法，且精于泥煨、叉烤；③口味清鲜，咸甜得宜，浓而不腻，淡而不薄；④注重调汤，保持原汁。其中南京菜刀工细腻，火工纯熟；苏州菜口味趋甜，以烹制四季佳蔬、江河湖鲜见长；扬州菜史称淮扬风味，刀工精细，火候精微，色调清新，造型别致，突出主料，强调本味，清淡可口，适应面宽，尤以擅长制汤而著称。

4. 粤菜

广东菜简称粤菜，有广州、潮州、东江三个流派。以味美色鲜、菜式丰盛而赢得“食在广州”的美誉。广州菜有三大特点：①鸟兽虫鱼均为原料，烹调成形态各异的野味佳肴；

②即开刀、即烹和即席烹制，独具一格，吃起来新鲜、火热；③夏秋清淡、冬春香浓，深受大众的喜爱。

5. 浙菜

浙江菜简称浙菜，有如下特征：①用料广博，配伍严谨；②刀工精细，形状别致；③火候调味，最重适度；④清鲜嫩爽，滋、味兼得；⑤浙菜三支（杭州、宁波、绍兴），风韵各具。浙菜具有醇正、鲜嫩、细腻、典雅的特色，口味从淡多变，讲究时鲜，取料广泛，多用地方特产，常寓神奇于平凡，烹调精巧，以清鲜味真见胜。浙菜名肴如东坡肉、西湖醋鱼、龙井虾仁深受喜爱。近年来，温州菜已成为浙菜的后起之秀。

6. 湘菜

湖南菜又称湘菜，以腴滑肥润为主，多将辣椒当主菜食用，不仅有北方的咸，也有南方的甜，更有本地特色之辣与酸。香、嫩、清、脆是其特色，所用材料以新鲜、价廉物美为原则。湖南菜特别讲究原料的入味，技法多样，尤以“蒸”菜见长。最为精湛的是煨，原汁原味，且刀工精妙，形味兼美，菜肴千姿百态，变化无穷。湖南菜的特殊料有豆豉、茶油、辣油、辣酱、花椒、茴香、桂皮等，使湖南菜增色不少。湖南菜以辛辣著称。特别值得一提的是湖南的辣椒。湖南人对辣椒“宠爱有加”，几乎任何菜都放辣椒。

7. 闽菜

福建菜俗称“闽菜”，以福州菜为代表，素以制作细巧、色调美观、调味清鲜著称。福建菜以海鲜类为主，口味方面则咸、甜、酸、辣具备，对清汤的调制特别讲究。

8. 徽菜

安徽菜简称徽菜，又称皖菜，是中国八大菜系之一，主要有四个方面的基本特征：①就地取材，以鲜制胜；②善用火候，火功独到，根据不同原料的质地特点、成品菜的风味要求，分别采用大火、中火、小火烹调；③娴于烧炖，浓淡相宜，尤以烧、炖及熏、蒸菜品而闻名；④注重天然，以食养身。徽菜继承了祖国医食同源的传统，讲究食补，这是徽菜的一大特色。

9. 京菜

中国菜肴素有四大风味和八大菜系之说，其中并无北京菜。究其原因，主要在于北京菜品种复杂多元，兼容并蓄八方风味，名菜众多，难于归类。过去北京餐饮业中，山东馆最多，当时有所谓十大堂、八大居、八大楼、还有八大春，大多是山东风味。近十多年来，北京老字号餐馆呈现兴旺景象，全国各地著名风味餐馆到北京开业，世界五大洲名吃也有一些在北京落户。不出北京，就能品尝到全国，甚至世界各地风味菜点。全国各地风味菜，多年来在北京汇集、融合、发展，吸收全国各地许多风味菜，和蒙、回、满等族的风味膳食。宫廷菜已享誉海内外，有天下第一味之美誉。北京烤鸭，是宫廷菜中一种，风味独特，名扬四海。涮羊肉是游牧民族喜爱的菜肴，外国人称之为“蒙古火锅”，是宫廷御膳的一种。药膳的发

展也以北京为最重要的基地，有较多专营药膳的餐馆饭庄。菜品有数百种，可根据身体需要选食。宫廷菜中有许多都属药膳，具有食疗作用。官府菜是北京菜的特色之一。北京谭家菜颇有代表性，出自清末翰林谭宗浚家，后由其家厨传入餐馆，称为“谭家菜”。北京的小吃有250多种，较有地方色彩的有灌肠、爆肚、茶汤、豆汁、炒疙瘩、炸油饼、炸咯吱、驴打滚、艾窝窝等。其中豆汁颇受老北京人喜好，味道酸怪，外地人不易接受，而老北京人对它情有独钟，远至海外的老北京人，一提北京，就想起喝豆汁的滋味。

菜系是一种独具魅力的文化现象，属于非物质文化遗产。中国食文化研究会认证委员会于 2002 年在北京召开首届中国菜系文化认证专家主席团会议，讨论通过了中国菜系文化ICO1002认证标准（ICO是Identify of Food Culture Organization，即食文化认证机构的英文缩写），并对中国菜系进行了界定，对菜系文化的菜系代表作品、代表店、中国烹饪文化大师等 10 项内容制定认证标准。这对地方经济的发展、劳务技术的输出、食物原料的种养及带动当地三产和旅游资源的开发将会起到积极的推动作用。

二、中餐宴请的准备

1. 确定宴请目的、名义、范围和形式

商务宴请都有明确目的，宴请目的可为某个人或某件事而进行，如贵宾来访、会议闭幕等。宴请名义是指以谁的名义出面邀请，可以以个人的名义，也可以以单位的名义出面邀请，具体可依据主宾双方的身份来确定。宴请范围是指哪些方面的人士出席，请到哪一层次，请多少人，主要请什么人来作陪等。如果是多边活动，还要考虑双方之间的关系，避免造成尴尬局面，影响宴会气氛和效果。在明确宴请目的、名义、规格、对象范围之后，可根据主要客人的饮食偏好，再结合当地的习惯和做法，选择宴请的具体形式。

2. 确定宴请的时间、地点

宴请的时间，原则上应以主宾双方都合适为宜，注意避开双方的重大节日、重要活动或禁忌的日子和时间。例如，对信奉基督教的人士不要选每个月的 13 号，更不要选星期五的13 号。

宴请地点的选择，体现主人对宴请的重视程度。通常应选择那些交通方便、环境优雅、菜肴精美卫生、服务优良、管理规范的饭店和宾馆作为宴请的场所。

3. 发出邀请

各种宴请活动，一般都要发出请柬，这是礼节，也是对客人的提醒。如果是便宴、工作餐，也可通过口头或电话邀请。请柬的内容应包括活动的主题、形式、时间、地点、主人姓名、主办单位等，如图 3-1 所示。正式宴请最好能在发出请柬之前安排好席位，并在请柬的信封下角注明席位号。请柬一般提前 1～2 周发出，以便被邀请人及早安排。请柬发出后，应及时落实出席情况，以便安排和布局。

×××先生（女士）：

为欢迎××××先生的到来，谨定于××××年×月×日（星期×）晚×时在××宾馆××楼举行宴会。

敬请光临！

××××公司
总经理××
×年×月×日

（a）

×××先生（女士）：

谨定于××××年×月×日（星期×）晚×时在××饭店举行宴会。

敬请光临！

敬请回复×××（主人姓名）

电话：××××××

（b）

图 3-1　请柬

4. 安排菜单

除家宴外的其他宴请，事先都应开列菜单，如果是单位宴请，还应征得主管负责人的同意。宴请的酒菜应根据活动形式和规格，在规定的预算标准内安排。选菜主要考虑宾客，特别是主宾的饮食习惯、口味和禁忌。拟定菜单既要注意通行的常规，又要照顾到地方特色。宴请的菜单要注意冷热搭配、荤素搭配、营养搭配、时令菜与传统菜搭配以及甜点与酒水、饮料、菜点的搭配等。做到有冷有热、有荤有素、有主有次。主菜显示宴请的档次、规格，还要有一般的菜调剂客人的口味。在各地还可用有地方特色的食品、本地产的名酒来招待客人。如果是大型、正式的宴请，可把菜单印制得精美一些，每桌上放三份，也可每人一份。

5. 现场布置

（1）布置、美化环境

宴会厅和休息厅的布置、美化取决于活动的目的和性质。例如，商务宴会应突出喜庆、活泼、欢乐的气氛。主办者可以根据活动的需要，在宴会厅的正面墙上挂一红色的横幅，在宴会厅一侧摆放一些花草盆景，设置临时致辞台，准备好麦克风。总之，要使环境、气氛突出宴请活动的目的和性质，表达主人的愿望。

（2）桌次安排

宴会的桌次安排有严格的礼仪规范。中餐宴会一般采用圆桌，桌次规格高低以离主桌的远近而定，离主桌越近的桌次规格越高，平行的两桌则右边桌的桌次规格高于左边。桌数较多时，应摆放桌次牌，以便辨认。

由两桌组成的小型宴请桌次排序如图 3-2 所示。

由多桌组成的宴请桌次排序如图 3-3 所示。

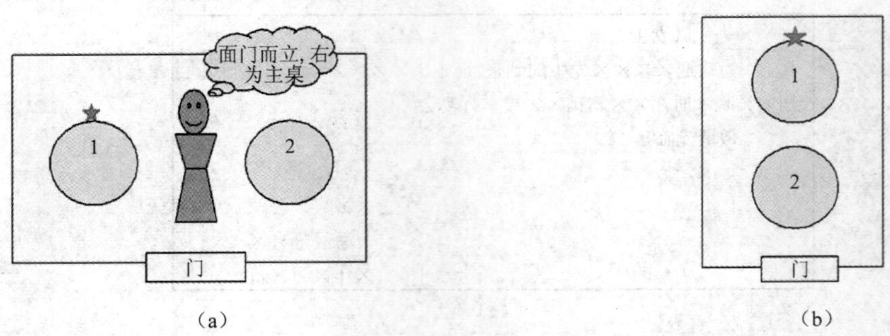

图 3-2　小型宴请桌次排序

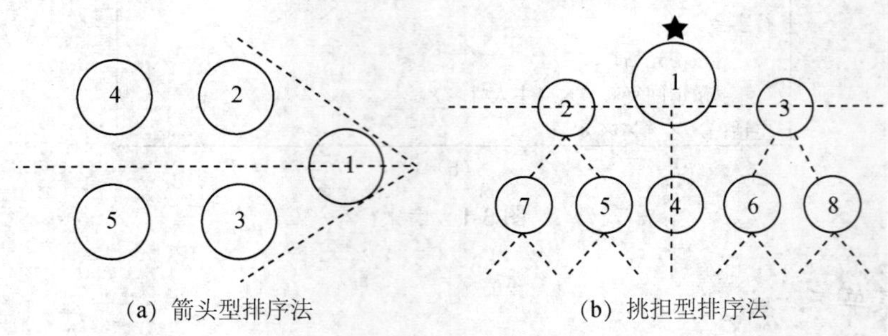

图 3-3　多桌宴请桌次排序

（3）席位安排

席位高低与桌次高低基本相同，即同一桌上，席位高低以离主人远近而定，右高左低。我国习惯按个人职务排列，以便于谈话。若夫人也出席，通常安排在一桌，如遇特殊情况可灵活处理。如遇到主宾个人身份高于主人，为表示对他的尊重，也可把主宾安排在主人的位置上，而主人坐在主宾的位置上，及坐在主宾右侧。总之，要根据实际情况，遵循礼宾次序灵活处理。席位安排好后，要写座位卡，并在请柬上注明客人的席位号，或者在客人入席前通知到，使客人心中有数。现场还要有专人引导。大型的宴会，最好是排席位，放座位卡，以免混乱。便宴可以不放座位卡，但主人对客人的座位要大致安排好。

1）单主人宴请时的位次排序，如图 3-4 所示。

2）男女主人共同宴请时的座次排序，如图 3-5 所示。

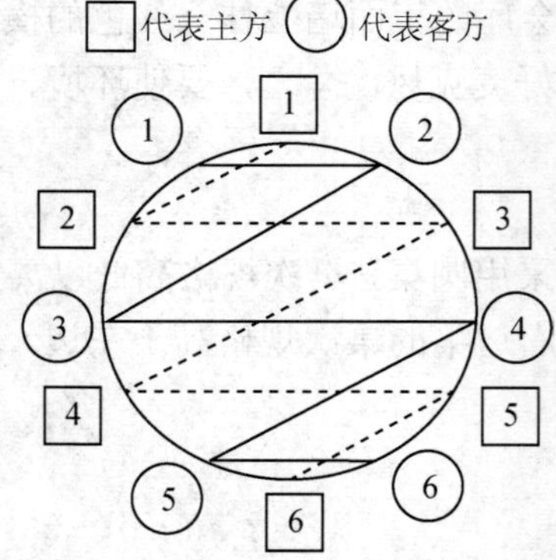

图 3-4　单主人宴请时的位次排序

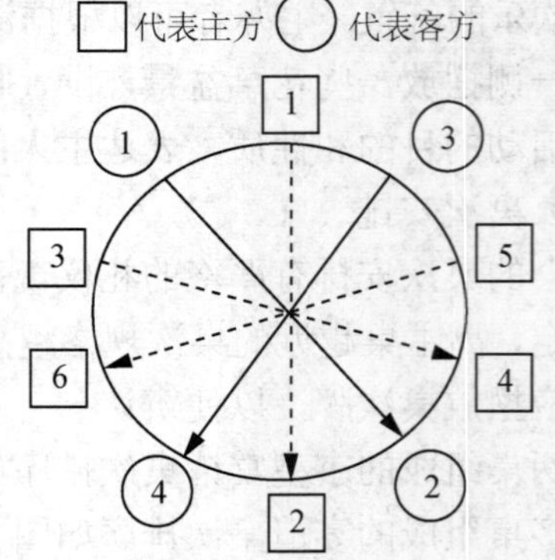

图 3-5　男女主人共同宴请时的座次安排

男女主人共同宴请时的排序方法是一种主副相对、以右为贵的排列。男主人坐上席，女主人位于男主人的对面。宾客通常随男女主人，按右高左低顺序依次对角飞线排列，同时要做到主客相间。国际惯例是男主宾安排在女主人右侧，女主宾安排在男主人右侧。

3）同性别双主人宴请时的座次排序，如图 3-6 所示。第一、第二主人均为同性别人士或正式场合下宴请时用的方法，是一种主副相对、按“以右为贵”的原则依次按顺时针排列，同时要做到主客相间。

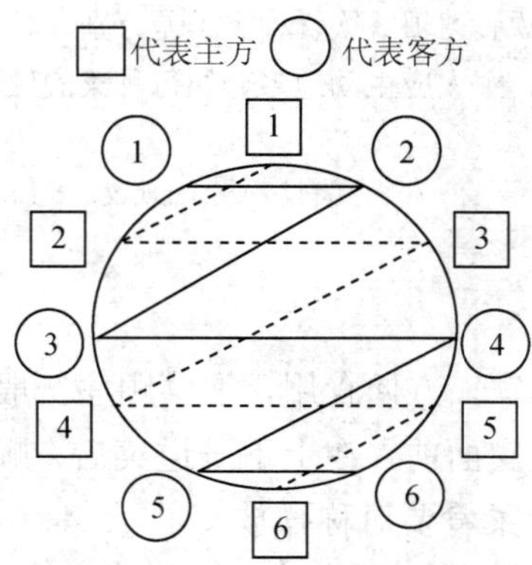

图 3-6　同性别双主人宴请时的座次排序

三、中餐宴请的程序

1. 引客入席、按位就座

当宴会开始时，主人应到门口迎接客人，必要时还要安排几个主要人员陪同迎接。主人要对所有客人表示热烈欢迎。如果是正式宴请，当宾主握手寒暄后，可由工作人员陪同到休息厅休息。休息厅内应有相应身份的人陪同，并由服务员上茶水、饮料，主宾到达后，由主人陪同与其他客人见面，然后进入宴会厅入座，接待人员随即引导其他客人相继入厅就座。如无休息厅，则可直接引入宴会厅，但暂不入座，等待主宾到来后一起入座。如果宴会规格较大也可请主桌以外的客人先入座，主宾最后入座。

2. 致辞欢迎、热情敬酒

正式宴会上，一般均有致辞。先由主人致辞，接着由客人答谢致辞。致辞时服务人员要停止一切服务活动，参加宴会的人均暂停饮食，专心聆听，以示尊重。在致辞后，马上敬酒。敬酒有不同的规矩，一般由主人先提议敬酒，主宾可在适当时间回敬主人。

3. 按顺序上菜、介绍菜肴

上菜应按顺序进行，一般先上冷盘，然后上热菜，最后上水果。上菜时应遵循左上右撤的原则，应从陪同或翻译之间上菜、撤菜。当第一道菜上桌时，由服务员报出菜名，并介绍这道菜色、香、味等方面的特色。这时主人举筷请大家品尝。当客人互相谦让时，主人（或服务员）可以站起来用公筷、公勺为客人分菜、分汤。分菜时，先给主宾、先女士后男士，再按顺时针方向依次进行，注意分配均匀，以免有厚此薄彼的嫌疑。

礼仪小故事

细心的主人

李刚去南方出差，正逢大闸蟹成熟的季节，朋友招待李刚吃大闸蟹。吃完了螃蟹之后，又上了一盆汤，只见这个汤没有颜色，上面飘着几片香菜叶和几片柠檬。李刚有点纳闷，怎么这么快就上汤了？以为是吃螃蟹后用来解渴的，于是他拿起勺子伸向盆边。主人一看，苗头不对，急忙站了起来，率先将手放在了盆中，并招呼大家“来来来，大家洗手”。李刚这才明白，原来那汤是吃过螃蟹用来洗手的。

我国幅员辽阔，饮食习惯、饮食种类千差万别，对于许多客人来说，有很多菜点可能是第一次食用。因此，主人应主动地多介绍每种菜的做法、吃法，避免误食误饮，闹出一些不应有的笑话。

（资料来源：杜明汉．2010．商务礼仪．北京：高等教育出版社．）

4. 中餐摆菜礼仪

摆菜讲究造型艺术，尊敬主宾，方便食用。摆菜顺序一般应从桌子中间向四周摆放，比较高档的菜、特色菜要先摆在主宾面前，在上下一道菜后，顺势撤摆到其他地方。大菜的头菜、汤菜要摆在桌子中间，各种菜肴要对称摆放。

5. 谦敬礼让

宴会进行过程中，赴宴者要做到举止文明。一般情况下，宴会中可以谈笑风生，但不能喧宾夺主或反客为主。要注意饮酒、进食时的仪态，在宴会中，夹菜一般要在主人、主宾、长者先夹之后，菜肴转到自己跟前时再夹。有时主人会向客人劝菜，希望客人多吃一点，但主人的热情应节制有度。

用餐时坐姿要端正，双脚要平稳踏地，不跷二郎腿，也不要抖动。上菜时双手的手腕部分可以轻轻地放在餐桌的边缘，吃东西时手要离开桌面。

礼仪小故事

细心的主人

C城市接待了一位外商。这位外商是美国人，他来这座城市是进行投资考察的。考察进行得比较顺利，双方达成了初步的合作意向。这天接待方设宴款待这位外商，宴会的菜肴很丰盛，主客双方交谈得比较愉快。这时席间上来了一道特色菜，为表示我方的热情，一位接待方领导便为这位外商夹了一筷子菜放到他的碟子里。这位外商当即露出不悦神色，也不再继续用餐，双方都很尴尬。

在宴请中随着人们的礼仪常识的普及、卫生知识的讲究，中餐宴请中的传统进餐方式面临着卫生和礼仪双重的挑战，既保留传统的进餐方式，又要借鉴西方分餐制的优点，使我们中餐宴请仪式能发扬光大。

6. 热情交谈

宴请是相互交流的最好时机，借此双方可相互认识、了解、交流，增进友情。加强协作才是宴请的主要目的。主宾双方在就餐中，可就彼此都感兴趣的话题亲切交谈，交谈的范围也可广一些，应选择一些大众性、趣味性、愉悦性的话题，要多叙友情，一切从增进友谊、活跃宴会气氛的角度寻找话题，进行交谈。

7. 敬酒

在宴请过程中，主人一般要依次向所有宾客敬酒，或按桌敬酒。敬酒时上身要挺直，双脚站稳，以双手举起酒杯，并向双方微微点头示礼，等双方饮酒时再跟着饮，敬酒的态度要稳重、热情、大方。需要敬酒时主人可依次到各桌敬酒，并提议大家一起干杯，这时主人只要举起酒杯示意即可，不必一一碰杯。在让酒劝酒当中，主人要尊重宾客的意愿，一般公务员活动宴请，要求控制在自己酒量的1/3即可。不善敬酒者，可婉言谢绝，或用其他饮料象征性地表示一下。

8. 热情话别

一般宴会要控制在90分钟左右，过早结束，会使客人感到不尽兴，甚至对主人的诚意表示怀疑；时间过长则会使宾客双方都感到疲劳，反而冲淡宴会气氛。因此，当宴请程序快要结束时，主人要及时询问客人是否吃好，是否还需添菜加酒，如客人无需要，则适时地结束宴会。一般服务员端上水果之后，吃好水果，宴会即可结束。这时主人要向主宾示意，请其做好离席的准备，然后主人与主宾起立宣布宴会结束，并对各位宾客莅临宴会表示感谢。主人和相关陪客应先将主宾送到门口，握手告别，主宾离去后，原迎宾人员应按顺序排列，与其他宾客握手告别。如安排有其他活动，可挽留有兴趣的宾客自由参加，主随客便。

四、中餐宴请礼仪的注意事项

中餐宴请礼仪应注意以下事项：

1）准备出席。出席宴请活动一般根据当地的习惯，正点或提前两三分钟到达。过早、过迟或仪容仪表打扮与自己的身份、场合要求不相符的，就是对主人失礼，也有损自己的形象。

2）入席宴会不可旁若无人，也不可眼睛直盯菜肴，或者用手玩弄餐具，显出迫不及待的样子。用餐一般在主人示意开始时，客人才能开始，不能别人还未开始，自己已经用餐了。

3）用餐时餐巾不可别在领口上，或挂在胸前，也不要在手中乱揉。用餐巾擦脸、擦汗也是不文明的行为，可要求服务员上餐巾纸或专用毛巾。

4）取菜时不能在盘中挑来挑去，也不可只夹自己喜欢的菜肴。一次取菜不可太多，尽量不要把菜弄到桌面上，或把汤、酒具碰倒。

5）吃东西要细嚼慢咽，绝不可以低着头狼吞虎咽。吃菜、喝汤尽量不要发出声响，或因进食快而打嗝。不能用嘴唇去啜汤，更不要用嘴去吹散热气。吃食物时要食物就口，而不能口就食物。如果不懂得某道菜的吃法，可观察和借鉴别人的做法、吃法，或大方地请教别人，不要不懂装懂，闹出笑话。口内有食物时切忌说话，同别人讲话要放下筷子或勺子。席间如打喷嚏，应转身用手捂住口鼻，并向邻座表示歉意。当服务员为自己斟酒时，不要把酒杯拿起来，每次喝完酒要把酒杯放回原处。饮酒时最好先用餐巾纸擦一下嘴唇，以免菜渣、饭渣掉在酒杯里或粘在酒杯口上。不要在嘴里有食物时喝酒，应当先咽下食物后，再拿起酒杯来喝。

6）吃中餐用筷子时，不要敲打筷子，不能把筷子放在碗上或插在碗中，也不要舔筷子或将筷子含在口中。不许用筷子在菜盘里翻动选菜，或用筷子指指点点。不要用粘有饭菜的筷子去夹食物，不要把筷子当牙签用，也不要一手执勺舀汤、一手握筷。

7）端碗时拇指卡在碗口，食指、中指、无名指执住碗底，手心空着。不要将拇指弯曲伸入汤内。

8）不要粗鲁劝酒，更不要逼酒、灌酒。驾车者坚决不喝酒，也不要劝酒。不能边吃菜、边喝酒、边吸烟。切忌饮酒过量失言。

9）席间一般不要剔牙，吃完饭需要剔牙时，要用另一只手堵住嘴边。

10）在照顾他人用菜时应使用公筷、公勺，做到多让少夹。

11）说话时不要高声喧哗，也不要在说话时喷出唾沫，嘴角不要留有白沫。

12）当其他人还未吃完时，不要提前离席，要等到主人起身、主宾离席时再退席。如有特殊原因要提前离席，需向在座的各位打招呼才可离去。

13）为了使礼节更周到，可在宴会后一两天内给主人打个致谢电话。除再次感谢主人的盛情款待外，还可加深印象。

◆ 任务实施

案例讨论

案例 1 周先生到北京某餐厅用餐，他穿着一双塑料拖鞋被餐厅拒之门外，该店经理称其“衣冠不整。”周先生将餐厅告上法庭，要求餐厅赔礼道歉，并赔偿损失 5000 元人民币。法庭受理此案件，驳回了周先生的诉讼请求。

讨论：这个事例能给我们什么启示？

案例 2 王女士去参加一个宴会，由于她是唯一的一位女士，旁边的男士担心冷落了女士，席间，不断地用他的筷子给王女士夹菜，弄得王女士应接不暇。而且，王女士发现，这位男士在用餐时又喜欢用嘴嘬筷子头，几乎每吃一口都嘬一下，看得王女士食欲皆无，还无法言明。

讨论：这位男士的动作为什么让王女士尴尬？

同步训练

中式宴请模拟训练

李先生是义乌 A 公司的副总经理，他和其他五位员工将代表公司接待来自江苏德诚贸易有限公司的 6 位客人，安排到义乌新三毛酒店的中餐厅就餐。

1．训练要求

通过训练，掌握中餐座次安排的方法和宴请接待的技巧。

2．训练器具

圆桌、凳子、杯子。

3．训练方法

老师示范讲解，学生分组模拟。

4．训练步骤

（1）实训所用器具的准备。

（2）实训进程。

1）老师介绍本次实训的内容和模拟实训情景。

2）把全班同学分组，每 12 人一组。

3）确定模拟活动角色。

4）模拟中餐宴请。抽签排序，一组一组进行；一组模拟时，其他组观摩并指出问题。

5）教师考核，师生点评。

5．模拟时应注意的问题

1）按照国际惯例，宴会席次、桌次顺序的高低以偏离主桌位置的远近而定，近者高，远者低，并遵循“以右为上”，主桌的右手为上，左手为下，即右高左低。

2）在宴请客人时，尽可能地照顾赴宴者；主动了解客人的民族、宗教背景，注意不同客人的特殊口味和禁忌，尊重少数民族和外宾的饮食习惯。

3）敬酒应以年龄大小、职位高低、宾主身份为序，敬酒前要充分考虑好敬酒的顺序，分清主次。

4）宴请程序为迎客—入席—敬酒—交谈—散席。

5）在宴请过程中，出现下列情况时的处理，宴会开始时，临时增加了客人；宴会进行过程中，气氛比较沉闷；就餐过程中，客人不慎打翻酒水等；宴会上，客人醉酒。

◆ 任务评价

1．单项选择题

（1）选择好的宴会场所，无疑是十分重要的事情。下面对宴请场所的选择上欠妥的是（　　）。

A．为了表示对客人的尊重，饭店的等级选择上要尽可能高级

B．可以在家待客以显示主人的热情和主客之间亲密无间的情谊

C．为了尊重回族客人的民族习惯应在清真饭店摆席招待客人

D．要注意对方饮食禁忌

（2）家宴是十分重要和讲究的场合，在此之中有许多礼仪需要遵守。下面有关行为不符合规范礼仪的是（　　）。

A．注意穿衣时一定要讲究，注意一下仪容的整洁

B．学会赞美主人的家，使得主人高兴

C．既然是主人的热情邀请，到主人家可以任意参观

D．家宴一样要守时，不能迟到

（3）吃中餐时，桌次有主次之分，因此，宴会上的桌次排列十分重要。下列（　　）排

列不合规范。

A. ②①③
⑦⑤④⑥⑧
门　　B. ①
②③
④⑤
门　　C. ⑥⑦
②③④⑤
① 门　　D. ①
②③④⑤⑥⑦
门

（4）吃中餐时要注意（　　）。

A．不起身夹菜　　B．不乱劝菜　　C．不违食俗　　D．不含食物说话

2．判断题

（1）女士盛装参加一个正式的宴会，在用餐过程中，为了使自己的妆容更完整，她拿出化妆包当众补妆。（　　）

（2）先生去参加一位朋友的宴请，大家陆续入席，这时B先生这桌来了位老人，B先生连忙起身，为老人将一张空椅子向后撤一些，待老人坐稳后，再回到自己的座位上。（　　）

（3）参加一个生日宴会，因为天气比较炎热，C出了不少的汗，他顺手拿起桌上的餐巾拭汗。（　　）

（4）B参加宴会，吃东西时，不小心牙齿中嵌入东西，B马上拿了一根牙签剔牙，并在剔牙之后，长时间叼着牙签。（　　）

（5）G是一位男士，在用餐过程中，不小心将一杯饮料打翻，汁水溅到旁边的一位女士身上，G觉得非常不好意思，连忙用餐巾帮她擦干并表示歉意。（　　）

3．同步训练评价

项目小组评价表

组别 \ 分数	是否及时完成	质　量	团队表现
第一组			
第二组			
第三组			
⋮			

个人任务评价表

评分依据 \ 分数	个人具体分工		个人表现		
	承担任务的质量	个人记录	教师评分	组长评分	组员互评
成员一					
成员二					
⋮					

任务二　西式宴请礼仪

导入案例

吃西餐闹笑话

王小姐是大四的学生，目前在一家外贸公司的财务部试用。为替在华的外国客户庆祝“洋节”，公司举办了大型的西式自助餐会，邀请了不少外国客户及公司的全体员工。

因为很少吃西餐，王小姐在餐会上出了不少“洋相”。餐会开始，王小姐端起面前的盘子去取菜，之后却发现那是装食物残渣的盘子。为节省取食的路途，王小姐从离自己最近的水果沙拉开始吃，而此时同事们都在吃冷菜，王小姐只得开玩笑地说自己“减肥”；因为刀叉位置放得不正确，她面前还没吃完的菜就被服务员给收走……一顿饭吃完，王小姐浑身不自在。

王小姐用西餐时在哪些方面出了“洋相”？用西餐时应注意哪些问题？

◆ 任务要求

具体任务：

1）了解西餐餐序。

2）掌握西餐餐具的使用。

3）掌握西餐宴请的座次排序。

4）掌握西餐用餐礼仪。

◆ 任务分析

要完成任务二，就要在老师的指导下做好以下训练。

西餐宴请模拟训练：在此项训练中，了解西餐的菜序、餐具，练习西餐餐具的使用礼仪及进餐礼仪。

◆ 任务学习

西餐这个词是由于它特定的地理位置所决定的。“西”是西方的意思，一般指欧洲各国；“餐”就是饮食菜肴。通常所说的西餐主要包括西欧国家的饮食菜肴，当然同时还包括东欧各国、地中海沿岸等国和一些拉丁美洲如墨西哥等国的菜肴。西餐一般以刀叉为餐具，以面包为主食，多以长形桌台为台形，如图 3-7 所示。西餐的主要特点是主料突出、形色美观、口味鲜美、营养丰富、供应方便等。在国际商务宴请中，通常是以西餐为主。吃西餐讲究“4M”：menu 表示精美的菜单，mood 表示迷人的气氛，music 表示动听的音乐，manners 表示优雅的进餐礼节。虽然西餐分为法式、英美式和国际式，不同的民族习俗和用餐规格有所不同，但其基本要领还是一致的。

图 3-7 西餐桌台

一、西餐的菜序

西餐的菜序，指西餐用餐的先后顺序。由于东西方饮食习惯的不同，西餐的菜序与中餐的菜序差异较大。因此，要吃饱吃好，做到合理搭配，必须对西餐菜序有清晰的了解。

西餐按照规模大小和正式程度分为正餐和便餐两种。

礼仪小故事

误喝洗手水

清末总理大臣李鸿章在访问欧美时，在德国参加首相俾斯麦的一个宴会，可能李鸿章是第一次面对如此正式且礼仪繁多的西方宴会，结果他顺手就将桌子上的一碗供大家洗手用的柠檬水端起来喝了。如此举动让俾斯麦大感困惑，为不让李鸿章感到难堪，他只好把自己面前的那碗洗手水端起来给喝了。看到俾斯麦如此举动，在座的宾客也只好将自己面前的洗手水喝下。

1. 正餐菜序

西餐正餐，其菜序复杂多样，一般由七道菜肴构成，按顺序一道一道地上菜，一顿内容完整的正餐须耗时1～2小时。

（1）头盘

西餐的第一道菜是“头盘”，又称“开胃品”。开胃品的内容一般有冷头盘和热头盘之分，常见的品种有鱼子酱、鹅肝酱、熏鲑鱼、鸡尾杯、奶油鸡酥盒、火焗蜗牛等。一般都具有特色风味，味道以咸和酸为主，而且数量较少、质量较高。

（2）汤

西餐的第二道菜就是汤，这与中餐很不一样。西餐的汤大致可分为清汤、奶油汤、蔬菜汤和冷汤等四类。品种有牛尾清汤、各式奶油汤、海鲜汤、美式蛤蜊周打汤、意式蔬菜汤、俄式罗宋汤、法式火焗葱头汤等。冷汤的品种较少，有德式冷汤、俄式冷汤等。

（3）副菜

鱼类菜肴一般是西餐的第三道菜，又称“副菜”。品种包括各种淡、海水鱼类、贝类及软体动物类。通常水产类菜肴与蛋类、面包类、酥盒菜肴均称为副菜。因为鱼类等菜肴的肉质鲜嫩，比较容易消化，所以放在肉类菜肴的前面，叫法上也和肉类菜肴主菜有区别。西餐吃鱼菜肴讲究使用专用的调味汁，品种有鞑靼汁、荷兰汁、酒店汁、白奶油汁、大主教汁、

美国汁和水手鱼汁等。

（4）主菜

肉、禽类菜肴是西餐的第四道菜，又称“主菜”。肉类菜肴的原料取自牛、羊、猪、小牛仔等各个部位的肉，其中最有代表性的是牛肉或牛排。牛排按其部位又可分为沙朗牛排（也称西冷牛排，Sirloin）、菲利牛排（Filet Mignon / Tenderloin）、T 骨型牛排（T Bone）、肉眼（Rib-Eye）、米龙（Rump）等，具体如图 3-8 所示。菲利牛排的用料来自牛腰部的脊椎附近，肉最嫩，一般菲利牛排做成五分、甚至三分熟是最合适的；西冷牛排的用料来自和菲利牛排伴生的外脊肉，西冷牛排做时相对菲利牛排要老一点，但是很有风味，因为一侧总是有一些油脂在上边，因此，火候稍微老一点会让油脂很香； T 骨牛排的用料是牛背上的脊骨肉，一般在美式餐厅较常见；肉眼牛排的用料是牛的外脊，肉眼比西冷更老一点，但是因为肉中间有一块很大的脂肪块，以烧烤的方式来做肉眼十分美味；米龙牛排的用料来自牛尾骨附近的那一段脊椎边上的脊肉，这是可以做牛排的肉里相对比较糟糕的部分。牛排的烹调方法常用烤、煎、铁扒等。肉类菜肴配用的调味汁主要有西班牙汁、浓烧汁精、蘑菇汁、白尼斯汁等。禽食类菜肴的原料取自鸡、鸭、鹅，通常将兔肉和鹿肉等野味也归入禽类菜肴。禽类菜肴品种最多的是鸡，有山鸡、火鸡、竹鸡。可煮、可炸、可烤、可焖，主要的调味汁有黄肉汁、咖喱汁、奶油汁等。

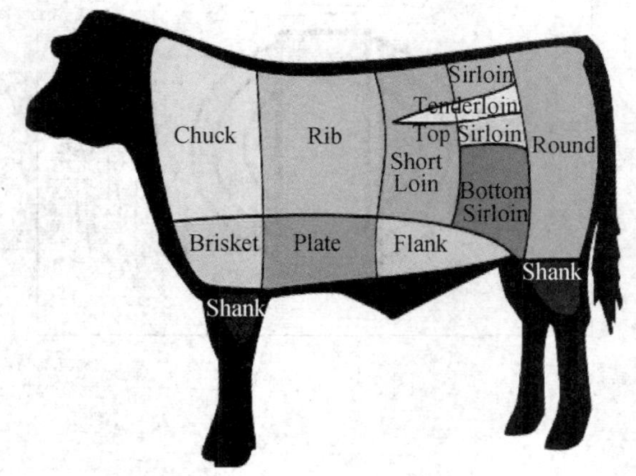

图 3-8　牛排

（5）蔬菜类菜肴

蔬菜类菜肴可以安排在肉类菜肴之后，也可以与肉类菜肴同时上桌，所以可以算为一道菜，或称之为一种配菜。蔬菜类菜肴在西餐中称为沙拉。与主菜同时服务的沙拉，称为生蔬菜沙拉，一般用生菜、西红柿、黄瓜、芦笋等制作。沙拉的主要调味汁有醋油汁、法国汁、千岛汁、奶酪沙拉汁等。除了蔬菜之外，还有一类是用鱼、肉、蛋类制作的沙拉，这类沙拉一般不加调味汁，在进餐顺序上可以作为头盘食用。还有一些蔬菜是熟食的，如花椰菜、煮菠菜、炸土豆条。熟食的蔬菜通常是与主菜的肉食类菜肴一同摆放在餐盘中上桌，称为配菜。

（6）甜品

西餐的甜品是在主菜后食用的，可以算做第六道菜。从真正意义上讲，它包括所有主菜后的食物，如布丁、煎饼、冰淇淋、奶酪、水果等。

（7）咖啡、茶

西餐的最后一道是饮料、咖啡或茶。饮咖啡一般要加糖和淡奶油。茶一般要加香桃片和糖。

2. 便餐菜序

一般场合中，出于节约时间方面的考虑，人们也习惯于采用便餐的形式。一般说来，接待人员接触西餐便餐的机会相对多些，因此，对便餐的菜序要有清晰的了解。西餐便餐菜序从简，但每一道菜都是有代表性的，一般由五道菜肴构成：开胃菜、汤、主菜、甜品、咖啡。

二、西餐餐具的使用

西餐桌上的餐具很多，主要有刀叉、餐巾、餐匙、盘、碟、杯等，如图3-9所示。

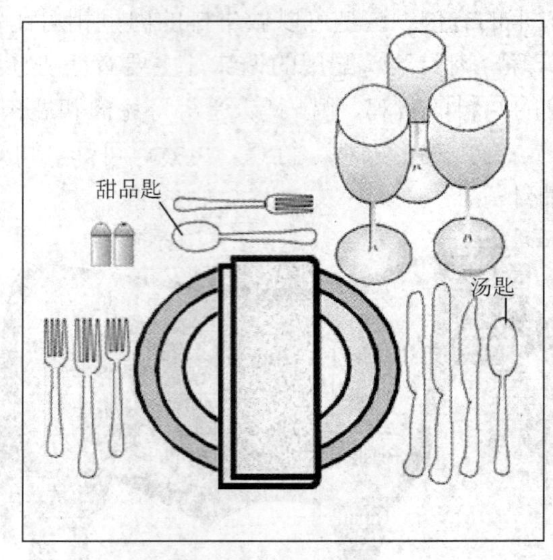

图3-9 西餐餐具

（1）刀叉的使用

在正规一点的西餐宴会上，通常讲究吃一道菜要换一副刀叉，不可以从头至尾只用一副刀叉。享用西餐正餐时，在一般情况下，出现在每位用餐者面前的餐桌上的刀叉主要有吃黄油所用的餐刀，吃鱼所用的刀叉，吃肉所用的刀叉，吃甜品所用的刀叉，等等。在使用刀叉时，如临时将餐刀放下，则不可刀口外向；双手同时使用刀叉时，叉齿应当朝下；右手持叉进食时，则应叉齿向上。

使用刀叉，可以向侍者暗示用餐者是否吃完某一道菜肴。刀右、叉左，刀口向内、叉齿向下，呈汉字的“人”字形状摆放在餐盘之上，其含义是此菜尚未用毕。刀口内向、叉齿向上，刀右叉左地并排纵放，或者刀上叉下地并排横放在餐盘里，其含义是侍者可以连刀叉带餐盘一起收掉，如图3-10所示。

（2）餐巾的使用

西餐里所用的餐巾，通常会被叠成一定的形状，放置于用餐者的垫盘中，或是直接被平放于用餐者左侧的桌面上。不论大小、形状，餐巾都应被平铺于自己并拢的大腿上。使用正方形餐巾时，应将其折成等腰三角形，并将直角朝向膝盖方向。若使用长方形餐巾，则可将其对折，然后折口向外平铺。尤其要注意，在外用餐时，一定不要把餐巾掖于领口围在脖子上、塞进衣襟内，或是担心其掉落而将其系在裤腰上。

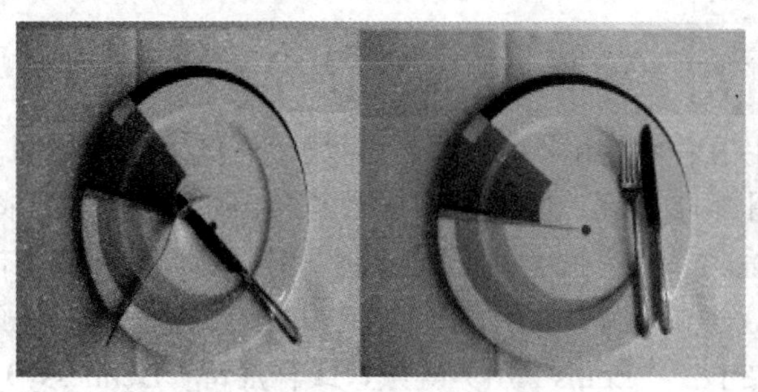

图 3-10 刀叉摆放的含义

将餐巾平铺于大腿上，可以防止进餐时掉落下来的菜肴、汤汁弄脏自己的衣服；在用餐期间与人交谈之前，可用餐巾轻轻地揩一下嘴；女士进餐前，可用餐巾轻抹口部，除去唇膏；在进餐时需剔牙，应拿起餐巾挡住口部。

餐巾摆放的位置不同，寓意不同。当主人铺开餐巾时，就表示用餐开始，当主人把餐巾放在桌子上，表示用餐结束。中途暂时离开，将餐巾放在本人座椅面上。

（3）餐匙的使用

在西餐的正餐里，一般至少会出现两把餐匙，它们形状不同、用途不一，摆放的位置也有各自的既定之处。

1）汤匙。个头较大，通常被摆放在用餐者右侧的最外端，与餐刀并列纵放。喝汤时，要用汤匙从里向外舀，汤盘里的汤快喝完时，可以用左手将汤盘的外侧稍稍翘起，用汤匙舀净即可。吃完后，将汤匙留在汤盘里，匙把指向自己。

2）甜品匙。个头较小，在一般情况下，应当被横向摆放在吃甜品所用刀叉的正上方，并与其并列。主要用于吃甜品，如冰激凌。

餐匙入口时，以其前端入口，不能将它全部塞进嘴里。

三、西餐饮酒菜肴的搭配

1. 西餐中的餐前酒——鸡尾酒

喝鸡尾酒时，需用鸡尾酒杯，通常是呈倒三角形的高脚玻璃杯，如图 3-11 所示，不带任何花纹。因鸡尾酒要保持其冰冷度，所以手应接触其高脚部位，不能直接触摸杯壁，使其变暖而影响酒味。

2. 西餐中的佐餐酒——葡萄酒

在正餐或宴会上选择佐餐酒，有一条非常重要的讲究需要知晓，即“白酒配白肉，红酒配红肉”。这里所说的白肉，即鱼肉、海鲜、鸡肉，食用时须以白葡萄酒搭配。这里所说的

红肉，即牛肉、羊肉、猪肉，食用时应配以红葡萄酒。此处所说的白酒、红酒均指葡萄酒。葡萄酒杯为高脚杯，喝时用手拿住下面杯脚部分，不要用手包围上壁。要求注酒时，把杯子放在桌上；不想再喝时，只需要将右手掌按在杯子上即可。

3. 西餐中的餐后酒——白兰地

餐后酒指的是在用餐之后，用来帮助消化的酒水。最有名的餐后酒，则是有“洋酒之王”美称的白兰地酒，如图 3-12 所示。白兰地酒的优劣、价格的高低大都依酒的储藏长短而定，即是指酒水装于橡木桶内作长时间窖藏。还有些采用特别调配方式酿制或标榜有窖藏数十年的超龄白兰地酒，这类白兰地酒的年份是属于非制式的独家纪念等级酒龄，如人头马牌（Remy Martin）的路易十三（Louis XIII）等级，或轩尼诗（Hennessy）的天堂鸟（Paradis）等级等。

图 3-11　鸡尾酒杯

图 3-12　白兰地酒

四、西餐座次排序

1. 西式长条餐桌桌次排序

如果西式宴请中涉及三桌或三桌以上的桌数，国际上的习惯是桌次的高低以离主桌位置远近而定，其他各桌距离主桌越近，桌次越高；距离主桌越远，桌次越低。这项规则亦称“主桌定位”。在安排桌次时，所用餐桌的大小、形状应大体相仿。除主桌略大之外，其他餐桌不宜过大或过小，如图 3-13 所示。

2. 西式长条餐桌座次排序

西式宴请多采用长条餐桌，席位安排，类似中式的圆桌，要让陪同人员或主人、副主人坐在长桌的两端，尽量留心别让客人坐在长桌两端的席位上。排座时还应考虑来宾民族习惯、宗教信仰的差异性，不要因此出现不协调局面，如图 3-14 所示。

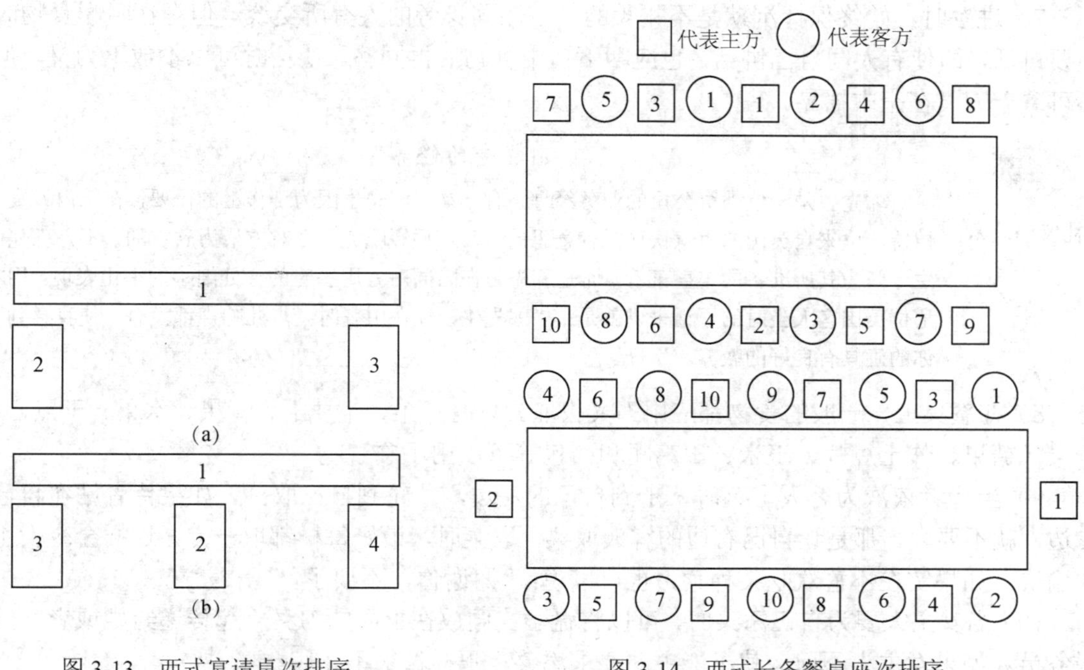

图 3-13　西式宴请桌次排序

图 3-14　西式长条餐桌座次排序

五、西餐用餐的注意事项

在西餐用餐时应注意以下事项：

1）就座时，身体要端正，手肘不要放在桌面上，不可跷足，与餐桌的距离以便于使用餐具为佳。餐台上已摆好的餐具不要随意摆弄。

2）吃鱼、肉等带刺或骨的菜肴时，不要直接外吐，可用餐巾捂嘴轻吐在叉上放入盘内。如果盘内剩余少量菜肴时，不要用叉子刮盘底，更不要用手指相助食用，应以小块面包或叉子相助食用。吃面条时要用叉子先将面条卷起，然后送入口中。

3）取面包应该用手去拿，然后放在旁边的小碟中或大盘的边沿上，绝不要用叉子去叉面包。取黄油应用黄油刀，而不要用个人的刀子。黄油取出要放在旁边的小碟里，不要直接往面包上抹。不要用刀切面包，也不要把整片面包涂上黄油，而应该一次扯下一小块，吃一块涂一块。

4）吃鸡时，应先用刀将骨去掉，不要用手拿着吃。吃鱼时不要将鱼翻身，要吃完上层后用刀叉将鱼骨剔掉后再吃下层。用刀叉吃有骨头的肉时，用叉子将整片肉固定（可将叉子朝上，用叉子背部押住肉），再用刀沿骨头插入，把肉切开，最好是边切边吃。必须用手吃时，要附上洗手水。

5）喝咖啡时如添加牛奶或糖，添加后要用小勺搅拌均匀，将小勺放在咖啡的垫碟上。喝时应右手拿杯把，左手端垫碟，直接用嘴喝，不要用小勺舀着喝。吃水果时，不要拿着水果整个去咬，应先用水果刀切成四瓣，再用刀去掉皮、核，用叉子叉着吃。

6）要喝水时，应把口中的食物先咽下去。不要用水冲嘴里的食物。用玻璃杯喝水时，要注意先擦去嘴上的油渍，以免弄脏杯子。

7）进餐时，始终保持沉默是不礼貌的，应该同身旁的人有所交谈。但是在咀嚼食物时不要讲话，即使有人同自己讲话，也应咽下口中食物后再回答。谈话时可以不放下刀叉，但不可拿着刀叉在空中摇晃。

礼仪小故事

用餐者的修养

郭先生是一位外贸公司的业务经理，有一次，郭先生因为工作上的需要，在国内设宴招待一位来自英国的生意伙伴。有意思的是，一顿饭吃完，令对方最为欣赏的，不是郭先生专门为其所准备的丰盛菜肴，而是郭先生在陪同对方用餐时的一处细小的举止表现。用那位英国客人当时的原话来讲就是："郭先生，你在用餐时一点儿响声都没有，使我感到你的确具有良好的教养。"

8）在餐桌上，一般的食物都应用刀叉去取。只有芹菜、小萝卜、青果、水果、干点心、干果、糖果、炸土豆片、玉米、田鸡腿和面包等可以用手拿着吃。

9）当侍者依次为客人上菜时，走到自己的左边，才轮到自己取菜。如果侍者站在自己右边，就不要取，那是让自己右边的客人取菜。取菜时，最好每样都取一点，这样会令女主人愉快。如果实在不喜欢吃某种菜，也可以说："谢谢你，不要了。"

10）当女主人要为自己添菜时，可以将盘子连同放在上面的刀叉一起传递给她或者交给服务员。如果女主人不问，就不能主动要求添菜，那样做很不礼貌。

11）餐桌上有些食品，如面包、黄油、果酱、泡菜、干果、糖果等，应待女主人提议方可取食。大家轮流取食品时，男客人应请他身旁的女客人先取，或者问她是否愿意由自己代取一些。进餐时，不能越过他人面前取食物。如需要某种东西时，应在别人背后传递。

12）用餐毕，客人应等女主人从座位上站起后，再一起随着离席。在进餐中或宴会结束前离席都不礼貌。起立后，男客人应帮助妇女把椅子归回原处。餐巾放在桌上，不要照原来的样子折好，除非主人请自己吃下顿饭。

吃西餐的礼仪和禁忌还有很多，而且不同地方会有一些差异，最好的办法是记住那句有名的谚语"While in Rome，do as the Romans do"，入境随俗。对于吃西餐的规矩有疑问时，留意周围的人，照着他们的样子做，一般就没问题了。

礼仪小知识

各国国菜趣闻

日本的生鱼片：日本人自称为"彻底的食鱼民族"。日本捕鱼量居世界第一位，但是每年还要从国外大量进口鱼虾，每年人均吃鱼 50 多千克，超过大米消耗量。日本人吃鱼有生、熟、干、腌等各种吃法，而以生鱼片最为名贵。国宴或平民请客以招待生鱼片为最高礼节。日本人称生鱼片为"沙西米"。一般的生鱼片，以鲣鱼、鲷鱼、鲈鱼配制，最高档的生鱼片是金枪鱼生鱼片。开宴时，让客人看到一缸活鱼，现捞现杀，剥皮去刺，切成如纸的透明状薄片，端上餐桌，蘸着佐料细细咀嚼，滋味美不可言。

德国国菜的香肠、火腿：德国人是名副其实的"大块吃肉、大口喝酒"的民族——吃猪肉、喝啤酒。德国人每人每年的猪肉消耗量为 65 千克，居世界首位。由于偏好猪肉，大部分有名的德国菜都是猪肉制品。德国的食品最有名的红肠、香肠及火腿。他们制造的香肠种类起码有 1500 种以上，并且都是猪肉制品。最有名的"黑森林火腿"销往世界各地，可以切得跟纸一样薄，味道奇香无比。德国的国菜就是在酸卷心菜上铺满各式香肠及火腿；有时用一整只猪后腿代替香肠和火腿。烧得熟烂的一整只猪腿，德国人可以面不改

色地一人吃光。

巴西的烤牛肉：烤牛肉是巴西社会上层宴客的一道国菜，也是民间最受欢迎的一道菜。烤牛肉不加调料，只在牛肉表面撒点食盐，表层油脂渗出，外面焦黄，里面鲜嫩，有一种特有的香味。烤牛肉依部位有大腿、前臀尖、后臀尖、牛峰、牛排、里脊等十多道，道道色泽不同，风格各异。要吃什么，服务员便削什么到盘中。上国菜之前，先上若干道烤“小菜”：烤香肠、烤鸡心、烤鸡腿、烤猪脊、烤猪排……客人对这些菜最好只用一点，不要填满了肚子，因为这些菜只能算是“配角”，烤牛肉才是真正的“大牌”。所以有经验的食客要等到香喷喷的烤牛肉出台时才大开吃戒。

乌干达的香蕉饭：非洲的乌干达，招待客人自始至终不离香蕉。客人入屋，先敬上一杯鲜美可口的香蕉汁，然后端上烤得焦黄的香蕉点心。正餐吃一种叫做“马托基”的香蕉饭，吃过“马托基”的人，普遍称赞这是“世界上最好吃的饭”，因而它成为乌干达国宴的主菜。乌干达的“国饮”是以香蕉和高粱面混合发酵酿成，香甜醇厚。开宴时，将酒坛摆在桌上，坛顶插着 1 米长的草管，宾主吮管对吸。

墨西哥的玉米宴：墨西哥人以玉米为主食，国宴也是一盘盘玉米美食。整席玉米国宴，包括面包、饼干、冰淇淋、糖、酒，一律以玉米为主料制成，令人大开眼界。

丹麦的“魔鬼太阳”：丹麦人爱吃鸡蛋糕与甜点，做出了风靡世界的丹麦奶酥。丹麦气候寒冷，大地是个天然的冷冻箱，肉类无腐败之虞，可以拿来生吃。丹麦最有名的国菜就是将生牛肉剁成泥状，上面放一个生蛋黄，与肉搅匀了用汤匙挖下来一口一口吃掉，这道菜叫“魔鬼太阳”，脾胃虚弱的人看到这道菜可能不舒服，但是丹麦人吃起这道大餐却是食之如甘饴。

◆ 任务实施

案例讨论

案例 1　老张的儿子留学归国，还带了位外国媳妇回来。为了讨好未来的公公，这位外国媳妇一回国就地张罗着请老张一家到当地最好的四星级饭店吃西餐。用餐开始了，老张为在外国儿媳妇面前显示出自己也很讲究，就用桌上一块“很精致的布”仔细地擦了自己的刀、叉。吃的时候，学着他们的样子使用刀叉，既费劲又辛苦，但他觉得自己挺得体的，总算没丢脸。用餐快结束了，吃饭时喝惯了汤的老张盛了几勺精致小盆里的“汤”放到自己碗里，然后喝下。外国媳妇先一愣，紧跟着也盛着喝了，而他的儿子早已是满脸通红。

讨论：

1）您觉得老张的儿子为什么会满脸通红呢?

2）找出不符合西餐礼仪的地方　。

案例 2　刘小姐和张先生在一家西餐厅就餐。张先生点了海鲜大餐，刘小姐则点了烤羊排，主菜上桌，两人的话匣子也打开了，张先生一边听刘小姐聊起童年往事，一边吃着海鲜，心情愉快极了。正在陶醉的时候，他发现有根鱼骨头塞在牙缝中，很不舒服。张先生心想，用手太不雅了，所以就用舌头舔，舔也舔不出来，还发出“啧啧，喳喳”的声音，好不容易将它舔吐出来，就随手放在餐巾上。之后他在吃虾时又在餐巾上吐了几口虾壳。刘小姐对这些不太计较，可这时男士想打喷嚏，拉起餐巾遮嘴，用力打了一声喷嚏，餐巾上的鱼刺、虾壳随着风势飞出去，其中的一些正好飞落在刘小姐的烤羊排上，这时刘小姐有些不高兴了。接下来，刘小姐话也少了许多，饭也没怎么吃。

讨论：请指出本例中张先生的失礼之处。

同步训练

西式宴请模拟训练

李先生是义乌 A 公司的副总经理，有五位美国客人来访，总经理让他安排美国客人在当地一家西餐厅就餐。

1．训练要求

通过训练，熟悉西餐餐具的摆放和使用规则，掌握西餐宴会礼仪。

2．训练器具

西餐餐桌、刀、叉、匙、杯、水盂。

3．训练方法

老师示范讲解，学生分组模拟。

4．训练步骤

（1）实训所用器具的准备。

（2）实训进程：

1）掌握西餐餐具及其使用，如刀、叉、匙、杯、水盂。

2）动手摆西餐餐台，如银器、玻璃器、瓷器。

3）展示西餐宴会程序，如餐前、餐中、餐后。

4）模拟演示在西餐就餐过程中，出现下列情况时的处理情景。

A．就餐者就餐中途到餐厅外面接打一个电话，回来继续就餐。

B．就餐者就餐完毕。

5）教师考核，师生点评。

◆ 任务评价

1．单项选择题

（1）完整的西餐要由八道菜组成，其中最后一道是（　　）。

A．热饮　　B．水果　　C．甜品　　D．点心

（2）下面有关商务宴请礼仪不合规范的是（　　）。

A．如果有人离席的话，不要问他去哪儿

B．吃饭的时候，最好不要谈论健康问题

C．吃饭的时候应由左方传递食

D．赴宴要提前，但是不要太早

2．判断题

（1）D 到咖啡厅喝咖啡，但端上来的咖啡比较热，D 想让咖啡变凉便用嘴去吹，同时还

用匙子舀着喝，以免烫着自己。（　　）

（2）吃西餐，刀叉并用时右手持刀，左手持叉。（　　）

（3）西餐宴会位次的排列应遵循女士优先、左高右低等原则。（　　）

（4）在正式的宴会中，只要一落座就应打开餐巾。（　　）

（5）吃饭时应该向左方传递食物。（　　）

3．同步训练评价

项目小组评价表

分数 组别	是否及时完成	质　量	团队表现
第一组			
第二组			
第三组			
……			

个人任务评价表

分数 评分依据	个人具体分工		个人表现		
	承担任务的质量	个人记录	教师评分	组长评分	组员互评
成员一					
成员二					
……					

项目四

商务活动礼仪

学习目标

1. 掌握公司会议的各种礼仪规范。
2. 掌握商务洽谈的礼仪规范。
3. 掌握签字、开业庆典、剪彩、展览会等特殊商务活动的礼仪规范。

技能目标

培养学生筹备组织会议和商务洽谈的能力；培养学生筹备组织签字、开业庆典、剪彩、展览会等特殊商务活动的能力。

学习任务

任务一：商务会议礼仪。
任务二：商务洽谈礼仪。
任务三：特定商务活动礼仪。

在这三项任务的学习中，如果认真学习理论知识，积极参与实践训练，并且能够顺利地完成具体任务，那么不论是组织各种商务会议或商务活动，还是参加各种商务会议或商务活动，都能够遵守礼仪规范，做到有条不紊、应付自如。

任务一　商务会议礼仪

导入案例

更换秘书的麻烦

某公司的办公室秘书换人了，这一更换让大家在开会的时候乱成一团。以前的秘书做事仔细认真、细致严谨，在会前通知到位、资料准备齐全、会场布置充分、会中反应快捷、处理问题周全、会议记录和文件整理及发放等方面的工作安排得有条不紊。而现在这个秘书会议通知“七零八落”、材料准备“缺斤少两”、问题处理“顾此失彼”，对于这样的助手，领导与同事都很头疼，不久就换人了。

这是为什么呢？如果你是秘书，安排一次会议都要做哪些工作，如何做？

◆ 任务要求

具体任务：

1）了解会议的基本流程。

2）掌握公司会议的各种礼仪规范。

3）掌握会议座次安排的原则。

◆ 任务分析

要完成任务一，就要在老师的指导下做好以下几项训练：

1）会议模拟训练。在此项训练中，主要练习起草会议邀请函，布置会场，准备会议资料；练习作为一个会议主持者、发言者、聆听者应具备的礼仪。

2）座次礼仪训练。在此项训练中，主要练习小型会议的座次安排和大型会议的座次安排。

◆ 任务学习

一、一般会议礼仪

商务会议按参会人员来分类，基本上可以简单地分成公司外部会议和公司内部会议。内部会议包括定期的工作周例会、月例会、年终的总结会、表彰会及计划会等。公司外部会议，可以分成产品发布会、研讨会、座谈会等。

1．办会者礼仪

但凡正规的会议，均须进行缜密而细致的组织工作，这些工作均可称为会务工作。负责会务工作的人员在工作中，一定要遵守常规、讲究礼仪、细致严谨，做好准备。具体而言，会议的组织工作，在会议之前、会议期间与会议之后又各有不同的要求。

（1）会议之前

在会议的种种组织工作中，以会前的组织工作最为关键，包括以下四方面。

1）会议的筹备。举行任何会议，皆须先行确定其主题（包括会议名称）。这是会前有关领导集体已经确定的。负责筹备会议的工作人员，则应围绕会议主题，将领导议定的会议的规模、时间、议程等做好计划，组织落实。通常要组成专门班子，明确分工，责任到人。

作为工作人员，在会议前的准备工作中，特别要注意以下几方面：

① Who——会议出席人物。以外部会议为例，会议有哪些人物来参加，公司这边谁来出席，谁来主持，邀请哪些外部人物作为会议的嘉宾，是否能明确出席此次会议。

② When——会议开始时间、持续时间。要告诉所有的参会人员，会议开始的时间和进行多长时间。这样能够让参加会议的人员很好地安排自己的工作。

③ Where——会议地点确认。指会议在什么地点进行，要注意会议室的布局是不是适合这个会议的进行。

2）通知的拟发。按常规，举行正式会议均应提前向与会者下发会议通知。会议通知是指由会议的主办单位发给所有与会单位或全体与会者的书面文件，同时还包括向有关单位或嘉宾发的邀请函件。在这方面主要应做好两件事：

① 拟好通知。会议通知一般可以分为口头通知和书面通知。口头通知比较简单，由会议秘书打电话或者当面告知被邀请参加会议者本人即可，一般用在公司内部日常举行的小型会议上。会议书面通知比较正规，可以采用书面文件、传真、会议邀请函等形式。书面通知一般应由标题、主题、会期、出席对象、报到时间、报到地点以及与会要求等七项要点组成。对外部发出的书面会议通知一般有被邀请者反馈是否出席会议的回执。拟写通知时，应保证内容完整、语句规范。

② 及时送达。下发会议通知，应设法保证其提前送达，不得耽搁延误。

3）会议资料的准备。会议上所用的各种文件材料，一般应在会前准备妥当。材料主要有会议的议程、开幕词、闭幕词、主题报告、大会决议、典型材料和背景介绍等。一般会议所需资料应在与会者报到时下发。

会议上所需的用品要及时采办并及时布置到场，如纸张、本册、笔具、文件夹、姓名卡、座位签以及饮料、声像用具等。

4）会场的布置。对于会议举行的场地要有所选择，会场的桌椅要根据需要做好安排，对于开会时所需的各种音响、照明、投影、摄像、摄影、录音、空调、通风设备和多媒体设备等，应提前进行调试检查。

温馨小贴士

需要提醒的是，作为会议秘书，在准备会议用品之前，应该制定一个详细的用品准备清单，哪些是自有的，需要领用，哪些需要租借或外购，都应该分得清清楚楚。在外购时要考虑到既满足会议需要，又经济不浪费，且不可因为会议的规格高、会议重要就大手大脚。会场内设备安装时，如投影仪等要提前调试、会议用品要及时送到会场，避免会议召开前突发事情造成的措手不及。如果工作量较大，设备使用和发放会议用品应该另请专人照看。

（2）会议期间

会议期间，接待人员负责会议具体工作，要一丝不苟地做好下列工作。

1）会议签到。为掌握到会人数，严肃会议纪律，凡大型会议或重要会议，通常要求与会者在入场时签名报到。会议签到的方式通常有三种：签名报到、交券报到和刷卡报到。负责此项工作的人员，应及时向会议的负责人进行通报。

小型日常会议由本人在签到单上签到。大、中型会议一般采用出示证件或出示会议书面通知，由本人签到。规格较高的会议，有条件的可以采用名片签到方法。

2）引导服务。会议举行期间，一般应安排专人在会场内外负责迎送、引导、陪同与会人员。对与会的贵宾以及老、弱、病、残、孕者，少数民族人士、宗教界人士、港澳台同胞、海外华人和外国人，往往还须进行重点照顾。对于与会者的正当要求，应有求必应。

温馨小贴士

如果会议参加者中有残疾人，应给他们特殊照顾，事先了解他们的需要。例如，把要用电器设备的残疾人安排在离电源较近的位置上；对于聋哑人员或有严重听力障碍者，应安排在能看见发言者的地方，或者安排手语解说员；对于坐轮椅的参加者，应考虑方便其入场，有必要时帮助其入座，并保证方便出入；如果有盲人或者视力有障碍者参加会议，应准备盲文资料，或者坐在他旁边的人尽量帮他做一些描述，不要让他们受冷落。

3）餐饮安排。举行较长时间的会议，一般会为与会者安排会间的工作餐。与此同时，还应为与会者提供卫生、可口的饮料。会上所提供的饮料，最好便于与会者自助饮用，不提倡为其频频斟茶续水。那样做往往既不卫生、安全，又有可能妨碍对方。如果必要，还应为外来的与会者在住宿、交通方面提供力所能及、符合规定的方便条件。

4）现场记录。凡重要的会议，均应进行现场记录，其具体方式有笔记、打印、录入、录音、录像等。可单用某一种，也可交叉使用。如负责手写笔记会议记录时，对会议名称、出席人数、时间地点、发言内容、讨论事项、临时决议、表决选举等基本内容，要力求做到完整、准确、清晰。

特别注意会议纪要与会议记录不同：①性质不同。会议纪要是规定性行政公文，而会议记录是记录会议情况和议定事项的事务性文书。②内容的繁简程度不同。会议纪要的内容是对会议记录进行整理提炼而形成的会议内容的要点，重点体现会议的宗旨；而会议记录是对会议情况的原始、详尽的记录，重点体现会议的过程性和具体性。③形式有所不同。会议纪要具有公文的规范格式，而会议记录的形式则比较灵活自由。会议纪要通常采用总分式结构，而会议记录则采用顺时结构。④处置方式和作用不同。会议纪要一般以文件的形式发布或在报刊上公开发表，用来“传达会议情况和议定事项”；而会议记录只作为内部资料，以备今后查询或检查。

5）编写简报。有些重要会议，往往在会议期间要编写会议简报。编写会议简报的基本要求是快、准、简。快，是要求其讲究时效；准，是要求其准确无误；简，则是要求文字精炼。

（3）会议之后

会议结束，如果必要，合影留念（合影留念有时也选择在会初或会议中场休息时）。另外，还应该有专人负责相关事物的跟进，如赠送公司的纪念品，参观公司或厂房等。同时，要做好必要的后续性工作，以便使之有始有终。后续性工作大致包括三项：

1）形成文件。会议要形成文字结果，哪怕没有文字结果，也要形成阶段性的决议，落实到纸面上，这些文件包括会议决议、会议纪要、会议报道、照片等。一般要求尽快形成，会议一结束就要下发或公布。

2）处理材料。根据工作需要与有关保密制度的规定，在会议结束后应对与其有关的一切图文、声像材料进行细致的收集、整理工作。收集、整理会议的材料时，应遵守规定与惯例，应该汇总的材料，一定要认真汇总；应该存档的材料，要一律归档；应该回收的材料，一定要如数收回；应该销毁的材料，则一定要仔细销毁。

3）协助返程。大型会议结束后，其主办单位一般应为外来的与会者提供一切返程的便利。若有必要，应主动为对方联络、提供交通工具，或是替对方订购、确认返程的机票、船票、车票。当团队与会者或与会的特殊人士离开本地时，还可安排专人为其送行，并帮助其托运行李。

4）会议效果调查。每次会议结束后，要对在会议上形成的文件、方案、决定等进行后续调查，以提高会议的效率。

2. 与会者礼仪

参加大、中型会议，参会人员应穿着整洁，提前到达会场，服从会议组织人员的安排，讲究礼节。

坐在主席台上的人应按要求就座，姿态端正，不要交头接耳，不要擅自离席。当听众鼓掌时也要微笑鼓掌。

会议上有发言任务的人，仪态要落落大方，掌握好语速、音量。注意观众反应，当会场中人声渐大时，则标志着发言该压缩内容，尽快结束。发言完毕应向全体与会者表示感谢。

与会者即使对发言人的意见不满，也不可吹口哨、鼓倒掌、喧哗起哄，因为这些行为极其失礼。具体要求如下所述。

（1）严守会纪

出席会议时，每一位参加会议的人员均应严守会议纪律，以“从我做起”来切实端正会风。

1）遵守时间。参加会议时，一定要严格地、自觉地遵守有关会议时间的具体规定：

① 准时到会。不得无故迟到、缺席。

② 正点开会。规定的开会时间一到，即应准点开会。

③ 限时发言。不仅要限定发言人数，还应规定其所用时间的长短。

④ 到点散会。规定的会议结束时间一到，如没有特殊原因，即应宣布散会。

2）维持秩序。在会议举行期间，应自觉地维护会场的正常秩序，确保其顺利进行。

① 各就各位。出席正式会议时，应在指定之处就座。未获许可时，不要自由择座，争座抢座；不得东游西逛，中途退场。

② 保持安静。安静的会场是会议顺利进行的基本条件。除正常的鼓掌发言外，严禁出现任何噪声。最好在开会前，将手机主动关机或调为振动、静音状态；如接到来电，应到不妨碍他人的地方接听。不要在别人发言时说话、随意走动、打哈欠等，这是失礼的行为。

会中尽量不离开会场，如果必须离开，要轻手轻脚，尽量不影响发言者和其他与会者，如果长时间离开或提前退场，应与会议组织者打招呼，说明理由，征得同意后再离开。

③ 遵守规定。对有关禁止录音、录像、拍照、吸烟以及使用移动电话等会议的具体规定，应认真予以遵守。

3）专心听讲。参加会议时，应认真而专注地听取一切发言。

① 一心一意。当他人发言时，不允许心不在焉，更不得公开忙于其他事情。

② 支持他人。当自己听取他人发言时，除适当地进行笔记外，应注视对方，并在必要时以点头、微笑或掌声表达对对方的支持之意。

（2）主持人礼仪

各种会议的主持人，一般由具有一定职位的人来担任，其礼仪表现对会议能否圆满成功有着重要的影响。

1）主持人应衣着整洁、大方庄重、精神饱满，切忌不修边幅、邋里邋遢。会议开始前或会议休息时间可点头、微笑致意。

2）在会议开始，要首先介绍主要参会人员。

3）入席后，如果是站立主持，应双腿并拢，腰背挺直。持稿时，右手持稿的底中部，左手五指并拢自然下垂。双手持稿时，应与胸齐高。坐姿主持时，应身体挺直，双臂前伸。两手轻按于桌沿，主持过程中，切忌出现搔头、揉眼等不雅动作。

4）主持人言谈应口齿清楚，思维敏捷，简明扼要。可以说一些承上启下的话，但不要太长，以免显得喧宾夺主。如果需要，每个人发言结束，主持人可以进行简短总结。同时，主持人要时刻把握会议时间，必要时要提醒发言人注意时间与发言内容。

5）主持人应根据会议性质调节会议气氛，或庄重，或幽默，或沉稳，或活泼。如果遇到参会者不满意某位的报告或观点，或会议进行一半时，发言者因意见不同而造成尴尬的气氛，主持人应该设法打圆场以打破僵局，继续进行会议。此外，主持人也可以先避开这个争议的话题，选择有趣的议题或争议性较低的议题来讨论。

6）在会议进行中，主持人对会场上的熟人不能打招呼，更不能寒暄、闲谈。

（3）发言人礼仪

会议发言有正式发言和自由发言两种，前者一般是领导报告，后者一般是讨论发言。正式发言者，应衣冠整齐，走上主席台应步态自然，刚劲有力，体现一种成竹在胸、自信自强的风度与气质。发言时应口齿清晰，讲究逻辑，简明扼要。

自由发言则较随意，应该注意的是：发言应讲究顺序和秩序，不能争抢发言，在大会上与别人争话筒，只能给人留下较差的印象；发言应简短、观点应明确，与他人有分歧，应以理服人、态度平和；听从主持人的指挥，不能只顾自己。

1）内容。开门见山，无须太啰唆。要让高层主管和全体同仁在有限的时间中专心倾听发言，引起思索，留下深刻印象，首先报告内容必须简短有力，条理井然。啰唆而无头绪的发言不仅让听众失去耐心，甚至会让他们怀疑自己的专业水准。直接有力的开场白、清晰的观点陈述、必要情况下的加以强调，这样的发言会使自己骄人的业绩、优秀的职业素质立刻给听众留下深刻印象。

2）体语。多用自信的手势会使发言效果显著。如果希望自己的讲话内容被接受，必须在心里树立坚强的信念，不妄自菲薄，这样，身体语言就如讲话内容一样让人信服。最基本的礼仪要求是，如果需要走上主席台，应步伐稳健有力、挺胸收腹、眼观前方，切忌东张西望，显得不自信，行走的速度因会议的性质而定。一般来说，对节奏快、气氛热烈的会议步频应较慢。入席后，如果是站立发言，应双腿并拢，腰背挺直；坐姿发言时，应身体挺直，双臂前伸，两手轻按于桌沿；如果是书面发言，要时常抬头扫视一下会场，不能低头读稿，旁若无人。发言完毕，应该对听众的倾听表示谢意。

发言时加上身体语言的辅助，能收到事半功倍的效果。例如，在向人们解释某个问题时，要让一只手自然地放在一边，或采用手心向上的动作，这样显得坦白而真诚。发言中说教式的动作并不能获得信任，只会引起别人的反感，如那些指指点点表示强调的动作，坐在台前交叉握着双手撑出一个高塔形状的动作等。又如，无论讲的主题多么严肃，偶尔的微笑，而不是咧嘴大笑，也会赢得更多的支持。用眼睛不时地环视会场上的每个人，就好像在对某个人发表演说一样。不要回避或鄙视那些诋毁者的眼光，让他们也抬着头看自己，可以显示自信和坦然，甚至可化干戈为玉帛。千万不要摆出双手紧握或双臂交叉胸前的防卫姿势，这些动作只能说明个人比较保守。

3）语调。尽量压低，给人以稳重感。语音语调同样不能忽视。女性一般声线较细，声频偏高，这样的声调显得纤细、敏感、不够持重，所以，在整个发言过程中，尽量采用低沉而有节奏的语调，这样的声音才有说服力。这样的声音训练秘诀很简单，正如靳羽西女士所说“让语调尽量放低，低到不能再低的程度”。

4）回答。如果有会议参加者对发言人提问，应礼貌作答。对不能回答的问题，应机智而礼貌地说明理由。对提问人的批评和意见应认真听取，即使提问者的批评是错误的，也不应失态。

（4）参与讨论礼仪

在开会过程中，如果有讨论，最好不要保持沉默。不可从头到尾沉默到底，这会让人感到自己对工作或对单位漠不关心。

想要发言时应先在心里做好准备，用手或目光向主持人示意或直接提出要求。发言应简明、清楚、有条理，实事求是，不可不懂装懂、胡言乱语。不要只谈些期待性的预测。发言时不可长篇大论、滔滔不绝（原则上以 3 分钟为限）。

打断别人发言是很不礼貌的，在讨论中想反驳别人时也不要急于打断对方，应等待对方讲完再阐述自己的见解，如果对别人讲的事有特别的补充或紧急的事非要打断时，也要说“对不起，我想打断一下！”，以便取得别人的谅解；当别人反驳自己时，要虚心听取，不要急于争辩。

不可对发言者吹毛求疵；不可做人身攻击；不要中途离席；发言人发言结束时，应鼓掌致意。

（5）聆听礼仪

1）座位。应勇于坐前排。入场时应该进出有序，根据会议安排落座。平时部门开会时，许多人通常会选择后排座位，或和同时入公司的同事坐在一起，自信的人会自然主动地坐到

前排。也许自己还没有意识到，在潜意识中也许感到这样才会有安全感。座位的远近在心理学上反映了自信心的大小和地位权力的微妙差距。不论专业知识多过硬，坐在后面就显示出自己没有强烈的进取心，在公司中作用也不重要。所以，要养成会场坐在前排的习惯。

2）体语。小动作不宜太多。开会时坐姿端庄，身体挺直，表现出精神饱满的状态，切忌挠头、抖腿等不雅举止。聆听时要专心致志，与发言人保持目光接触，仔细听清对方所说的话。不要私下小声说话或交头接耳，不要三心二意、东张西望，这些都会影响听讲的效果，也会影响发言人的心情。聆听的过程更是一个积极思考的过程，要边听边想，敏锐把握发言人话语里的深层含意。而只有准确地把握了他人的真实想法后，才能使自己做出正确的判断。发言人发言结束时，应鼓掌致意，中途退场应轻手轻脚，不影响他人。

小思考

外出开会乘飞机基本注意几点？

答：1．提前到达机场，耐心办手续，接受检查。

2．不大声叫喊，配合并尊重乘务员。

3．将行李放在指定的地方，并顾及他人。

4．不要乱动各种开关、设备，保持舱内整洁卫生。

5．主动关闭手机等无线电设备。

6．下飞机前，将垃圾放进座位前的杂物袋内，有序下机，取好行李。

二、会议的排座礼仪

举行正式会议时，通常应事先排定与会者，尤其是其中重要身份者的具体座次。越是重要的会议，其座次排定往往越受到社会各界的关注。对有关会议排座的礼仪规范，工作者不但需要有所了解，而且必须认真遵守。在实际操办会议时，由于会议的具体规模多有不同，因此，其具体的座次排定便存在一定的差异。

礼仪小故事

小何的懊悔

公司年度销售工作总结大会召开在即，小何和业务部门的同事在前一天一起布置会场，最后摆放座签时，部长特意嘱咐小何“左大右小”，小何自以为明白，先将董事长的名签放在主席台的中间位置，然后依次是总经理、副总经理分别列其左右，不过小何摆放时，是面对着主席台摆放的，这样一来左右正好颠倒过来了。

第二天会议按时召开，就座时，总经理也没看主席台上的标签，习惯性地坐到了董事长的左侧，坐下后他发现面前的标签上写的不是自己的名字，总经理自我解嘲地笑着起身和副总经理换位置，似乎并没在意。但坐在台下的小何却浑身不自在，特别是看到部长投来的埋怨眼神，他心里真是懊悔不已。

（资料来源：夏志强．2006．人一生要懂得的100个商务礼仪．北京：中国书店出版社．）

1．小型会议

小型会议，一般指参加者较少、规模不大的会议。其主要特征是全体与会者均应排座，不设立专用的主席台。小型会议的排座，目前主要有以下三种具体形式。

（1）自由择座

自由择座的基本做法，是不安排固定的具体座次，而由全体与会者完全自由地选择座位就座。

（2）面门为尊设座

面门为尊设座一般以面对会议室正门之位为会议主席之座，体现尊重，表现出基本的礼仪修养。其他与会者可在其两侧自左而右地依次就座。如图 4-1 所示，A 为上座，其次依次为 B、C、D。

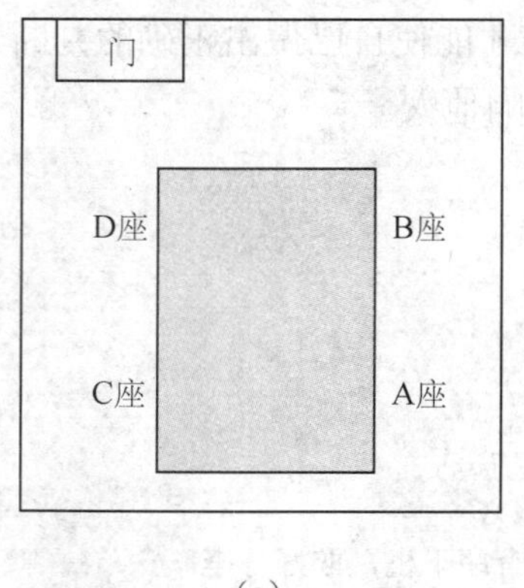

（a）

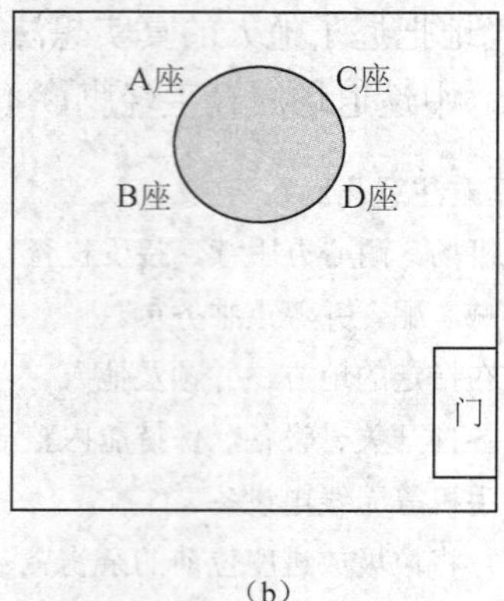

（b）

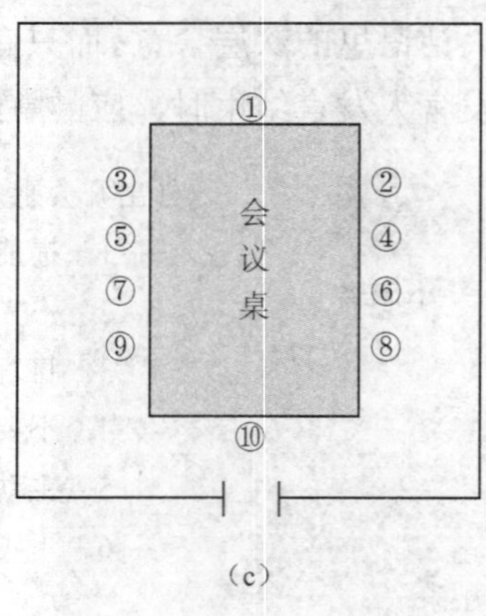

（c）

图 4-1　面门为尊设座

（3）依景设座

所谓依景设座，是指会议主席的具体位置，不必面对会议室正门，而是依托会议室之内的主景所在，如字画、讲台等。其他与会者的排座，则略同于前者。

2. 大型会议

大型会议，一般是指与会者众多、规模较大的会议，如图 4-2 所示。其最大特点是会场上应分设主席台与群众席。前者必须认真排座，后者的座次则可排可不排。

图 4-2　大型会议

（1）主席台排座

大型会场的主席台，一般应面对会场主入口。在主席台每位成员的桌上，均应放置双向的标注有其姓名的桌牌。

主席台排座，又可分为主席团排座、主持人座席、发言者席位等三个不同方面的问题。

1）主席团排座。主席团，在此是指在主席台上正式就座的全体人员。国内目前排定主席团位次的基本规则有三种：前排高于后排，中央高于两侧，左侧高于右侧，如图 4-3 所示。

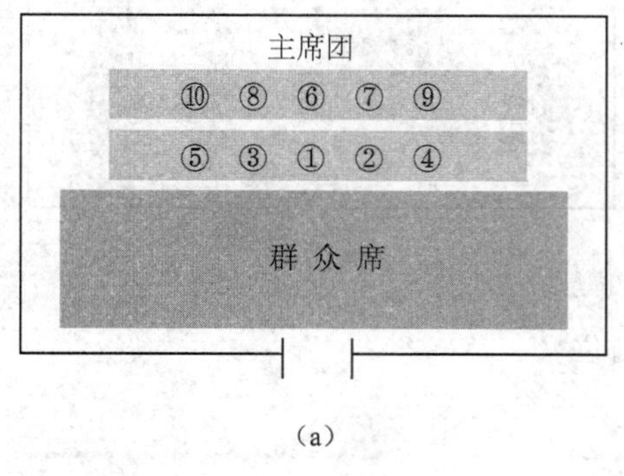

（a）

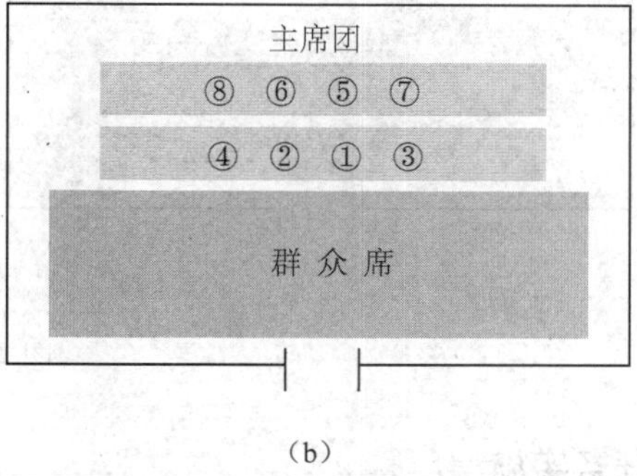

（b）

图 4-3　主席团排座

2）主持人座席。会议主持人，又称大会主席。其具体位置有三种方式可供选择：居于前排正中央；居于前排的两侧；按其具体身份排座，但不宜安排其座席在后面。

3）发言者席位。发言者席位又称发言席。在正式会议上，发言者发言时不宜坐在原处发言。发言席的常规位置有两个：主席团的正前方和主席台的右前方，如图 4-4 所示。

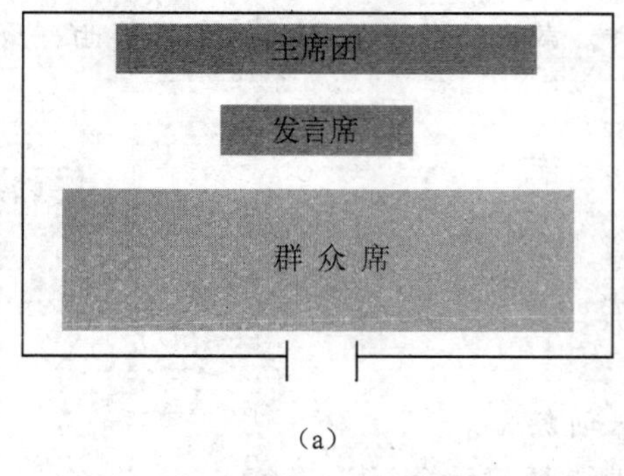

（a）

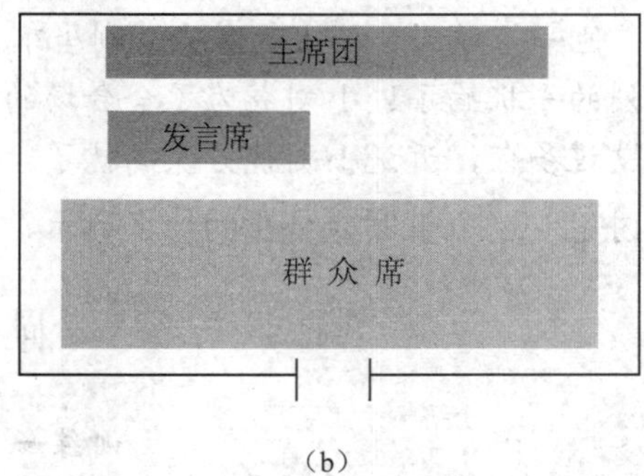

（b）

图 4-4　发言席

（2）群众席排座

在大型会议上，主席台之下的一切座席均称为群众席。群众席的具体排座方式有两种。

1）自由式择座，即不进行统一安排，而由大家各自择位而坐。

2）按单位就座，指与会者在群众席上按单位、部门或者地位、行业就座。其具体依据既可以是与会单位、部门的汉字笔画的多少、汉语拼音字母的前后，也可以是其平时约定俗成序列。按单位就座时，若分为前排后排，一般以前排为高，以后排为低；若分为不同楼层，则楼层越高，排序便越低。

在同一楼层排座时，又有两种普遍通行的方式：以面对主席台为基准，自前往后进行横排；以面对主席台为基准，自左而右进行竖排；如图 4-5 所示。

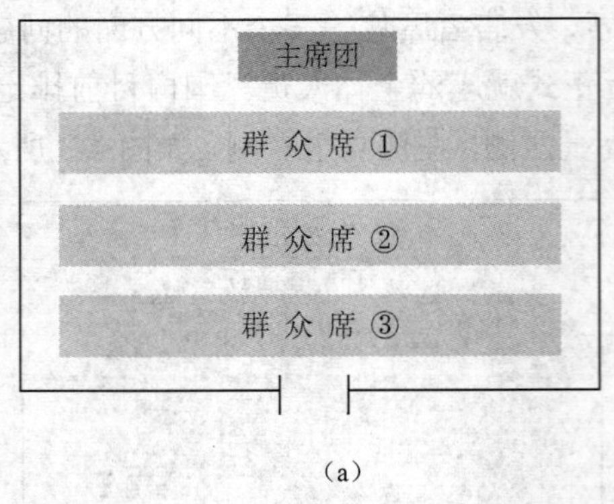

(a)

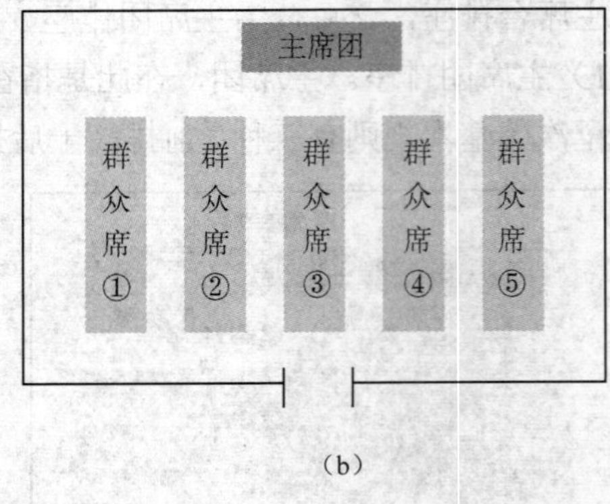

(b)

图 4-5 群众席排位

◆ 任务实施

案 例 讨 论

小刘的公司应邀参加一个研讨会，该次研讨会邀请了很多商界知名人士以及新闻界人士参加。老总特别安排小刘和他一道去参加，同时也让小刘见识见识大场面。小刘早上睡过了头，等他赶到会场，会议已经进行了 20 分钟。他急急忙忙推开了会议室的门，“吱”的一声脆响，他一下成为会场上的焦点。刚坐下不到 5 分钟，肃静的会场上又响起了摇篮曲，原来是小刘的手机响了！小刘成为了全会场的明星……

没过多久，听说小刘就另谋高就了。

讨论：这个事例能给我们什么启示？

同 步 训 练

训练一 会议礼仪训练

以班级为单位，举行一次“学生专业技能与就业专题研讨会”。

1．训练要求

通过训练，掌握公司会议的基本流程，掌握会议的开办者应恪守的礼仪规范，掌握会议参加人员应恪守的礼仪规范。学会合理控制与调节会议节奏与气氛，使会议顺利圆满进行。

2．训练器具

笔具、文件夹、名签、话筒、投影仪、数码照相机、录像机。

3．训练方法

老师示范讲解，学生分组模拟。

4．训练步骤

（1）实训所用器具的准备。

（2）实训进程：

1）确定参会人员、会议时间、地点、会议议程、小组分工。

2）拟发会议邀请函。

3）会议文件材料准备。

4）布置会议室。

5）确定会议主持人。

6）举行会议。引导入座、发言人发言、资料发放、茶水服务、会议记录等。

7）会议资料汇总。

8）将整个会议录像，根据录像老师点评，学生自我评价，小组互相测评。

训练二　座次礼仪训练

1．训练要求

训练会议位次摆放，掌握会务礼仪，提高办会能力。

2．训练器具

提供会议室、桌牌、会议的话筒、记录本、材料等。

3．训练方法

分组模拟。

4．训练步骤

（1）实训所用器具的准备。

（2）实训进程：

1）学生分组，根据参会人员的身份、级别确定位置。

2）学生进行会议位次摆放练习，分成圆桌和长桌不同情况，先在图上标出位次，再在真实环境中摆放。

3）师生共同评分、点评、总结。

◆ 任务评价

1．单项选择题

（1）企业日常的例会最好选择在一天的（　　）召开。

A．6：00~8：00 或 16：00~18：00

B．8：00~11：00 或 14：00~16：00

C．8：00~11：00 或 16：00~18：00

D．6：00~8：00 或 14：00~16：00

（2）开会期间，当自己需要发言时，应该（　　）。

A．打断会议的进程，说出自己的想法

B．把所要说的话写下来，会后交给会议司仪

C．举手示意，征询会议主席的许可后进行

D．先与邻位的与会者共同探讨

（3）当有发言者正在进行发言，而自己对其所述十分迷惑时，应该（　　）。

A．向坐在旁边的与会者询问

B．直接向发言者提出自己的疑问

C．向其他与会者发牢骚，寻求共同的感受

D．把有疑问的地方记录下来，会下了解

（4）小型会议排列的礼仪要求（　　）。

A．讲究面门为上，面对房间正门的位置一半被视为上座

B．讲究右为上，进门方向坐在右侧的人为地位高者

C．讲究居中为上，小型会议通常只考虑主席之位，但同时也强调自由择座

D．小型会议主席不可以坐在前排中央的位置

（5）开会环境对会议成功具有重要意义。关于预定会议场所的相关工作准备不欠妥的是（　　）。

A．茶话会应选择小巧的场合以方便交流信息和感情

B．新闻发布会应选择较大的会场

C．会议室要有充足的通风和照明设备及相关辅助设备

D．会议的位置不要固定，随意坐，这样可以使会议气氛更加融洽

（6）一次会议就像一场演出一样，主持人有责任创造一个富有生气、和谐的会议气氛，在主持会议时应该注意的是（　　）。

A．如有需要应依次或有选择征询与会者意见，尽量让每个人都有发言机会

B．要注意为迟到者重复已经进行的内容，确保与会者都能对会议内容全部了解和掌握

C．无论是什么会议，都不能反复提及时间来提醒人们注意时间限制，那是对会议组织者的不尊重

D．主持人要具备较好的应变能力

2．同步训练评价

项目小组评价表

分数 组别	是否及时完成	质　量	团队表现
第一组			
第二组			
第三组			
⋮			

个人任务评价表

分数 评分依据	个人具体分工		个人表现		
	承担任务的质量	个人记录	教师评分	组长评分	组员互评
成员一					
成员二					
⋮					

任务二　商务洽谈礼仪

导入案例

失败的谈判

义乌袜业生产企业主王某在网上结识一大客户徐某，经过几次联系，徐某决定来王某企业洽谈业务。洽谈那天，王某衣着邋遢，把徐某一行人安排在谈判室背门的位置就坐，洽谈时王某双脚不停抖动。那天，徐某出乎意料地没有向王某下订单，而是说再考虑一下。事后，王某多次和徐某联系均无结果。

这是为什么呢？

◆ 任务要求

具体任务：

1）掌握出席商务洽谈的仪态仪表礼仪。

2）掌握商务洽谈的座次安排。

◆ 任务分析

要完成任务二，就要在老师的指导下做好以下训练。

商务洽谈模拟训练。在此项训练中，主要练习出席商务洽谈时，男士和女士的仪容、服饰、言谈举止；练习商务谈判中谈判桌的摆放及座次安排。

◆ 任务学习

商务洽谈是当事人之间为实现一定的经济目的，明确相互的权利义务关系而进行协商的行为，如图 4-6 所示。其中的礼仪规范是洽谈双方在洽谈过程中营造和谐气氛并显现自身素质的必不可少的要素。

图 4-6　商务洽谈

一、商务洽谈的准备礼仪

洽谈者是否能够从容不迫、有理有据地进行洽谈，主要依赖于洽谈前周密、艰苦的准备工作。洽谈之前的准备工作做得是否充分，对洽谈结果有着直接的影响。

1. 把握洽谈原则

作为商务人员，首先应了解和把握商务谈判的基本原则，力争做到心中有数，应对自如，以下四项是在进行商务洽谈时应该遵循的基本原则：

1）互惠互利原则，即双赢（win-win）原则。

2）平等协商原则，即以平等的态度、协商的方式去妥善处理双方关系。

3）求同存异原则，即共同寻求双方的共识，允许出现一些分歧。

4）依法办事原则，即得到法律的承认和保护。

2. 确定洽谈目标

商务洽谈的目标，对洽谈活动起着导向作用。商务洽谈目标的确定，首先是由公司的决策层提出主导意见，再经各有关部门和专业人员共同确定。在洽谈过程中，洽谈者也可根据实际情况自主掌握具体目标。

3. 选择洽谈人员

首先，根据对方的洽谈阵容，选出公司在洽谈时的主谈人。双方的主谈人应当在职务、身份上大体相当。其次，确定参加洽谈人员的数量，一般人数应不多于 5 人。最后，确定参与洽谈的其他人员，要考虑人员的知识结构、谈判经验、个性、应变能力等因素，组成合适的洽谈班子。

4. 收集相关资料

需要收集的相关资料如下：

1）对方基本情况。例如，对方公司的发展历史、主要产品、市场信誉、产品性能、市场占有率、市场竞争情况、公司规模和管理能力、经营水平和财务状况等。

2）对方主谈人情况。对方主谈人的资历、地位、风格、心理、习惯，以及其个人对我公司的态度，业务往来史等。

3）对手洽谈班子组合情况。对这方面内容，除了了解，还要进行一定的分析，找出薄弱环节，以确定自己的对策。

4）对手的背景材料。对手所在地的历史传统、民俗、商业习惯、文化背景、宗教禁忌等。

5. 妥善安排环节

（1）确定洽谈的时间和地点

原则上是双方协商确定洽谈的时间和地点。如果对方有变动要求，在可能情况下应予以考虑。商务洽谈根据举行的地点可分为客座洽谈、主座洽谈、客主座轮流洽谈、第三地点洽谈等几种。客座洽谈是指在洽谈对手所在地进行的洽谈；主座洽谈，是指在我方所在地进行的洽谈；第三地点洽谈，是指在不属于洽谈双方任何一方的地点所进行的洽谈。以上四种洽谈会地点的确定，应通过各方协商而定。担任东道主的一方出面安排洽谈，要在各方面注意做好礼仪工作。在洽谈的台前幕后，恰如其分地运用礼仪迎送、款待、照顾对方，就可以赢得信赖，有利于洽谈的顺利进行。

（2）座次的安排

举行双边洽谈时，应使用长桌或椭圆形桌子，宾主应分别在桌子两侧。若桌子横放，则面对门的一方为上座，留给客方坐；背对门的一方为下座，由主方坐。若桌子竖放，则应以进门的方向为准，右侧为上，留给客方坐；左侧为下，由主方坐。在进行洽谈时，各方的主谈人员应在自己一方居中而坐，其他人员则应遵循右高左低的原则，依照职务的高低自近而远按次序分别在主谈人的两侧就座。假如需要翻译人员，则应安排其就座于仅次于主谈人的位置，即主谈人的右侧，如图 4-7 所示。

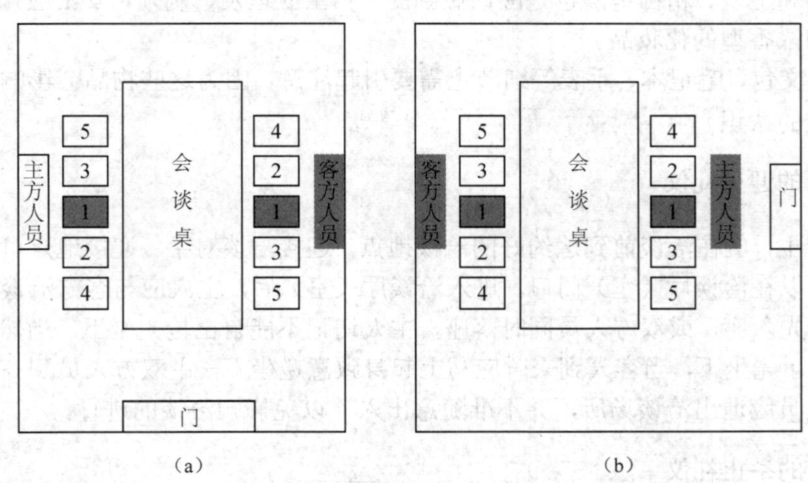

图 4-7　双边洽谈座次安排

举行多边洽谈时，按照国际惯例，一般以圆桌为洽谈桌，即所谓的圆桌礼仪，这样可以淡化尊卑界限。

无论何种洽谈，有关各方与会人员都应尽量同时入场，同时就座。注意主方人员不应该在客方人员之前就座。

（3）注意细节

商务洽谈的会场要布置得雅典、大方，可以适当地用绿色植物装饰，以减轻谈判者的精神压力。对于往来于谈判地点和休息地点的交通工具以及联络用的通信工具等一定要事先准备落实，给对方留下高效、精干的印象。

（4）会外活动的安排

对于大型谈判来说，作为东道主，可以利用暂时休会或稍事休息，组织双方人员去游览观光或进行娱乐活动，有时遇到谈判僵局，在“闲暇”中商谈会取得意想不到的效果。

二、商务洽谈的仪表礼仪

出席正式的商务洽谈活动，首先要重视的准备工作之一就是仪表，因为良好的仪表往往能给人带来良好的第一印象，为成功洽谈打下良好的基础。

商务洽谈因为关系到公司发展全局，所以在这种场合理应穿着传统、简约、高雅、规范的正规服装。一般来说，男士应穿深色西装、白衬衫，打领带，配深色袜子和黑色系带皮鞋，忌穿夹克衫、牛仔裤、短袖衬衫、T恤衫，或配旅游鞋、凉鞋。女士则须穿深色西装套裙和白衬衫，配肉色长筒或连裤式丝袜和黑色高跟或半高跟皮鞋，忌穿紧身装、透视装、低胸装、露背装、超短装，切忌浑身上下戴满各式首饰。如果穿着不正式，会让人感觉既不尊重自己，也不尊重别人，不重视洽谈。

谈判时还要注意穿着应与年龄、体形、职业和所处国家、地区、谈判场所、谈判议题等相适宜。例如，如果去日本或韩国谈判时，最好穿得老成一点，因为这两个国家认为年轻人没有经验和地位。

仪表整洁和卫生、精神饱满也是应该做到的。男士应理发、剃须，女士应化淡妆，不可化浓妆或使用浓香型的化妆品。

此外，公文包、笔记本、手表等细节也需要引起注意，因为这些物品会影响对手对自己的风格和品位的认识。

三、商务洽谈的迎见礼仪

作为东道主，应在洽谈前到达约好的洽谈地点，迎接洽谈对手。迎接地点可以选择在大楼门口，也可以在洽谈厅（室）门口。进入洽谈厅（室）后，主人应与客方洽谈代表一一握手，请客人首先入座，或双方人员同时落座，主人切记不能自己抢先坐下。当然，如果是等待客人已久，事先坐下，当客人到来时应马上起身致意邀坐。宾主双方人员到齐并均已入座后，非谈判人员应退出洽谈场所，并不准随意出入，以免影响洽谈的进行。

四、商务洽谈的举止礼仪

洽谈是一种严肃的商务活动，所以出席商务洽谈的有关人员的行为举止要更加注意。

1. 自我介绍要得体

自我介绍既不可傲慢无礼，也不必过于拘泥，要考虑大家是同行或相关人员，是平等关系，应以轻松自然的方式落落大方地说明自己的姓名、单位及身份。另一方面，如果需要了解对方的有关情况，在询问时要注意使用礼貌语，如“请问”、“请教尊姓大名”之类。

2. 体态、动作要规范。

谈判者的体态、动作也对谈判氛围起着很大作用。经验表明，谈判人员在谈判开始后应该一直注视着对方双眼与前额之间的三角部位，这会使对方感到自己是认真严肃、充满诚意的。如果能在谈判中始终如一地保持这种凝视，就能把握谈话的主动权和控制权。谈判人员的手势和脚的动作也往往会传达出无声的信息，影响谈话氛围。在握手时，如果手心朝下，

就会使对方感到自己是想支配他，从而心生戒备；如果手心朝上，对方则会感到自己可以被他支配。经验还表明：在谈判过程中，假如能够在讲话时夹带一些适当的手势，往往会增加谈话的感染力；但如果手势过多，如双手乱动甚至成手舞足蹈状，则会使对方心生反感，认为太过轻浮无礼。谈判人员的脚的动作则往往能够反映其心理状态。一般来讲，人在平静时脚尖是静止的、着地的，而紧张时则会自然抬高。在谈判的过程中注意观察对方的脚，便可以判断其紧张与否。

研究发现，部分举止动作所反映的心理状态如下，供大家参考。

1）双手放在桌上，挺腰近台面坐，表示洽谈的态度积极。

2）一只手撑着头，另一只手摆弄着笔、本子、钥匙等小东西，表明对讲话不感兴趣，精力不集中。

3）站立时双脚并拢，双手自然前合，目光友善，面带微笑，是谦恭、礼貌、诚意表现。

4）稍息式的站姿，双手垂直或放在背后，眼光散视，不随话题的变化而变化，表明洽谈者倦怠分神。

5）洽谈者谈话时所做手势掌心向上，表示谦恭、诚实，愿意合作；掌心向下，则有控制、压抑、强制感。

6）十指端相触撑起呈塔尖状，并伴以身体后仰，有高傲的倾向。

7）洽谈者双臂紧紧交叉与胸前，心理状态是防御和敌意。

五、商务洽谈的谈吐礼仪

商务洽谈必然离不开“谈”。洽谈人员的谈吐要轻松自如、谦虚有礼、掌握分寸，不可夸夸其谈、傲慢无礼，也不要拘谨慌张。在谈判中注意谈吐的礼仪，会使洽谈内容更富人情味，更易为对方理解和接受，为洽谈成功打下良好的基础。

洽谈时在语言上主要注意以下几方面。

1. 开场前的寒暄

在尚未正式进入谈判内容时，相互之间的寒暄要注意所谈的话题、范围等。一般应选择容易引起双方共鸣又和正题无关的中性话题来谈，如旅途经历、季节气候、近期较流行的文艺节目或体育活动、个人爱好与兴趣、以前相互合作的情形等。这一类的谈话往往可以起到沟通情感、创造良好谈判气氛的作用。但开头的寒暄不宜过长，以免冲淡洽谈气氛。

礼仪小故事

象棋与谈判

我国某进出口公司与泰国一家公司洽谈钢板网生意。谈判一开始就不顺利，双方提出的交易条件相差很大，我方便有了想放弃的念头，某日我方经理上街购物无意间发现泰方经理在街头的象棋摊边，很有兴趣地看着。第二天我方经理带着精美的象棋来到了泰方经理下榻的宾馆，我方经理说道：“下一盘棋怎么样？”泰方经理十分高兴，下完几盘之后意犹未尽，我方经理又和对方畅谈事业、成就、家事、亲情，泰方经理对我方经理大为赞赏，并表示能和我方经理交朋友就是少赚点都值得，两天后双方签署了协议。

（资料来源：姜利军．1998．商务谈判．北京：中国物资出版社．）

2. 谈话距离

在洽谈中，谈话者应保持相对固定的距离，站着距离为 0.5～1.0 米，坐着以桌宽为准。双方各自在陈述观点和态度时，位置基本不变。

如果双方有争执，则易靠近对方，以迫使其发表己见；双方意见无法趋同时，又容易有意拉大双方的空间距离，以表达不满情绪。这两种情形都是富有经验的洽谈者应避免的情况。

3. 谈话语气

在洽谈中，准确把握语气，既是促成洽谈的需要，也是洽谈中应遵循的礼仪。用审问式的威胁性语言和对方讲话，往往会激起对方的逆反心理，不利于洽谈目的的达成。最好是采用询问性语气，让人觉得凡事都是在商量，而不是谁命令谁。

4. 谈话的语速节奏

洽谈中说话的速度要适中而平稳。过快，对方听不清、记不住、弄不懂，且给人以急躁的感觉；过慢，则让人觉得吞吞吐吐、欲言又止，缺乏干练果断的作风，进而对其工作能力产生怀疑。控制语气的原则就是快而不失节奏、慢而不失流畅，并适时观察对方的反应加以调整。

5. 谈话声调

从谈话者声调可以看出感情或情绪变化。一般来讲，升调表示惊讶与不满，降调表示遗憾与懊丧，平调显示信心和力量。声调波动也可反应谈判者的思想和感情。在阐述立场时，尽量控制声调，避免过于尖厉、高亢、粗鲁、刺耳的音色。声调中要表现出自己坚定的信心。

6. 谈话态度

选择洽谈中的寒暄用语、开场用语、结束用语时，都应注意谈吐的礼貌文明，既充满自信又不显得自傲，既热情友好又不卑不亢，既据实争辩又适度退让，以达到双赢的最佳结果。

在商务洽谈过程中，除要坚持洽谈原则和掌握洽谈技巧外，最应注意的就是洽谈礼仪的运用。良好的礼仪风貌，不但有利于实现公司的预期目标，而且可给对方留下难忘的良好印象，利于双方的长久合作。

生活小贴士

不同国家的人们由于文化与地域的差异，其谈判风格也迥然不同。

美国人的谈判风格：自信心强，自我感觉良好；讲究实际，注重利益；热情坦率，性格外向；注重时间效率。

日本人的谈判风格：具有强烈的群体意识，集体决策；认为信任是合作成功的重要媒介；讲究礼仪，要面子。

法国人的谈判风格：喜欢建立个人之间的友谊，并且影响生意；具有每个人都共知的特点，就是坚持在谈判中使用法语；法国人偏爱横向谈判；法国人大都重视个人的力量；很少有集体决策的情况；法国人严格区分工作时间与休息时间，习惯在各种社交场合，而不是在家里宴请朋友。

英国人的谈判风格：英国人不轻易与对方建立个人关系；对谈判本身不如日本人、美国人那样看重；英国商人有一个共同特征，就是不一定能保证合同的按期履行，不能按时交货；英国人在谈判中缺乏灵活性。

德国人的谈判风格：德国人购买其他国家的产品，往往把本国产品作为选择标准；德国人享有名副其实的高效率的声誉；在谈判之前的准备比较充分；重合同、守信用。

意大利人的谈判风格：意大利人对时间不是特别看重，约会、赴宴经常迟到而且习以为常；崇尚时髦，不论是商人还是旅行家，都是衣冠楚楚、潇洒自如；意大利人比德国人少一份刻板，比英国人多一份热情，但决策过程也比较缓慢；有节约的习惯。

北欧人的谈判风格：十分讲究文明礼貌，也十分尊重具有较高修养的商人；对自己产品的质量非常看重；在谈判中十分沉着冷静；喜欢桑拿浴。

阿拉伯人的谈判风格：阿拉伯人十分好客，任何人来访，他们都会十分热情地接待；不太讲究时间观念，随意中断或拖延谈判，决策过程也较长；不喜欢同人面对面地争吵，也不喜欢刚刚同人一见面就匆忙谈生意；与阿拉伯人做生意，寻找当地代理商也是十分必要的。

拉美人的谈判风格：与拉美人做生意，要表现出对他们风俗习惯、信仰的尊重与理解，努力争取他们对你的信任；避免在谈判中涉及政治问题；进出口和外汇管制在合同条款中也要写清楚，以免发生事后纠纷。

俄罗斯人的谈判风格：固守传统，缺乏灵活性；对技术细节感兴趣；善于在价格上讨价还价。

韩国人的谈判风格：自尊心强讲人际关系；重咨询；重气氛；商务谈判需要耐心；重技巧。

◆ 任务实施

案 例 讨 论

案例 1　某公司与阿拉伯某公司谈判出口纺织品的合同。中方给阿方提供了报价条件，阿方说有待研究，约定次日 9 点到某饭店咖啡厅会见，第二天中方到了指定饭店，等到 10 点还未见到阿方人影，咖啡喝了好几杯。一直等到 10:30，阿方人员才姗姗来迟，一见到中方人员就高兴地握手致敬，但未讲一句道歉的话。

在咖啡厅谈了一个小时，没有结果。阿方沉思了一下，提出下午 3 点到他家谈。

下午 3 点中方人员准时到了他家，并带了几件高档丝绸衣料做礼物送给他妻子。阿方代表说："我邀你们到家里来，是把你们当做朋友，希望我们谈判顺利。"然后开始谈判，这期间，不停有人进进出出打断阿方代表的谈判，但是阿方代表一点不在乎。

讨论：

1）如何看中方人员对对方迟到的处理？

2）为什么对方未就迟到的事道歉？

3）在下午谈判过程中不停有人打断，中方要怎样做才符合规范？

案例 2　日本的钢铁和煤炭资源短缺，而澳大利亚盛产铁和煤，按理说，日本人的谈判地位低，澳大利亚一方在谈判桌上占据主动。可是，日本人却把澳大利亚的谈判者请到日本谈生意。到了日本，日本人非常谨慎，讲究礼仪，让澳大利亚的谈判者很满意，因而日本方面和澳大利亚方面在谈判中的相对地位就发生了显著的变化，澳大利亚人过惯了富裕的舒畅生活，他们的谈判代表到了日本之后不过几天，就急于想回去，所以在谈判桌上常常表现出急躁的情绪。但是日本谈判代表却不慌不忙地讨价还价，掌握了谈判中的主动权，结果日本方面仅仅花费了少量款待做“诱饵”就钓到了“大鱼”，取得了大量一般难以取得的材料。

讨论：请问日本方面取得大的谈判成果的原因是什么？

同步训练

商务洽谈训练

某进出口贸易公司与某服装生产企业进行有关服装出口的业务洽谈，双方的谈判准备在贸易公司的会议室召开。主客双方主要参与谈判的人员各8人，主方贸易公司要为此次谈判做一个周密的安排。

1．训练要求

训练商务会谈的会场布置，提高商务会谈的礼仪工作能力。

2．训练器具

商务谈判室，录像机。

3．训练方法

分组情景模拟。

4．训练步骤

（1）实训所用器具的准备。

（2）实训进程：

1）全班同学分成以15～20人为单位的小组。

2）每一位同学都要作简短演讲，说明出席谈判场合应该注意的礼仪规范。

3）小组成员通过情景模拟，进行角色扮演安排座次。

4）观看的学生进行评分，教师点评、总结。

◆ 任务评价

1．单项选择题

（1）商务谈判的具体准备工作上，有许多细节需要注意。下面不符商务谈判礼仪的是（　　）。

A．谈判小组人员数量可以不限定，一般情况下以人员愈多愈好

B．要注意小组人员的知识、能力、性格等素质的合理配置

C．参加谈判的人员必须熟知双方的情况，这样才能做到知己知彼

D．谈判时要讲究语言艺术

（2）双边谈判时，如果签字桌横放，面对正门的一方为（　　）。

A．主方　　　　B．客方

C．主方和客方都可以　　D．双方一起

（3）商务谈判礼仪的基本原则是（　　）。

A．知己知彼原则　　B．利益第一原则

C．平等协商原则　　D．求同存异原则

2．同步训练评价

项目小组评价表

分数 / 组别	是否及时完成	质　量	团队表现
第一组			
第二组			
第三组			
……			

个人任务评价表

分数 / 评分依据	个人具体分工		个人表现		
	承担任务的质量	个人记录	教师评分	组长评分	组员互评
成员一					
成员二					
……					

任务三　特定商务活动礼仪

导入案例

主持人的语言

某公司举行新模块开工剪彩仪式，请来了张市长和当地各界名流嘉宾参加，请他们坐在主席台上。仪式开始时，主持人宣布："请张市长下台剪彩！"却见张市长端坐没动；主持人很奇怪，重复了一遍："请张市长下台剪彩！"张市长还是端坐没动，脸上还露出一丝恼怒。主持人又宣布了一遍："请张市长剪彩！"张市长才很不情愿地勉强起来去剪彩。本案例对你有什么启发？

（资料来源：陆纯梅，范丽莎．2008．现代礼仪实训教程．北京：清华大学出版社．）

◆ 任务要求

具体任务：

1）掌握签字仪式的礼仪规范和基本程序。

2）掌握开业庆典的筹备工作。

3）掌握开业庆典的礼仪规范和基本程序。

4）掌握剪彩仪式的礼仪规范和基本程序。

5）掌握展览会的礼仪规范和基本议程。

◆ 任务分析

要完成任务三，就要在老师的指导下做好以下几项训练。

1）签字仪式模拟训练。在此项训练中，主要练习签字文本的准备、签字厅的布置、签字厅的座次安排、签字仪式流程。

2）开业庆典模拟训练。在此项训练中，主要练习如何选择传播媒介，约请方式；练习布置庆典场地，设计开业庆典的流程；练习开业庆典的礼仪规范。

3）剪彩仪式模拟训练。在此项训练中，主要练习如何选定剪彩者；练习剪彩者及助剪者的礼仪；练习剪彩时的位次排定。

4）展览会模拟训练。在此项训练中，主要练习如何准备展览会，练习展览会中参展方人员和主办方人员的礼仪。

◆ 任务学习

商务组织（如公司、企业）经常举办各种商务活动，通过这种公关活动来树立良好的组织形象，获得经济效益和社会效益，为自身的生存与发展创造条件。大型和重要的商务活动主要有各类庆典、仪式等，因为其是作为企业对外宣传、展示的重要舞台，所以商务人员在筹备或参加此类活动时，一定要注意遵守有关的商务礼仪。

一、签字仪式礼仪

签字是指合同（协议）的签署，如图 4-8 所示。它在商务交往中被视为一项标志着有关各方的相互关系取得了更大进展，以及为消除彼此之间的误会或抵触而达成一致性见解的重大成果。在具体签署合同时，应讲究礼仪，严格地依照规范完成一系列程式化的活动。

图 4-8　签字仪式

1. 签字的准备工作

（1）布置签字厅

举行签字仪式的场地，一般视参加签字仪式的人员规格、人数以及协议中的商务内容重要程度来确定。多数是选择在客人所住的宾馆、饭店或主办方的会客厅、洽谈室。布置签字厅的总体要求是庄重、整洁、清静。室内应铺满地毯，正规的签字桌应为长桌，其上最好铺设深绿色的台呢布。签字桌应横放于室内，在其后可摆放适量的座椅。签署双边性合同时，可放置两张座椅，供签字人就座。签署多边性合同时，可以仅放一张座椅，供各方签字轮流就座，也可以为每位签字人提供座椅。签字人就座时，一般应面对正门。

（2）准备好签字用品

在签字桌上应事先安放好待签的合同文本以及签字笔、吸墨器等签字时所用文具。与外商签署涉外商务合同时，还需要在签字桌上插放有关各方的国旗。插放国旗时，在其位置与顺序上，必须按照礼宾序列。例如，签署双边性涉外商务合同时，有关各方的国旗需插放在该方签字人坐椅一侧的正前方。

有时在签字仪式结束后，各方举行小型酒会，举杯共庆会谈成功。工作人员应事先准备好香槟酒、酒杯等。

2. 签字时的座次安排

（1）签署双边性合同

签署双边性合同时，应请客方签字人在签字桌右侧就座，主方签字人则应同时就座于签字桌左侧。双方各自的助签人应分别站立于己方签字人的外侧，以便随时对签字人提供帮助。双方其他随员，可以按照一定顺序在己方签字人的正面就座，也可依照职位的高低依次自左至右（客方）或是自右至左（主方）列成一行，站立于己方签字人的身后。当一行站立不完时，可按照以上顺序并遵照“前高后低”的惯例，排成两行、三行或四行。原则上双方随员人数应大体相当。通常有以下几种设置和排位方式，分别如图 4-9、图 4-10 和图 4-11 所示。

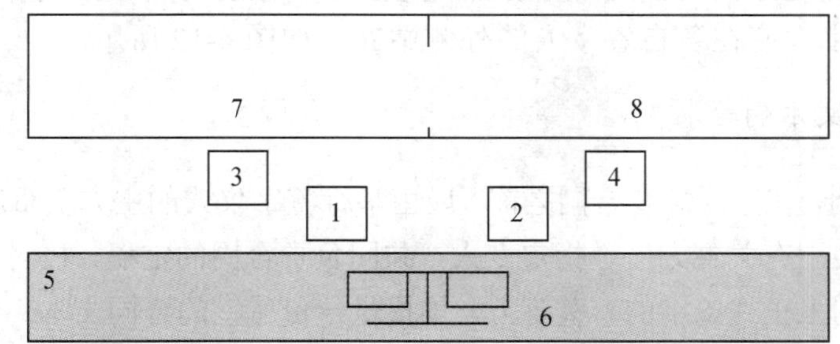

1．客方签字人　2．主方签字人　3．客方助签人　4．主方助签人
5．签字桌　6．双方国旗　7．客方参加签字仪式人员　8．主方参加签字仪式人员

图 4-9　双边性合同签字桌排位（一）

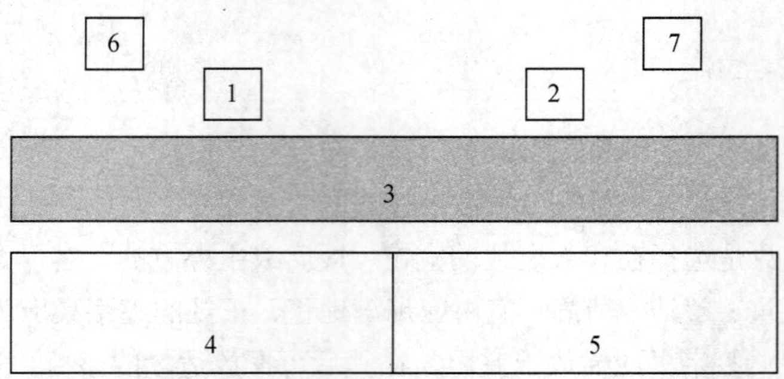

1. 客方签字人 2. 主方签字人 3. 签字桌 4. 客方参加签字仪式人员
5. 主方参加签字仪式人员 6. 客方国旗 7. 主方国旗

图 4-10 双边性合同签字桌排位（二）

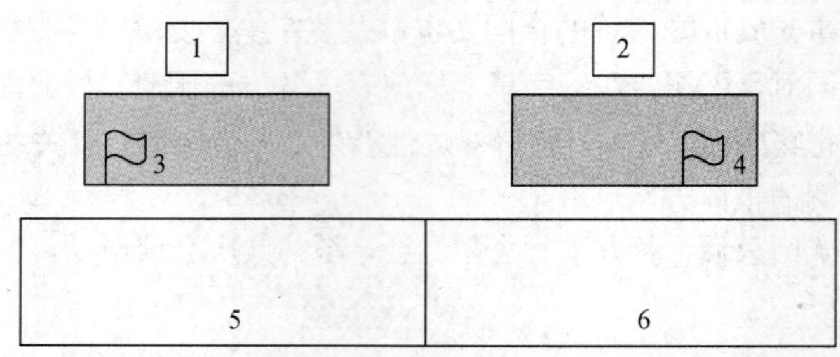

1. 客方签字人 2. 主方签字人 3. 客方国旗 4. 主方国旗
5. 客方参加签字仪式人员 6. 主方参加签字仪式人员

图 4-11 双边性合同签字桌排位（三）

（2）签署多边性合同

签署多边性合同时，一般仅设一把签字椅，当然也可设置多把签字椅，需要根据实际情况而定。各方签字人签字时须依照有关各方事先同意的先后顺序依次上前（按照国际惯例，签字人员座次按国家英文名称当头字母顺序排列，排列最前的国家居中），助签人应随之一起行动。在助签时，依“右高左低”的规矩，助签人应站立于签字人的左侧。有关各方的随员，应按照一定的序列，面对签字桌就座或站立，如果设多把签字椅，多方签字人可一同签字，助签字人应在各自签字人的外侧站立，如图 4-12 所示。

3. 待签合同文本的要求

依照商界惯例，在正式签署合同之前，应由举行签字仪式的主方负责准备待签合同的正式文本。主方应会同有关各方一道指定专人，共同负责合同的定稿、校对、印刷与装订。按常规，应为在合同上正式签字的有关各方，均提供一份待签的合同文本。必要时，可以向各方提供一份副本。

签署涉外商务合同时，按照国际惯例，待签的合同文本应同时使用有关各方法定的官方语言。此外，也可同时并用有关各方法定的官方语言。

待签的合同文本应以精美的白纸印刷而成，按大八开的规格装订成册，并以高档质料（如真皮、金属、软木等）做封面。

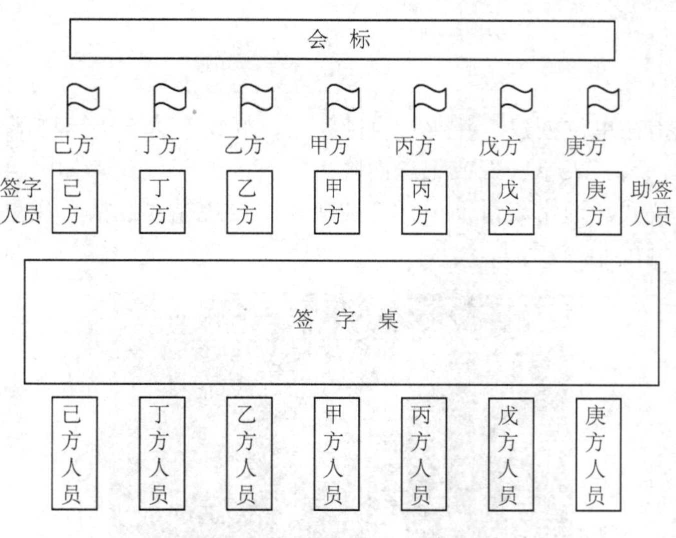

图 4-12　多边性合同签字桌排位

4. 签约的正式程序

签字仪式的正式程序可以分为以下四个阶段。

1）签字仪式正式开始阶段。有关各主要人员进入签字厅，在既定的位次上就位。

2）签字人正式签署合同文本阶段。签署阶段是签署合同的高潮阶段，其时间不长，但程序规范、庄重而热烈。通常的做法是，首先签署己方保存的合同文本，接着再签署他方保存的合同文本，即签字人按“轮换制”正式签署合同文本。

在商务活动中，每个签字人在签署己方保留的合同文本上签字时，按惯例应当己方名列首，因此，每个签字人均应首先签署己方保存的合同文本，然后再交由他方签字人签字。这一做法，在礼仪上被称为“轮换制”。其含义是在位次排列上，轮流使有关各方均有机会居于首位一次，以显示机会均等，各方平等。因此，在签署合同阶段应严格遵守此项礼仪。

3）签字人正式交换已经有关各方正式签署的合同文本。此时，各方签字人应热烈握手，互致祝贺，并相互交换各自一方刚才使用过的签字笔，以示纪念（国内现在没有此项）。全场人员应鼓掌表示祝贺。

4）共饮香槟互相道贺。交换已签的合同文本后，有关人员尤其是签字人当场敬一杯香槟酒，是国际上通行的用以增添喜庆色彩的做法（国内常用红葡萄酒）。

在一般情况下，商务合同在正式签署后，应提交有关方面进行公证才能正式生效。有的签字仪式邀请公证的相关工作人员到现场进行公证，以显示正式并提高商务活动的效率。

5）合影留念。有的签字仪式允许可以从头至尾拍照而不受限制，但有的只允许拍摄其中某一场面。不论哪种要求，在会见外宾时如安排中外双方人员合影留念，一般应请双方人员列成一行，客方人员按其身份自左至右居于右侧，主方人员按其身份自右而左居于左侧。若一行站不开时，则可参照“前高后低”的规则，排成两行或三行。

6）有秩序退场。接着请双方最高领导者及客方先退场，然后东道主再退场。整个签字仪式以半小时为宜。

二、开业庆典礼仪

开业典礼，是指在单位创建、开业、项目完工、落成、某一建筑物正式启用，或是某项工程正式开始之际，为了表示庆贺或纪念而隆重举行的专门仪式，如图 4-13 所示。有时，开业典礼又称开业仪式。通常来讲，举行开业典礼，要遵循“热情、隆重、节俭”的原则，并遵守相关的礼仪规范。

图 4-13　开业典礼

1. 开业典礼的准备工作

（1）宣传工作

选择有效的大众传播媒介，开展集中性的广告宣传。企业可在报纸、电台、电视台广泛发布广告或在告示栏中张贴开业告示，其内容多为开业仪式举行的日期及地点、开业之际对顾客的优惠、开业单位的经营范围及特色等，以引起公众的注意。开业广告发布时间一般在开业的前三天左右。

（2）做好来宾约请工作

来宾的身份高低与数量多少往往影响开业仪式的大小。在力所能及的条件下，要力争多邀请一些来宾参加开业仪式。上级主管部门、地方领导与地方职能管理部门的领导、合作单位与同行单位的领导、社会团体的负责人、社会名流、新闻界人士，都是邀请时应予以优先考虑的对象。其中新闻界人士是邀请的重要对象。

（3）发放请柬

出席开业典礼的人员一旦确定，应该提前一周发出请柬，便于被邀请者及早安排和准备。请柬的印制要精美，内容要完整，文字要简洁，措辞要热情。被邀请者的姓名要正确无误，书写要整齐，不能潦草马虎。一般的请柬可派人送达，也可通过邮局邮寄。给有名望的人士或主要领导的请柬应该派专门的人送达，以表示诚恳和尊重。

（4）做好场地布置工作

开业仪式多在开业现场举行，其场地可以是正门之外的广场，也可以是正门之内的大厅。按照惯例，举行开业仪式时宾主一律站立，故一般不布置主席台或坐椅。为显示隆重与敬客，可在来宾尤其是贵宾站立之处铺设红色地毯，并在场地四周悬挂横幅、标语、气球、彩带、宫灯等。

此外，还应在醒目处摆放来宾赠送的花篮、牌匾。来宾的签到簿、本单位的宣传材料、待客的饮料，以及剪彩时的彩带、剪刀、托盘等，这些均须提前准备好。对于音响、照明设备以及开业仪式举行之时所需使用的用具、设备，必须事先认真进行检查、调试，以防在使用时出现差错。

（5）做好接待服务工作

一定要有专人在开业仪式的现场负责来宾的接待服务工作。除要求本单位全体人员在来宾面前人人都要以主人翁的身份热情接待、有求必应、主动相助之外，更重要的是分工负责，各尽其职。在接待贵宾时，须由本单位主要负责人亲自出面；在接待其他来宾时，则可由本单位礼仪人员负责。若来宾较多，须为来宾准备好专用的停车场、休息室等。

（6）准备礼品

举行开业仪式时赠予来宾礼品，也是公共关系的手段之一。根据常规，向来宾赠送的礼品，应具有如下三大特征：①宣传性，可选用本单位的产品，在礼品及包装上印有本单位的企业标志、广告用语、产品图案、开业日期等；②荣誉性，要使之具有一定的纪念意义，并使拥有者对其珍惜、重视，并为之感到光荣和自豪；③独特性，礼品应当与众不同，具有本单位的鲜明特色，使人一目了然，令人过目不忘。

2. 开业典礼的程序

开业典礼的程序如下：

1）迎宾。接待人员在会场门口接待来宾，请来宾签到后，引导来宾就位。

2）典礼开始。主办方宣布开业典礼正式开始，全体起立，奏乐，宣读重要嘉宾名单。

礼仪小故事

某企业在新商场布置完毕，定于周日举行开业仪式，开业仪式的组织者派发了请柬，来宾到了现场，根据名签找到了自己的座位就座。大会仪式开始了，主持人宣布开业庆典开始，奏国歌，然后企业领导致词，开业仪式结束了。也没有对重要的嘉宾作介绍，连主席台上的嘉宾也未作介绍。开业仪式一结束，嘉宾们都很不高兴地离开，有的边走边议论："这是什么开业，连开业的规矩都不懂。"

（资料来源：杜明汉．2010．商务礼仪．北京：高等教育出版社．）

3）致贺词。由上级领导和来宾代表致祝贺词，主要表达对开业单位的祝贺，并寄予厚望。贺词由谁来讲事先要定好，以免当众推来推去。对外来的贺电、贺信等不必一一宣读，但署名的单位或个人应予以公布。

4）致答词。有本单位负责人致答词，其主要内容是向来宾及祝贺单位表示感谢，并简要介绍举办单位的经营目标等。

5）揭幕。揭幕就是由单位负责人和一位上级领导或是贺宾代表揭去盖在牌匾上的红布，宣告企业的正式成立。参加典礼的全体人员此时鼓掌祝贺，在非限制燃放鞭炮的地区还可以燃放鞭炮表示庆贺。

6）参观。如有必要和可能，可引导来宾参观，介绍本单位的主要设施、特色商品及经营策略等。

7）迎接首批顾客。迎接首批顾客可采取让利销售或赠送纪念品的方式，也可以邀请一些有代表性的消费者参加座谈会，虚心听取消费者的意见，拉近与消费者的距离。

礼仪小故事

1998年8月8日，是北方某市新建云海大酒店隆重开业的日子。

这一天，酒店上空彩球高悬，四周彩旗飘扬，身着鲜艳旗袍的礼仪小姐站立在店门两侧，她们的身后是摆放整齐的鲜花、花篮，所有员工服饰一新，面目清洁，精神焕发，整个酒店沉浸在喜庆的气氛中。

开业典礼在店前广场举行。上午11时许，应邀前来参加庆典的有关领导、各界友人、新闻记者陆续到齐。正在举行剪彩之际，天空突然下起了倾盆大雨，典礼只好移至厅内，一时间，大厅内聚满了参加庆典人员和避雨的行人。典礼仪式在音乐和雨声中隆重举行，整个厅内灯光齐亮，使得庆典别具一番特色。

典礼完毕，雨仍在下着，厅内避雨的行人，短时间内根本无法离去，许多人焦急地盯着厅外。于是，酒店经理当众宣布："今天能聚集到我们酒店的都是我们的嘉宾，这是天意，希望大家能同敝店共享今天的喜庆，我代表酒店真诚邀请诸位到餐厅共进午餐，当然一切全部免费。"霎时间，大厅内响起雷鸣般的掌声。虽然，酒店开业额外花了一笔午餐费，但酒店的名字在新闻媒体及众多顾客的渲染下却迅速传播开来，接下来酒店的生意格外红火。

（资料来源：杨眉．2000．现代商务礼仪．大连：东北财经大学出版社．）

3. 参加开业典礼的仪式

（1）企业方礼仪

所有出席开业典礼的企业方员工，事前都要做适当的修饰，做到仪容整洁。女士要适当化妆，男士应梳好头发、剃掉胡须，展现本企业员工良好的精神风貌，企业方员工应做到以下要求：

1）请柬发放应按时完成，不得有遗漏。座次的安排要有所讲究，一般按身份与职务高低确定主席台及贵宾席位。为来宾准备好迎送车辆等，做到准备充分。

2）出席本单位开业典礼的每一位人员都要严格遵守时间，不得迟到、无故缺席或中途退场。如果仪式的起止时间已经公布，主办单位应准时开始、准时结束，向社会证明本单位言而有信，管理规范。

3）遇到来宾主动热情地问好，对来宾提出的问题应较好地答复。当来宾发表贺词后，应主动鼓掌表示感谢。

4）典礼过程中，主办方人员不得嬉笑打闹，不得做与典礼无关的事。不要东张西望、频繁看时间，表现得心不在焉，做到行为自律。

（2）宾客礼仪

应邀参加开业典礼的宾客，要准时参加开业典礼，为主办方捧场。如遇特殊情况不能到场，应尽早通知主办方，不要辜负主人的一片盛情。宾客应做到以下几点要求：

1）宾客在开业典礼前或开业典礼时，可送些贺礼，如花篮、镜匾、瓷器花瓶等，以表示对开业方的祝贺，并在贺礼上写明庆贺对象、庆贺缘由、贺词及祝贺单位。

2）开业典礼遇见主人应向其表示祝贺，并说一些祝顺利、发财、兴旺的吉利语。入座后应礼貌地与邻座打招呼，可通过主动自我介绍、互换名片等方式结识更多的朋友。

3）在开业典礼上致贺词时，要简明精练，不能随意发挥，占用太多时间，而且表现得

沉着冷静、心平气和。注意文明用语，少用含义不明的手势。

4）在开业典礼过程中，宾客要根据典礼的进展情况，做一些礼节性的附和，如鼓掌、跟随参观、合影、写留言等。

5）开业典礼结束后，宾客离开时应与主办单位领导、主持人、服务人员挥手告别，并致谢意。

三、剪彩仪式礼仪

剪彩仪式是指商界的有关单位为了庆贺公司的设立、企业的开工、宾馆的落成、商店的开张、银行的开业、大型建筑物的启用、道路或航线的开通、展销会或博览会的开幕等举行的一种庆祝活动，如图4-14所示。因其主要活动内容是邀请专人使用剪刀剪断被称为“彩”的红色缎带，故被人们称为“剪彩”。剪彩仪式经常与开业庆典等活动同时进行。

图4-14　剪彩仪式

礼仪小故事

20世纪初，在美国的一个乡间小镇上，有家商店的店主慧眼独具，从一次偶然发生的事故中得到启迪，以此为模式开一代风气之先，为商家独创立了一种崭新的庆贺仪式——剪彩仪式。

当时，这家商店即将开业，店主为了阻止闻讯之后蜂拥而至的顾客在正式营业前耐不住性子，争先恐后地闯入店内，将用以优惠顾客的便宜货争购一空，而使守时而来的人们得不到公平的待遇，便随便找来一条布带子拴在门框上。谁曾料到这项临时性的措施竟然更加激发起挤在店门之外的人们的好奇心，促使他们更想早一点进入店内，对行将出售的商品先睹为快。事也凑巧，正当店门之外的人们的好奇心上升到极点，显得有些迫不及待的时候，店主的小女儿牵着一条小狗突然从店里跑了出来，那条“不谙世事”的可爱小狗若无其事地将拴在店门上的布带子碰落在地。店外不明真相的人们误以为这是该店为了开张志喜所搞的“新把戏”，于是立即一拥而入，大肆抢购。让店主转怒为喜的是，他的这家小店在开业之日的生意居然红火得令人难以想象。

向来有些迷信的他便追根溯源地对此进行了一番“反思”，最后他认定，自己的好运气全是由那条被小女儿的小狗碰落在地的布带子所带来的。因此，此后在他旗下的几家“连锁店”陆续开业时，他便将错就错地如法炮制。久而久之，他的小女儿和小狗无意之中的“发明创造”，经过他和后人不断“提炼升华”，逐渐成为一整套的仪式。先是在全美洲，后是在全世界广为流传开来。在流传的过程中，这一仪式也被人们赋予了一个极其响亮的名字——剪彩。剪彩，在从一次偶发的“事故”发展为一项重要的活动程序，再进而演化

为一项隆重而热烈的仪式的过程之中，其自身也在不断地吐故纳新，有所发展，有所变化。例如，剪彩者先是由专人牵着一条小狗来充当，让小狗故意去碰落店门上所拴着的布带子，接下来，改由儿童担任，让他单独去撞断门上所拴着的一条丝线。再后来，剪彩者又变成了妙龄少女。她的标准动作，就是要勇往直前地去当众撞落拴在门口上的大红缎带，到了现在，剪彩则被定型为邀请社会贤达和本地官员，用剪刀剪断礼仪小姐手中所持的大红缎带。据历史记载，剪彩的第一次亮相是在 1912 年，地点是美国圣安东尼奥州的华狄密镇。而这位因发明剪彩仪式而一时出尽风头的店主，叫威尔斯。时至今日，了解这一切的人不一定很多，可是知识剪彩仪式的人却肯定不会太少。 从剪彩的发展过程中可以看到，它最初只不过是人们用以促销的一种手段，到了后来，它才渐渐地演变为商务活动中的一项重要仪式。

1．剪彩的准备

剪彩的准备工作主要涉及场地布置、环境卫生、灯光与音响准备、媒体邀请、人员培训等。准备工作必须认真细致、精益求精。除此之外，尤其是对剪彩仪式上要使用的某些特殊用具，如红色缎带、新剪刀、白色薄纱手套、托盘以及红色地毯等，进行仔细地选择与准备。

（1）红色缎带

红色缎带是指剪彩仪式之中所剪之“彩”，应当用一整匹未曾使用过的红色绸缎在中间结成数朵花团而成。要求花团数比剪彩者多一个。

（2）新剪刀

剪彩者每人手中一把新剪刀，专供剪彩者在正式剪彩时使用，剪刀必须锋利而顺手，不可因剪刀不好用、剪不断“彩”而使台上的剪彩者尴尬。

（3）白色薄纱手套

白色薄纱手套是专门为剪彩者所准备的。剪彩者剪彩时每人戴上一副白色薄纱手套，以示正式。在准备白色薄纱手套时，除了要确保数量充足之外，还须注意手套的大小适度、崭新平整、洁白无瑕。当然，现在有些商务场合中为方便起见，此项目已经不再苛求。

（4）托盘

托盘用做盛放剪刀、白色薄纱手套的盘子，最好是崭新、洁净的，通常首选银色的不锈钢制品。为了显示正规，可在使用时在盘上铺上红色绒布或绸布。

（5）红色地毯

红色地毯主要铺设在剪彩者正式剪彩时的站立之处。其长度可视剪彩者人数的多寡而定，其宽度则应在一米以上。在剪彩现场铺设红色地毯，主要是为了提升档次，营造一种喜庆的气氛。为求方便，也可不予铺设。

2．剪彩人员的选定

主办单位必须认真选择剪彩人员，并于事前进行必要的培训。除主持人之外，剪彩的人员主要由剪彩者与助剪者组成。

（1）剪彩者

剪彩者可以是一个人，也可以是几个人，但是一般不应多于 5 人。剪彩者多由上级领导、

合作伙伴、社会名流、员工代表或客户代表担任。剪彩者应着套装、套裙或制服，并将头发梳理整齐，不允许戴帽子、墨镜，也不允许穿着便装。

若剪彩者仅为一人，则其剪彩时居中而立。若剪彩者不止一人，一般的规则为，中间高（尊）于两侧，右侧高于左侧，距离中间站立者愈远，位次便愈低，即主剪者应居于中央的位置。

礼仪小故事

某商场正在举行开业剪彩仪式，甲、乙两位中年妇女刚好路过，就在旁边看热闹。

甲："商场看起来挺寒酸的。"

乙："你看看这些礼仪小姐，怎么看都不那么好看，上次我在东边的那一家商场看到，人家那礼仪小姐个子又高模样又周正，跟这儿比简直就是一个天上，一个地下。你想想看，这礼仪小姐可是脸面啊，这都弄得不好，这商场肯定也高档不到哪去。"

甲："可不是，饭店里端盘子的也比她们好看啊，看那衣服，还不一个色，可真够马虎的。"

乙："这家商场肯定没什么实力。"

（资料来源：夏志强．2006．人一生要懂得的100个商务礼仪．北京：中国书店出版社．）

（2）助剪者

助剪者多由主办方的礼仪小姐担任。在剪彩仪式上服务的礼仪小姐又可以分为迎宾者、引导者、服务者、拉彩者、捧花者、托盘者。迎宾者的任务是在活动现场负责迎送客人；引导者的任务，是在进行剪彩时负责带领剪彩者登台或退场；服务者的任务，是为来宾尤其是剪彩者提供饮料和安排休息之处；拉彩者的任务，是在剪彩时展开、拉直红色缎带；捧花者的任务，是在剪彩时手托花团；而托盘者的任务，则是为剪彩者提供剪刀、手套等剪彩用品。

礼仪小姐的一般要求是相貌大方、身材修长、年轻健康、气质高雅、音色甜美、反应敏捷、机制灵活、善于交际。礼仪小姐应化淡妆，盘起头发，穿款式、面料、色彩统一的单色旗袍，配肉色连裤丝袜、黑色高跟皮鞋，除戒指、耳环外不佩戴其他任何首饰。有时，礼仪小姐身穿深色的单色套裙亦可，但穿着打扮必须尽可能整齐划一。如果主办单位没有礼仪小姐，可向外单位临时聘请。

3. 剪彩的程序

剪彩仪式宜紧凑，忌拖沓，所耗时间愈短愈好，短则一刻钟，最长也不宜超过一个小时。按照惯例，剪彩既可以是开业仪式中的一项具体程序，也可以独立出来，由其自身的一系列程序组成。剪彩仪式通常应包含以下六项基本程序：

1）请来宾就位。在剪彩仪式上，通常只为剪彩者、来宾和本单位的负责人安排坐席。

2）宣布仪式正式开始。在主持人宣布仪式开始后，乐队演奏音乐，现场可燃放鞭炮，全体到场者应热烈鼓掌。此后，主持人向全体到场者介绍到场的重要来宾。

3）奏国歌。奏国歌前全场起立，奏国歌后亦可演奏本单位标志性歌曲。

4）进行发言。发言者依次应为主办方单位的代表、上级主管部门的代表、地方政府的代表、合作单位的代表。发言内容应言简意赅，每人不超过3分钟，重点分别应为介绍、道谢与致贺。

5）进行剪彩。主持人宣布剪彩开始，礼仪小姐先登场，拉彩者将红色缎带拉直，托盘

者站在拉彩者身后一米左右，然后，引导者在剪彩者左前方进行引导，当剪彩者到达既定位置后，托盘者应前行一步至剪彩者右后侧，为剪彩者呈上手套和剪刀，然后，剪彩者一起剪彩，此时全体人员应热烈鼓掌，必要时还可奏乐或燃放鞭炮。在剪彩前须向全体到场者介绍剪彩者。

礼仪小故事

剪彩利落才能讨到好彩头

企业为了使剪彩仪式隆重热烈，特意邀请了一位 78 岁高龄的著名人士参加剪彩，仪式当天当主持人宣布“剪彩”开始，老人手拿剪刀，却怎么也剪不断红彩带。当其他四位剪彩者已剪断彩带，把剪刀放回托盘，这位老人还未剪断，情急之下，主持人过去才帮老人剪断彩带。

（资料来源：杜明汉．2010．商务礼仪．北京：高等教育出版社．）

6）组织参观。剪彩之后，主人应陪同来宾参观，仪式结束后，主办方单位可向来宾赠送纪念性礼品，或聚餐举杯共同庆贺。

四、展览会礼仪

展览会，是指通过实物并辅以文字、图形或示范性的表演来展现社会组织成果，以提高组织形象、促进产品销售的专题活动。展览会有大量的公共关系内容，是各社会组织力求塑造最佳组织形象的好机会。

展览会礼仪，通常是指商界单位在组织、参加展览会时，所应当遵循的礼仪规范与惯例。

1. 展览会的组织

一般的展览会，既可由参展单位自行组织，也可由专门机构进行策划。根据惯例，展览会的组织者需要重点进行的具体工作包括参展单位的确定、展览内容的宣传、展览现场的布置及展示位置的分配、安全保卫的事项、辅助性服务项目，等等。

（1）参展单位的确定

按照商务礼仪的要求，主办单位事先应以适当的方式，向拟参展单位发出正式的邀请或召集。

邀请或召集的主要方式有刊登广告、寄发邀请函、召开新闻发布会等。同时应告知参展单位以下事项，即展览会的宗旨、展出主题、参展单位范围与条件、展览会举办时间与地点、报名参展的具体时间及地点、所应负担的基本参展费用、咨询有关问题的联络方式等。

确定参展单位正式名单之后，主办单位应及时地以专函进行通知，以便被批准参展单位尽早准备。

礼仪小故事

某计算机工程有限公司定于 9 月 28 日在某职业技术学院举办图书馆计算机管理系统软件产品展销会，通知很快寄发到各有关学校图书馆。日程安排表上写着上午 9:00 介绍产品，10:00 参观该职业技术学院图书馆计算机管理系统，11:00 洽谈业务。展销会当天，9:00 大会本该开始介绍产品，可应该到的各校图书馆代表却只到了 1/3。原来，由于通知中没有写明展销会具体地点，加上公司接待人员不耐烦，对代表不够热情，所以引起了代表们的抱怨。会议开始时已经 9:30 了。公司副总经理、高级工程师作产品介绍及演示，内容十分丰富，10:30 还没讲完。由于前面几项活动时间不够紧凑，结果业务洽谈匆匆开始，草草收场。

（2）展览内容的宣传

为了引起社会各界对展览会的重视，并且尽量地扩大其影响，主办单位有必要对其进行大力宣传。宣传的重点，应当是展览的内容，即展览会的展示陈列之物。

对展览会，尤其是针对展览内容所进行的宣传，主要可以采用以下方式：①举办新闻发布会；②邀请新闻界人士到场进行参观采访；③发表有关展览会的新闻稿；④公开刊发广告；⑤张贴有关展览会的宣传画；⑥在展览会现场散发宣传性材料和纪念品；⑦在举办地悬挂彩旗、彩带或横幅；⑧利用升空的彩色气球和飞艇进行宣传。以上八种方式，可以只择其一，也可多种同时并用。在具体进行选择时，一定要量力行事，并且要严守法纪，注意安全。

为了搞好宣传工作，在举办大型展览会时，主办单位应专门成立对外进行宣传的组织机构。其正式名称，可以为新闻组，也可以为宣传办公室。

（3）展览现场的布置及展示位置的分配

展览现场的规划与布置是展会组织者的重要职责之一。在布置展览现场时，基本的要求是展示陈列的各种展品要围绕既定的主题，进行互为衬托的合理组合与搭配。要在整体上显得井然有序、浑然一体。

展品在展览会上进行展示陈列的具体位置，称为展位。所有参展单位都希望自己能够在展览会上拥有理想的位置。在一般情况下，展览会的组织者要想尽一切办法充分满足参展单位关于展位的合理要求，并使展位符合收费合理、面积适当、设施齐备、客流较多等要求，如图 4-15 所示。

图 4-15 展览现场

（4）安全保卫的事项

组织者对于有关的安全保卫事项应认真对待。最好以书面形式明确各方责任。

在举办展览会前，必须依法履行常规的报批手续。此外，组织者还须主动将展览会的举办详情向当地公安部门进行通报，求得其理解、支持与配合。

举办规模较大的展览会时，最好从合法的保卫公司聘请一定数量的保安人员，将展览会的保安工作全权交予对方负责。

为了预防天灾人祸等不测事件的发生，应向声誉良好的保险公司进行数额合理的投保，以便利用社会的力量为自己分忧。

在展览会入口处或展览会的门券上，应将参观的具体注意事项正式成文列出，使观众心

中有数，以减少纠葛。展览会组织单位的工作人员，均应自觉树立良好的防损、防盗、防火、防水等安全意识，为展览会的平安竭尽一己之力。

（5）辅助性服务项目

主办单位作为展览会的组织者，有义务为参展单位提供一切必要的辅助性服务项目。具体而言，为参展单位所提供的辅助性服务项目，通常主要包括下述各项：①展品的运输与安装；②车、船、机票的订购；③与海关、商检、防疫部门的协调；④跨国参展时有关证件、证明的办理；⑤电话、传真、电脑、复印机等现代化的通信联络设备；⑥举行洽谈会、发布会等商务会议或休息之时所使用的适当场所；⑦餐饮以及有关展览时使用的零配件的提供；⑧供参展单位选用的礼仪、讲解、推销人员等。对上述提供的各项辅助性服务项目，应事先对有关费用的支付进行详尽的说明。

2. 展览会的参加礼仪

参展单位在正式参加展览会时，必须要求自己的全部派出人员齐心协力、同心同德，为大获全胜而努力奋斗。在整体形象、礼貌待人、解说技巧等三个主要方面，参展单位尤其要予以高度重视。下面分别做简要介绍。

（1）要努力维护整体形象

参展单位的整体形象，主要由展示物的形象与工作人员的形象两个部分所构成。

展示物的形象，主要由展品的外观、展品的质量、展品的陈列、展位的布置、发放的资料等构成。用以进行展览的展品，外观上要力求完美无缺，质量上要优中选优，陈列上要既整齐美观又讲究主次，布置上要兼顾主题的突出与观众的注意力，而用以在展览会上向观众直接散发的有关资料，则要印刷精美、图文并茂、资讯丰富，并且标有参展单位的主要联络方法。

工作人员的形象，则主要是指在展览会上直接代表参展单位露面的人员的穿着打扮问题。在一般情况下，要求在展位上工作的人员应当统一着装。最佳的选择，是身穿本单位的制服，或者是穿深色的西装、套裙。在大型的展览会上，参展单位若安排专人迎送宾客时，则最好请其身穿色彩鲜艳的单色旗袍，并胸披写有参展单位或其主打展品名称的大红色绶带。为了说明各自的身份，全体工作人员皆应在左胸佩戴标明本人单位、职务、姓名的胸卡或挂有工作证，唯有礼仪小姐可以例外。按照惯例，工作人员不应佩戴首饰，但男士应当剃须，女士则最好化淡妆。

（2）要时时注意礼貌待人

在展览会上，不管是宣传型展览会还是销售型展览会，参展单位的工作人员都必须真正意识到观众是自己的上帝，为其热情而竭诚地服务则是自己的天职。为此，全体工作人员都要将礼貌待人放在心坎上，落在行动上。

展览正式开始，全体参展单位的工作人员即应各就各位，站立迎宾。不允许迟到、早退、无故脱岗、东游西逛，更不允许在观众到来之时坐、卧不起，怠慢观众。

当观众走近自己的展位时，不管对方是否向自己打招呼，工作人员都要面含微笑，主动地向对方说：“您好！欢迎光临！”随后，还应面向对方，稍许欠身，伸出右手，掌心向上，

指尖直接展台，并告知对方："请您参观。"

当观众在本单位的展位上进行参观时，工作人员可随行于其后，以备对方向自己进行咨询；也可以请其自便，不加干扰。假如观众较多，尤其是在接待组团而来的观众时，工作人员亦可在左前方引导对方进行参观。对于观众所提出的问题，工作人员要认真作出回答。不允许置之不理，或以不礼貌的言行对待对方。

当观众离去时，工作人员应当真诚地向对方欠身施礼，并道以 "谢谢光临"，或是"再见"等告别语。

在任何情况下，工作人员均不得对观众恶语相加或讥讽嘲弄。对于极个别不守展览会规则而乱摸乱动、乱拿展品的观众，仍须以礼相劝，必要时可请保安人员协助，但不许对对方擅自动粗，进行打骂、扣留或者非法搜身。

（3）要善于运用解说技巧

解说技巧，此处主要是指参展单位的工作人员在向观众介绍或说明展品时，所应当掌握的基本方法和技能。

解说要善于因人而异，使解说具有针对性。与此同时，要突出自己展品的特色。在实事求是的前提下，要注意对其扬长避短，强调"人无我有"之处。在必要时，还可邀请观众亲自动手操作，或由工作人员对其进行现场示范。此外，还可安排观众观看与展品相关的影视片，并向其提供说明材料与单位名片。通常，说明材料与单位名片应常备于展台之上，由观众自取。

◆ 任务实施

案例讨论

案例1 中国的一家企业前往日本寻找合作伙伴。到了日本之后，经过多方努力，找到一家很有声誉的日本大公司，经过长时间的讨价还价，双方决定草签一份协议。正式签协议那天，中方人员由于有事耽误了几分钟，结果到达签字厅的时候，日方人员正在恭候他们的到来，每个人都衣着整齐，但是，当见中方人员都进来后，日方人员毕恭毕敬地鞠了一个90°的躬，随后集体退出大厅。合作功亏一篑。

讨论：

1）指出本案例中中方人员失礼之处?

2）这个事例能给我们什么启示?

案例2 在一次涉外商务活动中，我国企业代表在与外国商务代表协商签订一份商务合作合同后，举办了一场有关商品的剪彩仪式活动。在仪式活动中，当我国企业代表致辞时，他说："先生们、女士们，大家下午好！我非常高兴……" 此时，外国商务代表中有两位女士、三位男士，他们均表现出不愉快的表情，但没有做出太大的举动。后来，在剪彩过程中，这位企业代表不小心把剪下的红缎带大花掉落在主席台上。虽然他一再地解释是自己的疏忽造成的错误，但外国商务代表仍然非常生气，离席而去。

讨论：

1）为什么外国商务代表在企业代表致辞时会面露不愉快的神情？

2）外国商务代表为何要离席而去？我国企业代表在剪彩仪式上有何不妥当之处？

案例3 王君是某县贸易公司经理。2007年5月的一天，王君乘火车到省城想与某公司洽谈一笔出口生意。听说省城在进行大规模的丝绸展，想顺便看看，给爱人带点礼物。

第二天，他一人来到丝绸展览会，产品琳琅满目，十分丰富。他看到模特身上的衣服感觉很适合自己的爱人，就快步进去，摸摸手感不错，刚想开口问，就听到老板冲他说："你这人怎么这样啊，这件出口真丝衣服很贵，没看到纸上写着禁止手摸吗？"王君仔细一看，是有张纸上写着。被数落一顿，没了心情很快就出去了。

外面很热，他脱了西装外套，买了瓶水喝，顺便买了一双凉鞋，一顶帽子和一副墨镜，并把凉鞋换上。想想下午坐车回去还早，就到附近的现代雕塑展会看看。

进入会场后感觉很安静，手里拿着矿泉水瓶感觉别扭，就顺手放在地上。正看展品时，意识到自己与周围人不同，赶快摘了帽子，也不再自言自语地赞叹欣赏的作品了。看到另一展区有人在打量自己，好像是新的凉鞋有异味，王君感到很尴尬，就戴上墨镜继续看展览。

走出展会，看到参观展览指导说明，王君脸红了，明白自己今天看展览有很多失误，后悔进去前没仔细看清楚说明。

讨论：你能指出王君这一天的失误吗？请讨论分析。

同 步 训 练

签字仪式模拟训练

王康是义乌某公司的营销经理，他将负责安排本公司与美国某公司重大合作项目的签字仪式。他应如何安排这项事务？

1．训练要求

通过训练，了解签字仪式的流程；掌握签字文本的准备 ，签字厅的布置 ，签字厅的座次安排；掌握签字仪式礼仪。

2．训练器具

笔具、合同、签字桌、香槟酒、小国旗、数码相机、录像机。

3．训练方法

老师示范讲解，学生分组模拟。

4．训练步骤

（1）实训所用器具的准备。

（2）实训进程：

1）老师播放一段签字录像，与讲解相结合，使学生生动、直观地学习签字仪式的规范礼仪。

2）老师介绍本次实训的内容和模拟实训情景。

3）把全班同学分组，每 10 人一组。

4）确定模拟活动角色。

A．×××——某公司总经理；

B．×××——某公司营销经理；

C．×××——某公司采购经理；

D．×××——某公司技术经理；

E．×××——某公司翻译；

F．×××——美国某公司总经理；

G．×××——美国某公司采购经理；

H．×××——美国某公司技术经理；

I．×××——美国某公司财务人员；

J．×××——美国某公司采购人员。

5）全组讨论本组涉外签字活动的具体安排及主要注意事项。

6）模拟涉外签字仪式训练。抽签排序，一组一组进行；一组模拟时，其他组观摩并指出问题。

7）教师考核，师生点评。

训练二　开业庆典模拟训练

百大有加利有限公司根据业务需要准备在某学院开一家超市，特举办开业典礼。

1．训练要求

通过训练，了解在开业庆典中如何选择传播媒介，通过何种方式约请嘉宾；如何布置庆典场地，设计开业庆典的流程；掌握开业庆典的礼仪规范。

2．训练器具

提供会议室、桌牌、会议的话筒、记录本、材料等。

3．训练方法

分组模拟。

4．训练步骤

（1）实训所用器具的准备。

（2）实训进程：

1）老师播放一段开业庆典录像，与讲解相结合，使学生生动、直观地学习开业庆典仪式的规范礼仪。

2）学生进行分组，扮演不同的角色。

3）筹备超市开业仪式（筹划舆论宣传、邀请来宾、布置场地及准备用具、安排接待服务工作、选择馈赠礼品）。

4）迎宾。

5）典礼开始。

6）致贺词。

7）致答词。

8）揭幕。

9）参观。

10）迎接首批顾客。

11）将整个过程录像，根据录像老师考核点评，学生自我评价，小组互相测评。

训练三　剪彩仪式模拟训练

某学院一图书馆落成，特举办剪彩仪式。

1．训练要求

通过训练，了解如何选定剪彩者；掌握剪彩者及助剪者的礼仪；掌握剪彩时的位次排定。

2．训练器具

道具、文件夹、茶杯、托盘、干毛巾、白手套、红缎带、鲜花、座位牌、剪刀、影碟机、碟片。

3．训练方法

老师示范讲解，学生分组模拟。

4．训练步骤

（1）实训所用器具的准备。

（2）实训进程：

1）老师播放一段剪彩录像，与讲解相结合，使学生生动、直观地学习剪彩仪式的规范礼仪。

2）老师介绍本次实训的内容和模拟实训情景。

3）把全班同学分组，分别扮演任务中的剪彩者、助剪者和其他工作人员。

4）全组讨论本组活动的具体安排及主要注意事项。

5）模拟剪彩。

6）教师考核，师生点评。

训练四　展览会模拟训练

某学院举办艺术节书法、绘画、手工作品展览。

1．训练要求

通过训练，了解如何准备展览会，掌握展览会中参展方人员和主办方人员的礼仪。

2．训练器具

展板、数码照相机、录像机。

3．训练方法

老师示范讲解，学生分组模拟。

4．训练步骤

（1）实训所用器具的准备。

（2）实训进程：

1）老师对本次展览会的目的、意义进行分析讲解。

2）学生结合已学过的展览会的相关知识，准备展览会。

3）把全班同学分成五组：一组负责硬笔书法展板，二组负责软笔书法展板，三组负责绘画展板，四组负责手工作品展示，五组负责整个展区的总体布置。学生分别扮演不同的角色，如工作人员、礼仪小姐等，展示展览会的礼仪。

4）每组展出都要制成相应的展板、展台，并附有文字说明。

5）每组展出要有专人负责介绍展品的特点、布展的设计特点和设计理念。

6）教师考核。师生点评（展览目的明确，内容紧扣主题；讲解人员讲解内容清晰，重点突出，引人入胜是考核重点）。

◆ 任务评价

1．多项选择题

（1）下面有关商务会议礼仪符合规范的是（　　）。

A．开高度机密会议时，一定要将手机的电池取出来

B．办展览会时应统一服务人员的服装，男士要着西服，女士要着套装

C．主持人应该坐在象征权力位置的主座，离门最远的地方

D．商务会议要事先做好筹划准备

（2）剪彩者的礼仪规范是（　　）。

A．注意仪表　　B．举止大方文雅

C．严肃不苟言笑　　D．谈笑有节制

（3）开业仪式的接待工作一般开始于（　　）。

A．门口迎宾　　B．引导来宾到休息室

C．来宾签到　　D．路口迎车

（4）开业庆典的邀请函应提前（　　）送达。

A．一天　　B．三天

C．七天　　D．十天

（5）当剪彩者拿剪刀准备剪彩时（　　）。

A．向四周观礼者致意　　B．以微笑的方式向礼仪小姐表示谢意

C．与主办方领导握手　　D．与礼仪小姐握手

2．判断题

（1）签字时，双方人员的身份应该对等。（　　）

（2）签字的时候，各方陪同人员分主客两方各自以职位、身份高低为序，自左向右（客方）或自右向左（主方）排列站于签字者之后。（　　）

（3）剪彩时不许戴帽子，或戴墨镜，可以穿便装。（　　）

（4）迎送时，乘车时应请客人坐在主人的右侧，翻译人员坐在司机旁边。（　　）

（5）开业典礼仪式上是由主办单位的负责人来致辞的。（　　）

3．同步训练评价

项目小组评价表

分数 组别	是否及时完成	质　量	团队表现
第一组			
第二组			
第三组			
⋮			

个人任务评价表

分数 评分依据	个人具体分工		个人表现		
	承担任务的质量	个人记录	教师评分	组长评分	组员互评
成员一					
成员二					
⋮					

项目五

大学生创业活动礼仪

学习目标

1．具备良好的沟通能力，跨出创业的第一步。

2．掌握电子商务创业时的礼仪。

3．培养服务意识，更有助于创业的成功和持续性发展。

4．培养创新意识，拓宽服务的内容。

5．有效地处理创业服务时的各类纠纷。

技能目标

培养学员在创业过程中与人沟通的技巧，掌握在虚拟市场电子商务创业时应有的礼节，树立强烈的服务意识，有效地提高服务质量，提高处理纠纷的处理效果，通过尊敬员工的方式获取员工的忠诚度，掌握在管理中应有的礼节。

学习任务

任务一：创业者沟通礼仪训练。

任务二：做一名具有服务意识的创业者。

在这两项任务的学习中，必须要有先实践后学习总结的勇气。许多优秀的企业家就是在一次次的实践中积累出宝贵的经验而成长起来的，没有行动的学习是枉然的，这就是为什么有许多人想创业，而真正创业成功的人却为少数的原因。在实践的过程中不可能一下就尽善尽美，短期有巨大的成功，只有不断地实践—学习—总结—再实践—再学习—再总结，循环往复，才能让自己的创业持续性发展。

任务一　创业者沟通礼仪训练

导入案例

淘宝——大学生创业的实践基地

依托全球知名的小商品市场，义乌某业技术学院活跃着一批充满活力的大学生创业者。该学院 8800 余名全日制学生中，有 1800 余名学生在自主创业，其中开网店做网商的有 1200 余人，在校学生的网店中达到皇冠级别的有 20 余个，达到钻石级别的有 500 余个。

该学院创新人才培养理念，探索出一条“批量生产”学生网商的成功之路。首先提出了“学习好是好学生，创业好更是好学生”创业理念，专门成立创业学院，推行弹性学制和学分制，为创业成绩突出的学生保驾护航。学院还将创业奖作为在校学生的最高奖励，将学生的打工率和创业率作为评价优秀班级的重要指标。其次，在计算机信息管理、物流管理、市场营销、电子商务专业开设电子商务创业班，配制专业创业指导老师指导学生的创业实践活动和理论学习。同时努力搭建各种平台帮助学生做国内国外贸易，2600 余平方米的创业园为学生提供了一条成熟的供应链，批准 EMS、申通等快递公司常驻园内，“发发批发”、“万客”、“汇奇思”、“福馨”等各种供货平台为学生的淘宝店提供丰富价廉的产品，使学生不出校门就可以完成接单、拿货、发货等一系列流程。

该学院的创业导向与举措，还带动了周边产业带的升级与发展。学院周边的村子，由于做电子商务的在校生与毕业生的进驻，逐渐形成了电子商务、物流、仓储等业态。其他高校的毕业生也被吸引加入，并带动了当地居民，形成了较为完整的电子商务产业带，产业群聚效应显现，这一带的物流费用是最低的。义乌市场上越来越多的经营户看到网上经营的优势，纷纷突破传统营销体系，将小商品上网、大市场延伸。在这样一个淘宝店主高度聚集地方，淘宝开店的线下聚集效应以及由聚集效应而形成的产业链已经初具规模。

由于在网商培训与教学方面取得突出成效，中央电视台、新华社、《中国青年报》、《中国教育报》等众多高端媒体纷纷对学生的创业事迹和学院独树一帜的办学理念给予持续的关注和报道。2010 年学院还获得“全球最佳网商摇篮”称号，并被省政府确定为“创业型大学”试点院校。

该校大学生的创业率高的原因是该校鼓励学生进行创业实践，并适时地在学生创业的过程中引导学生学习、思考和总结，同时创建了有利于学生创业走向成功的平台。但是随着学生创业规模事业的扩大，学生自身素质的提高变得越来越紧迫，这是创业学生走出校园后，离开学院的保护，在激烈的市场竞争中依然处于不败之地的关键。

创业从“风火轮滑”开始

欧阳××，男，湖南师范大学国际经济与贸易专业毕业学生。欧阳本人酷爱轮滑运动，进入大学后，他发现很多同学也有同样的爱好，于是萌生了开创品牌轮滑店的想法，并进行了一定的市场调查，征求了班主任的意见，确定了创业方案。通过与父母的沟通，他取得了资金上的支持，在大二时创办了“风火轮滑”专营店，开始了自己的创业历程。通过一个多月辛苦的筹备，“风火轮滑”诞生了。但初期的经营却不令人满意，少有人问津，很少有人了解他的“风火轮滑”。为了改变这种局面，扩大品牌的知名度，推广轮滑运动，他频繁在长沙各大高校演出，结交志同道合的朋友，吸引更多热爱轮滑的人，推广自己的品牌，同时也培养了一批新的轮滑爱好者。经过两年的摸索，“风火轮滑”已经初具规模，拥有三家连锁店、500余名会员，成为了轮滑协会的合作伙伴，风火轮滑是轮滑协会的推荐产品，为长沙高校大学生熟知。毕业后，欧阳继续经营着发展中的“风火轮滑”，要经营成人轮滑装备，进行轮滑技术培训与咨询，并承接各类有关轮滑的商业表演。他目前拥有三家连锁店，两家设在长沙，一家设在北京。

大学生创业失败的案例非常多，但成功的案例其实也不少，总结这些案例，可以发现成功源于良好的沟通，在创业前期，市场调查、方案意见征集、寻求资金支持需要沟通；在创业过程中，寻找伙伴、推销产品、拓展客户等也需要沟通；出现问题请求帮助离不开沟通。创业离不开人际关系，良好的沟通为创业者搭建最好的人际关系，找到能够在精神上和物质上起到指导和帮助的各种人脉是创业取得成功的关键因素。

◆ 任务要求

在本任务的学习和完成过程中，要求学员掌握沟通的概念，理解沟通与创业成功的关系，以及沟通在人生中的重要性；了解沟通的模型和要素，理解沟通的基础；认识自我沟通，理解自我沟通的难度；理解影响有效人际沟通的障碍，学会一定的沟通技巧。另外，针对目前创业形式最多的电子商务创业人员，学会电子商务的沟通礼仪也是本项目要求完成的任务。

◆ 任务分析

要完成任务一，就要在老师的指导下做好以下几项训练。

1）沟通礼仪与技巧训练。通过该训练，让学员们亲身体验单向沟通与双向沟通的效果，了解到交流互动的重要性，明白自己听到的、想到的并不一定是对方想表达的意思，熟记交流沟通中让人不愉快的话语，在交流中尽量避免。

2）电子商务礼仪训练。通过该项训练，掌握在电子商务交流中的礼节，充分利用现代化交易工具为自己的电子商务创业插上腾飞的翅膀。

◆ 任务学习

现在，越来越多的大学生在就业压力与当前的政策鼓励下选择创业之路，在创业的过程中，无论是创业初期，还是创业的发展期，与他人的沟通能力的强弱成为其创业成败的一个非常关键的因素。对于创业者来说，在创业初期，事无巨细，都要亲力亲为，无论是一些手续的办理，还是进货、销售中和商家、消费者的交流，都能用礼仪沟通来打好创业初期的人际关系；在创业发展期，做好服务，提高服务质量，拓展客户源，都要求创业者有强烈的客户服务意识，能很好地处理客户的纠纷，以此来保证企业的可持续性发展；在创业做大的过程中，还要学会与自己的员工很好地相处，当好一个领导者，用礼仪提升自己的领导魅力。

一、沟通的概念

沟通这个词源于拉丁语，原意为"分享、传递共同的信息"。英语中的"沟通"一词也曾经翻译为"交际、社交"，是指社会上人与人之间使用语言等媒介进行思想、观念、感情、意志的交往、联系和相互作用（在社会学、心理学领域称之为"社会互动"）的一种行为。同时，沟通又是一个过程，是为了一个设定的目标，在协作者之间把信息、思想和情感进行传递，并且达成共同协议，争取完成目标的过程。

二、沟通的流程

为了更好地理解沟通的过程，要讲两位同学模拟表演一个场景，假如同学甲和同学乙约好到同学甲家玩，但乙不知道甲家的地址，两人通过语言描述的方式来沟通，最终让乙知道去甲家的具体路线。由老师请两位同学表演交流场景。

通过这个场景发现：沟通至少需要两个人，而且同学甲把自己住址的信息传递给乙以后，乙必须确认自己是否知道了甲的具体住址，也就是要给甲一个反馈，否则甲就不能确认乙是否真的能找到自己的家。这样的互动还不止一次，要经过多次循环地输送信息、确认交流之后才能达成信息较为准确地传递。

也就是说，沟通的整个过程至少有发送者和接受者两个人，发送者把打算发送的信息进行编码，然后传递信息给接受者，接受者对信息进行解码并感受到信息。接下来接受者可能对信息进行反馈，即对相关信息进行编码，然后反馈给发送者，发送者对信息进行接受并解码，这就是沟通的整个过程，如图 5-1 所示。

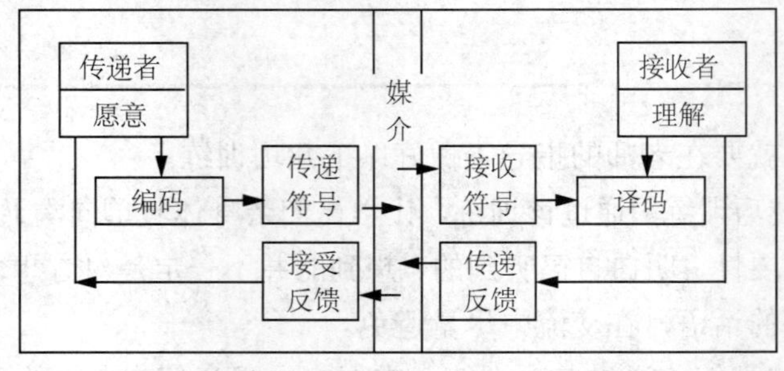

图 5-1　沟通模型图

三、沟通的目的

沟通的目的，主要有以下四点：

1）引导或控制交流对象的行为。了解对方究竟是否按照自己的要求去做，如果对方不清楚，那么自己是否已经注意到。作为创业者，在解说自己创业方案时、在推销产品时、在为客户服务时，往往要引导对方跟着自己的思路走，对方能理解，或者按照解说的去做就是创业者要达到的沟通目的。

2）得到交流对象的合作。创业者在对员工的管理过程中，或者在与合伙人的合作过程中，在提供服务的过程中，被管理者、被服务者或者合作者一般不太知道自己的想法，某一行为的真实目的是什么，双方不清楚互相的想法，彼此之间就会失去理解与合作。

3）表达情感。在创业活动中，情感指创业时的一种满足或者挫败。想要得到他人的理解和帮助，或者是情感上的支持，就要能准确地表达情感，让对方知道自己的情感。

4）流通信息。增加创业事前、事中或事后的信息流通，能有助于提高工作效率，提高创业的成功率。

四、沟通的方式

1. 语言的沟通

语言的沟通包括口头语言、书面语言、图片或图形。

礼仪小故事

诺亚方舟的故事

诺亚带领着他的后代乘坐方舟来到某地，居住在一个平原上。他的子孙打算造一座通往天庭的通天塔以扬名显威。上帝知道后深感不悦，但是他并没有直接地阻止他们造塔，而是搅乱他们的语言，使他们彼此语言不通，由于缺乏共同语言，就无法协作配合，通天塔始终未能建成。

这一故事充分说明了语言在人们交往中的重要功能。语言沟通最擅长信息交流。

2. 肢体语言的沟通

作为听众和观众，其获得的信息和精神享受是完全不同的。在沟通中，肢体语言充当着重要的角色，能通过眼神、表情、手势、体态等向观众传达演讲者的思想和情感。微妙的信息传递着丰富的内涵，是无法仅仅用语言获取的。

肢体语言包括眼神、表情、手势、体态等。此外，声音的音色、节奏、语气等也属于肢体语言的一部分。肢体语言更擅长沟通的是人与人之间的情感。

五、沟通的双向性

礼仪小故事

儿子的20美元

上了一天的班，爸爸拖着疲倦的身体回到家里，重重地坐在客厅的沙发上，这时候儿子约翰张开双臂扑了上来：“爸爸，你能给我20美元吗？”“你要那么多钱干什么？”

父亲很不高兴地皱起了眉头，“你要什么玩具，我给你买，我不能给你那么多钱。”孩子欲言又止，失望地走开了。过了一会儿，孩子又一次走了过来，小声地问：“爸爸，要不给我 10 美元可以吗？”爸爸几乎要发怒了：“天啊，这个孩子怎么这么不懂事，一心只想要钱，我一小时的薪水也就不到 20 美元，他到底想要买什么，吃的、用的、玩的还缺什么？气死我了！”于是爸爸用了严厉的口气对孩子说：“小孩子不用要那么多钱，让爸爸休息一会儿，爸爸很累！”孩子委屈地走开了。晚上睡前，爸爸想到了孩子走开时的委屈眼神，觉得刚才自己过于严厉了，于是拿了 10 美元走进孩子的房间。孩子还没睡，爸爸说：“对不起，儿子，今天爸爸太累了，口气有些不好，这是你要的 10 美元，拿去吧，想买什么玩具，告诉爸爸！”孩子发出了一阵欢呼，一下子从被窝里跳了起来，他接过爸爸手里的 10 美元，又打开了自己的储蓄罐，把里面所有的硬币都倒了出来，连同刚才的 10 美元，全部放到了爸爸的手里，兴奋地说：“爸爸，你一个小时的薪水是 20 美元，明天，你能不能给我一个小时的时间，陪我玩一会儿，我买你一个小时。”爸爸一下子呆住了：“原来，孩子只是想让自己陪他玩！”

试想一下，如果这位爸爸一直没有去孩子的房间，听听孩子的话，他会明白孩子的真实想法吗？或许，爸爸会一直埋怨自己的孩子，而孩子会渐渐地疏远父母，心理的成长留下阴影。

在这里，还可以通过训练中的沟通游戏一，来亲身地感受一下单向沟通与双向沟通的不同。

在双向沟通中，作为信息的传送者要有语言加肢体动作的交流，把自己的思想、感情表达准确，同时作为信息的接受者也要通过语言加肢体动作，告诉信息传递者对他所传递信息的含义，自己决定如何响应。传送者和接受者双方都要参与，即双方轮流地发送和接受信息，形成有效沟通。双向沟通信息往来如图 5-2 所示。

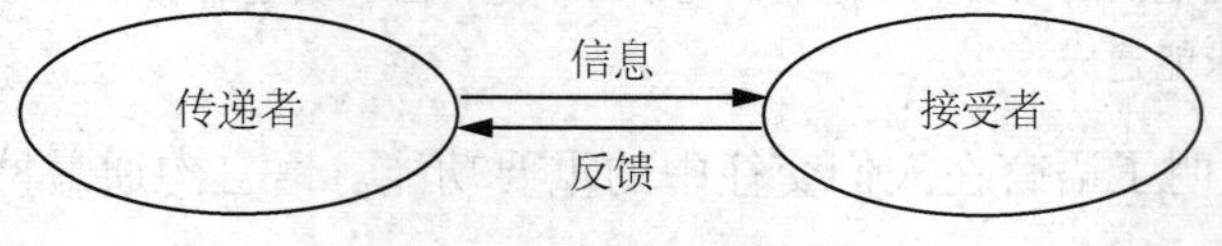

图 5-2　信息往来图

双向沟通意味着自己获得反馈，并且显示出自己的信息是否被接受和理解。但是，反馈并非总是可以自动产生，通常需要自己主动去寻求。

而且，不要自以为已经表述得十分清楚，对方一定能完整而且准确地理解，同样的一句话或一个动作，接受者的文化水平、心理素质、当时的心态、环境等都会影响到理解的程度和结果，而且人们总会不自觉地根据自己的经验，把对方没有说完的话语进行补充，可以从训练中的沟通游戏二中明白这一道理。良好且有效的沟通，既要会讲，还要会听。在下面的创业沟通礼仪中会再次讲述。

六、创业沟通时的心态

人际沟通、团队沟通，最忌讳的就是一脸冷漠，沟通要从心开始。

创业小故事

“牛仔大王”的发迹史

李维斯是美国著名的“牛仔大王”，他的西部发迹史堪称一段奇迹。当年，这位德国移民像许多年轻人一样，带着梦想前往美国西部追赶淘金热潮。一日，他突然发现有一条大河挡住了他前往西部的路。苦等数日，被阻隔的行人越来越多，但都无法过河。于是陆续有人向上游、下游绕道而行，也有人打道回府，更多的人则是怨声一片。

心情慢慢平静下来的李维斯想起了曾有人传授给他的一个“思考制胜”法宝：“太棒了，这样的事情竟然发生在我的身上，又给了我一个成长的机会。事情的发生必有其因果，必有助于我。”于是他来到大河边，“非常兴奋”地不断重复着对自己说：“太棒了，大河居然挡住了我的路，给了我一次成长的机会，事情的发生必有其因果，必有助于我。”

果然，他真的有了一个绝妙的创业主意——摆渡。没有人吝啬一点小钱坐他的渡船过河，于是，他人生的第一笔财富居然因大河挡道而迅速获得。一段时间后，摆渡生意开始冷淡。他决定放弃摆渡，并继续前往西部淘金。来到西部，他找到一块合适的空地方，买了工具便开始淘起金来。没过多久，有几个恶汉围住他，叫他滚开，别侵犯他们的地盘。他刚理论几句，那伙人便失去耐心，一顿拳打脚踢。无奈之下，他只好灰溜溜地离开。好不容易找到另一处合适的地方，没过多久，同样的悲剧再次重演，他又被人轰了出来。在他刚到西部那段时间，多次被欺侮。

终于，在又一次被人打完之后，看着那些人扬长而去的背影，他又一次想起了他的“制胜法宝”：“太棒了，这样的事情竟然发生在我的身上，又给了我一个成长的机会。事情的发生必有其因果，必有助于我。”他真切地、兴奋地反复对自己说着，终于，他又想出了另一个绝妙的主意——卖水。

西部黄金不缺，但似乎自己无力与人争雄；西部缺水，可似乎没什么人能想它。不久他卖水的生意便红红火火。慢慢地，也有人参与了他的新行业，再后来，同行的人已越来越多。终于有一天，在他旁边卖水的一个壮汉对他发出通牒：“小个子，以后你别来卖水了，从明天早上开始，这儿卖水的地盘归我了。”他以为那人是在开玩笑，第二天依然来了，没想到那家伙立即走上来，不由分说，便对他一顿暴打，最后还将他的水车也一起拆烂。

李维斯不得不再次无奈地接受现实。然而当这家伙扬长而去时，他却立即开始调整自己的心态，再次强行让自己兴奋起来，不断对自己说着：“太棒了，这样的事情竟然发生在我的身上，又给我一次成长的机会，凡事的发生必有其因果，必有助于我。”他开始调整自己注意的焦点。他发现在来西部淘金的人，衣服极易磨破，同时又发现西部到处都有废弃的帐篷，于是他又有了一个绝妙的好主意——把那些废弃的帐篷收集起来，洗洗干净，就这样，他缝成了世界上第一条牛仔裤！从此，他一发不可收拾，最终成为举世闻名的“牛仔大王”。

“牛仔大王”的成功取决于他乐观积极的心态。这个故事给了创业者三点启发：

1）积极面对困难是走向成功的基础。同样是被大河挡路，选择打道回府——等于放弃；选择绕路而行——耽误时间；选择牢骚抱怨——增添烦恼；选择积极面对问题，寻找变革中的机遇——有机会取得成功。

2）认准目标，不轻言放弃是走向成功的前提。每一次遭遇都是对个人意志的考验，磨难正塑造了今后取得成功所必需的素质。正是李维斯这种认准目标绝不放弃的精神造就了他

最终的成功。

3）正视自己，创造性地解决问题是取得成功的关键。目的是发财、取得创业基金，淘金只不过是手段。正是因为他深知赚钱对自己才是最重要的，面对大河，才会想到做摆渡生意而不是急于奔赴淘金地点；正是因为他清楚自己身单力薄，面对强大的对手，他才选择改行做卖水生意；正是因为他深知当时的西部没有法律可言，面对卖水车又被砸烂的现实，他选择无奈接受，转而用旧帐篷去缝制衣服。

面对各种可能发生的情况，消极心态与积极心态采取的对策往往不同，如表 5-1 所示。

表 5-1　消极心态与积极心态

心态 情况	积极心态	消极心态
犯错时	我错了，要改进	这不是我的错，都怪别人
成功时	归功于幸运与全体努力	归功于自己
失败时	努力不够，方法不好	运气不好，别人配合不好
遇到问题	面对它，找办法	逃避它，找借口
坚持与妥协	事情坚持，自己利益妥协	事情妥协，自己利益坚持

七、沟通礼仪与沟通技巧

1. 沟通时的仪态

与人沟通时，要有正确的仪容和仪态。

1）仪容：表情要微笑（怎么微笑，在项目二中有论述）、眼神要关注（怎么看，要注意时间、角度和部位）。

忌讳：木然，无精打采，不看人，盯着对方，戴帽子、墨镜等。

2）仪表：服装要整洁统一，体现庄重、专业；注意服装、鞋子、袜子以及皮包的搭配。

忌讳：女士忌过紧、过短、过透、过于时尚的服饰；男士注意不披、不卷、不挽，外口袋尽量不装东西。

3）仪态：距离适当、正确的站坐姿，姿态反映着人的品格。

忌讳：太远或太近、叉手或叉腰、抖动、脚尖和手指指向他人。

2. 怎么讲

（1）和颜悦色地讲

讲话要讲得清楚、讲得到位，才能使听的人舒服。讲话时的语速要中速，太快的语速给人以催促、不耐烦之感，而且容易让对方听不清楚，反映不过来，给听的人以压力；讲话时的语调要柔和，给人以亲切之感，让对方放松，没有警惕，不容易产生抵触之心，语调生硬淡漠，给人以拒绝之感，很容易让人反感，产生抵触；讲话时的声音要适中，声音过高对他人造成干扰，声音过轻对方听不清楚，还让人觉得自己不够自信。

（2）讲对方听得懂的话

礼仪小故事

秀才买柴

有一个秀才去买柴，他对卖柴的人说："荷薪者过来！"卖柴的人听不懂"荷薪者"，愣住了，不敢朝秀才走过去，于是秀才只好自己走上前去问："其价如何？"卖柴的人听不太懂这句话，但是听懂了一个字——"价"，于是就告诉秀才价钱。秀才接着说："外实而内虚，烟多而焰少，请损之。"卖柴的人因为听不懂秀才的话，担着柴转身要走。见卖柴人要走，想到这么冷的天气，没有柴怎么取暖？秀才急了，一把抓住卖柴人的柴担，说："你这柴表面上看起来是干的，里头却是湿的，烧起来肯定会烟多焰小，请减些价钱吧！"

良好的沟通是建立在讲对方听得懂的话的基础上产生的，沟通时，要讲普通话、讲通俗话、讲清楚话、讲文明话。讲对方听得懂的话还有一层意思是不要对不懂专业的人大讲专业术语，对方会在"专业术语"的攻击下有所顾虑，甚至会认为是在取笑他不懂专业，而心生怨恨。真正的专业人士能把专业名词用通俗的语言向非专业的人士解说清楚。交流时，也不要时不时地问对方懂不懂，轻则给人一种压迫感，重则给人以嘲笑感。

（3）掌握人性来交流

普通人一般都有以下特点：

1）记性好。对创业者来说，他对投资方的承诺、对合作人的承诺、对员工的承诺、对客户的承诺都要兑现，创业着要能记住别人的承诺。

2）爱美。所以创业者要给他人留下最美好的第一印象，这很重要，同时还要学会找到他人美的地方，给他人以肯定。

3）重感情。沟通时要注入情感，有助于创业者获得他人的帮助或认可。

4）喜欢攀交情。创业者要学会和人牵交情，特别是在与消费者沟通的时候。

5）习惯看脸色。所以在沟通时，创业者的表情很重要，对方一直会通过观察脸色来进行判断，同时创业者也要学会观察别人，培养敏锐的洞察力，把握各种机遇；

6）爱听赞美，却不太会赞美别人。创业者要学会发现对方的优点，适时地进行恰当的赞美。

7）爱面子。交流时，创业者要给足别人面子。

8）喜欢投桃报李，学会相互尊重。

9）太聪明。人人都喜欢自己是聪明人，不愿意被人指挥，所以创业者在交流时少一些命令口气，多一些请求语。

（4）学会恰当地赞美

人人都喜欢听好话被奉承，这叫"标签效应"。善用赞美是创业者进行推销的最好武器。以上门拜访为例来谈谈赞美。

1）层次。赞美分为直接赞美（阿姨您看上去真年轻）、间接赞美（阿姨，墙上那照片是您儿子吧，看上去真英俊，一定是个知识分子，相信阿姨一定是个教育有方的好妈妈）、深层赞美（阿姨，您看上去真和蔼，像我妈妈一样善良、温和）三个层次，赞美的主旨是真诚，赞美的大敌是虚假。

创业者上门拜访与客户沟通时，要注意观察，恰当地选择赞美的方向：

① 如果这位顾客家装饰精美，房屋面积很大，家里很干净，还有一位保姆等，可以确

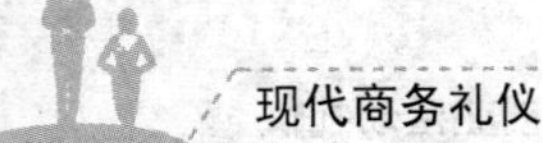

定这位顾客在经济方面较有实力，可以赞美他是一个成功人士。

② 如果这位顾客家装饰普通，房屋面积又小，地面又不干净，几个子女与其住在一起，说明这位顾客并不是一个有钱人，家庭经济可能较紧张，可以赞美其家庭氛围融洽，子女活泼可爱等。

③ 如果这位顾客房屋装饰是一种古典风格，说明这位顾客是一个很有修养的人，素质较高，文化底蕴丰富，思想也可能较传统，可以赞美其是一个有内涵的人。

2）注意事项。赞美是一个非常好的沟通方式，但不要夸张地赞美，夸张地赞美只能给人留下不好的印象。例如，对方没有名气，却说“如雷贯耳，能认识真是三生有幸”，这就赞美得很夸张。

3. 怎么听

说话是为了传递信息，为了别人能更好地接受自己所传递的内容，就要去了解听的人想听的内容，讲之前更要学会听，还要听对方的信息反馈，从中判断出对方对自己传递的信息是否已经正确理解或接受。

（1）有效倾听的意义

1）增强沟通效力。满足倾诉者自尊心，真实了解他人。

2）改善人际关系。“人们喜欢善听者更胜于善说者”、“专心听别人讲话，是我们给予别人最好的赞美”是卡耐基的名言，别人将以热情和感激来回报真诚。

3）增强解决问题的能力。获取更多信息，“听君一席话，胜读十年书”。

4）有助于个人发展。激发创造灵感，提高专业技能。

（2）有效倾听的障碍

1）噪声。环境，如楼道里的喧闹声、窗外的汽车喇叭声、电话铃声、打印机的噪声等。

2）语义差异，口音等。

3）注意力分散。心智时间差，由于听话的速度比说话的速度快4～6倍，因此客观上易走神。但是作为一位好的倾听者，会努力使自己保持良好的倾听“弹性”，即排除干扰，理解要点。

4）想着如何反应。不能设身处地正确理解他人。

5）预先判断对方要讲的内容。感情：听觉过滤器（主观地排斥或接受）。

练习：将学员分成四组，纵向排列，老师告诉每排第一位同学一句简单的话，然后第一位小声告诉身后的第二位同学，依次传递，最后一排的同学站起来，告诉大家所听到的内容，第一排的同学再说他讲的是否正确。

（3）有效倾听的四步骤

1）做好倾听准备。身体准备、心理准备（排除杂念）和物质准备（包括环境和用具，如选择安静的场所，在谈话前把手机调成静音或关机）。

2）发出倾听信息。常用眼神示意对方，准备接收信息。

3）采取积极行动。不时点头，身体前倾，集中精神，敞开思想。身体后倾表明没精打采，心不在焉。

4）理解全部信息。及时告知对方自己的理解情况，充分理解并记忆。

思考自己在工作和生活中经常碰到的哪些聆听行为是单向的，原因是什么。在与谈话者进行互动的时候，许多人会不时地说“嗯”，这个“嗯”应该在对方话语告一段落或停顿的时候说，有的人在对方谈话的时候“嗯”得很频繁，经常在对方说了一半的时候，或者是一句话还没说完的时候就发出了好几个“嗯”，这反而显示出自己并没有仔细地倾听，是应付式的回应，取不到有效倾听的结果。

（4）自检并讨论

倾听时通常采用的肢体语言有如下几种：

1）眼神和表情。面带微笑，友善注视，注意不要长时间盯着对方，以免造成误解，如果直视对方眼睛比较困难，则可以用弥漫性的目光注视对方的眼睛周围：发际、嘴、前额、颈。

2）姿势。上身挺拔，略微前倾，表明说话的人是自己的注意中心。

3）距离。根据相互之间的亲疏关系和沟通目的来确定恰当的、自然的距离。

4）身体动作。例如点头，手势。不做以下小动作：转笔、理头发、在口袋中拨弄硬币或钥匙等。

（5）倾听的五层次

1）听而不闻，不做任何努力地去听。

2）假装倾听，做出倾听的样子，但是没有用心去听，没有接收到相应的信息、思想与情感。

3）选择性地倾听，只选择自己感兴趣的话题倾听。

4）专注地倾听，能认真倾听，同时常常与自己的亲身经历做比较。

5）设身处地地倾听，全身心地站在对方的角度设身处地地倾听，是倾听的最高层次。

（6）有效倾听的原则

1）适应讲话者的风格，节奏、音调、口音、语气等。

2）眼耳并用，全神贯注，不仅接收语言信息，同时接收思想情感。

3）理解他人，取消预先判断，站在他人角度，善于总结要点。

4）鼓励他人表达自己，用各种方式作适当反馈。

5）聆听全部信息，不轻易打断别人，不急于做出判断。

6）表现聆听兴趣，用积极的肢体语言如身体前倾、微笑等表现。

八、电子商务沟通

对于电子商务创业的学生来说，学好电子商务沟通是创业成功的有力武器。目前，电子商务迅猛发展，沟通的形式也从原来的电子邮件沟通发展到了电子邮件沟通、网络论坛沟通、网络交流平台（QQ、MSN、淘宝旺旺等）沟通、博客交流等多种形式。不管是什么形式的电子商务沟通，都有传播迅速、传播范围广泛、传播对象复杂、文字形式为主的共同特点，并且都含有必须遵循的礼仪规范，不能因为对方看不见自己的举止，就忽视了沟通礼仪。

1. 电子商务网络礼仪守则

电子商务网络礼仪是指从事电子商务人员在网络活动中形成的礼节和仪式。在互联网上交往、交易所需要遵循的礼节，是电子商务人员在网上适度表现的规则。只有当电子商务人员懂得并遵守这些规则时，电子商务的效率才能得到更充分、更有效的发挥。具体的网络礼节如下所述。

（1）记住顾客首先是“网民”

互联网代表高科技，可以和五湖四海的人交往，因此，要记住“网民”是实实在在的人，不是虚拟的。当面交流不宜说的话在网络上也不能随便说。在交往中要时刻保持对他（她）的尊重，自己也才会得到尊重。心中要时刻牢记：每一个网民都是自己的顾客。

（2）言行一致

网络上的道德和法律与现实生活是相同的，网上的交易不是虚拟的交易，归根到底，电子商务还是在和人做交易，只不过是媒介不同。因此，不可以降低职业道德的标准，必须要对自己的言行负责。

（3）尊重交往对象

针对顾客提出的问题，必须以最快的速度回答，或者解决顾客的问题。尊重他人就是尊重自己。与日常交往一样，要善用尊称、敬语、各类文明用语。

（4）维护职业形象

通过网络传递信息时，要保持公司和自己的职业形象，亲切不轻浮、自信不骄傲，落落大方、回答得体。

（5）面带微笑进行沟通

即使坐在电脑前，对方可能离自己十万八千里远，但在交流时依然要提醒自己面带微笑。面带微笑是一种心态，它会让自己心情处于一种平和的状态，愉快地与顾客交谈，耐心细心地回答对方的询问。即使彼此之间产生一点纠纷，也要提醒自己，商场不是辩论赛场，赢得一场辩论，就可能失去一位顾客。大度地面对顾客，在任何情况下不允许和顾客争论，要心平气和、面带微笑地与顾客沟通交流。

（6）尊重他人的隐私

尊重他人的隐私，在网络上和顾客交流时，交谈内容不要涉及顾客隐私，更不要随意将对话公开，或者传播他人隐私。

（7）宽容

当看到别人写错字、用错词，电脑操作不当，或者对产品的认知不足时，请不要嘲笑他人，因为每个人都会有不擅长的事，不了解的知识。要主动、耐心地解释或帮助对方，是宽容的表现。当对方对自己提出严厉的批评，也要充满感激地回应：谢谢您的提醒，让我又进步了一点。

2. 慎重发送电子邮件

电子邮件又称电子函件或电子信函，是利用电子计算机所组成的互联网络，向交往对象

所发出的一种电子信件。使用电子邮件进行对外联络，不仅安全保密、节省时间、不受篇幅的限制，清晰度极高，而且还可以大大地降低通信费用。发送电子邮件可以不必等待对方在线，随时发送，对方可以随时收取，灵活方便，往来信件宜于保存，可作为法规的依据，具有一定的法律效力。因此，创业者应视电子邮件为正式往来信件，认真书写，不得随意。但是，发送邮件也很需要技巧。例如，某企业总经理每天都能收到几百封电子邮件，其中会有超过 1/3 是创业者发来的融资需求，很多人的邮件没有任何正文内容，只是在附件中贴上商业计划书，“我不喜欢这样的邮件，很不方便投资人进行有效的筛选。”他认为，创业者可以在邮件正文中用很简明的几句话说清项目的要点和融资需求，就会提高投资人打开附件的可能性，而商业计划书也不要写得太长，能说明问题即可。

（1）E-mail 主题简短明确

主题是接收者了解邮件的第一信息，因此要提纲挈领，使用有意义的主题行，这样可以让收件人迅速了解邮件内容并判断其重要性。许多人都是以标题来决定是否继续详读信件的内容，所以邮件标题应尽量写得简短明确，具有描述性，或是与内容相关的主旨大意，让人一目了然，以便对方快速了解与记忆。一定不要使标题空白，这是最失礼的；要能反映文章的内容和重要性，切忌使用含义不清的标题，如“王先生收”；一封信尽可能只针对一个主题，不在一封信内谈及多件事情，以便于日后整理。

（2）E-mail 正文简明扼要

1）恰当地称呼与问候。邮件的开头要称呼收件人，既显得礼貌，也明确提醒某收件人，此邮件是面向他的，要求其给出必要的回应；在多个收件人的情况下可以称呼大家、All。如果对方有职务，应按职务尊称对方，如××经理；如果不清楚职务，则应按通常的××先生、××小姐称呼，但要先搞清楚性别。不熟悉的人不宜直接称呼英文名，对级别高于自己的人也不宜称呼英文名。称呼全名也是不礼貌的，也不要 Dear××。

2）E-mail 正文应清晰表达。正文行文应通顺，多用简单词汇和短句，准确清晰地表达，不要出现让人晦涩难懂的语句。篇幅不要过长，最好不要拖动滚动条才能看完邮件。如果事情较为复杂，最好用序号列明段落进行清晰明确的说明。如果具体内容确实很多，正文应只做摘要介绍，然后单独写文件作为附件进行详细描述。

最好一次在邮件中把相关信息全部说清楚，说准确。不要再发一封“补充”或者“更正”之类的邮件，会使人反感。

切忌讲一些不会在公众场所对他人讲的话，了解传送出去的讯息将会永久留存，尽管信件有一定的邮寄对象，但经过无界的网络，也许邮寄出去的信件将会永久被存于某处私人档案或转印成文件到处流通。因此，在发送电子邮件时应谨慎地评阅所撰写的字句，以免落人把柄。

在发邮件之前一定要确认自己所发送的内容是经过深思熟虑的，或重新思考到底要不要发送这份邮件。因为电子讯息的互动是通过网络产生的，使用者经常会忘记与自己互动的是远程的人，千万不可以讲一些没有经大脑思考的话语，而伤到对方甚至引起冲突。切勿在不给予响应或申辩机会的情况下批评或污蔑他人。切记收信对象是一个人，而不是一台机器。

3）注意 E-mail 的论述语气。根据收件人与自己的熟络程度、等级关系，邮件是对内还是对外性质的不同，选择恰当的语气进行论述，以免引起对方不悦。

尊重对方，“请”、“谢谢”之类的语句要经常出现。E-mail 可轻易地转发给他人，因此对别人意见的评论必须谨慎而客观。

礼仪案例

都是群发惹的祸

某天晚上，某外企中国区总裁回办公室取东西。到门口才发现自己没带钥匙，而此时他的秘书已经下班，联系了几次未果。气愤的他在次日凌晨 1 时 13 分给秘书发了一封措辞非常严厉且语气相当不客气的“谴责信”：

瑞贝卡，这个礼拜二我刚告诉你，想东西、做事情不要想当然，今天晚上你就把我锁在门外，我要的东西都还在办公室里。问题就在于你以为我随身带了钥匙。从现在起，无论是午餐时段还是晚上下班后，你要跟你服务的每一名经理都确认无事后才能离开办公室，明白了吗？

这位总裁并不只把这封信发给了秘书一人，还同时抄送给了公司的 4 位同事。

一般秘书会回信解释当天的原委并接受总裁的要求，语气会温婉有礼，坦承自己的错误并道歉。而瑞贝卡的做法大相径庭，并最终为她在网络上赢得了“史上最牛女秘书”的称号。2 天后，秘书用中文给总裁回信，语气之强硬，措辞之严厉，丝毫不输来信。信中她声明了几点意见，大意为：锁门是为了安全；总裁有钥匙忘带是自己不对，不要把自己的错误转移到别人的身上；中午和晚上下班后是私人时间，总裁无权干涉；虽是上下级关系，但请总裁说话注意语气。

秘书把这封信连同总裁的原信抄送给了该公司中国区的所有员工，包括北京、成都、上海、广州等地。

近一周内，该邮件被数千外企白领接收和转发，几乎每个人都不止一次收到过此邮件，很多人还在邮件上留下诸如“真牛”、“解气”、“骂得好”、“真的假的”之类的点评。其中流传最广的版本居然署名达 1000 多个，而这只是无数转发邮件中的一个而已。

4）尽可能避免拼写错误和错别字，注意使用拼写检查。这是对别人的尊重，也是自己态度的体现。如果是英文 E-mail，最好把拼写检查功能打开；如果是中文 E-mail，注意拼音输入法的同音别字。

在邮件发送之前，务必自己仔细阅读一遍，检查行文是否通顺，拼写是否有错误。

（3）附件的使用

如果邮件带有附件，正文中应对附件内容做简要说明，并提示收件人查看附件；附件数目不宜超过 4 个，应按有意义的名字命名，数目较多时应打包压缩成一个文件；如果附件是特殊格式文件，应在正文中说明打开方式，以免影响使用。

（4）结尾签名

每封邮件在结尾都应签名，这样对方可以清楚地知道发件人信息。虽然自己的朋友可能从发件人中辨识，但不要为朋友或者客户增加这样的工作。

电子邮件末尾加上签名档是必要的。签名档可包括姓名、职务、公司、电话、传真、地址等信息，但信息行数不宜过多，一般不超过 4 行。只需列用一些必要信息，对方如果需要更详细的信息，会主动联系。可以引用自己的座右铭，或公司的宣传口号作为签名档。但是

要分清收件人对象与场合，切记一定要得体。

（5）及时回复

收到他人的重要电子邮件后，即刻回复对方，这是对他人的尊重，最佳的回复时间是两小时内，特别是对一些紧急重要的邮件。对每一份邮件都立即处理是很占用时间的，对于一些优先级低的邮件可集中在一特定时间处理，但一般不要超过 24 小时。如果事情复杂，无法及时确切回复，至少应该及时回复说“收到邮件，我们正在处理，一旦有结果就会及时回复”等。及时作出回复，哪怕只是确认一下收到了。如果正在出差或休假，应该设定自动回复功能，提示发件人，以免影响工作。回复不得少于 10 个字，只回复“是的”、“对”、“谢谢”、“已知道”等字眼，是非常不礼貌的。

不要就同一问题多次回复讨论，如果收发双方就同一问题的交流回复超过三次，只能说明交流不畅。此时应采用电话沟通等其他方式进行交流后再做判断。电子邮件有时并不是最好的交流方式，对于较为复杂的问题，多个收件人频繁回复，将导致邮件过于冗长而不可阅读。此时应及时对之前讨论的结果进行小结，适量删减，突出有用信息。

（6）其他应注意的问题

1）情绪高涨时避免立即回复讯息。人们习惯于面对面的口语传播，脸部表情与身体语言都会辅助沟通的效果。然而，使用电子邮件沟通却缺乏这些看得到或听得到的辅助，极易造成误解。有很多语句在日常口语沟通时并不会冒犯他人，如有人以《三字经》作为见面时打招呼的口头禅，但若将其写入邮件传送给他人，可能将引起不可预期的纷争。当来信引发个人情绪时，此时应待心情平静后再看一遍，恢复正常理智时，解读信件内容的方式或许全然不同。

2）谨慎处理恶意中伤的邮件。在网际空间中，恶意中伤或会引起争端的邮件通常被称之为“Flames”。对于 Flames 的处理要非常谨慎，以避免中计而造成连锁反应的污蔑行为。应付 Flames 最好的方法为，删除邮件，离开屏幕继续自己正常而理性的生活。

3）考虑替代性沟通管道。回复电子邮件前，思考为何不拿起电话与对方聊聊或约时间当面谈。要注意用电子邮件沟通缺乏太多人类熟悉的沟通辅助（如表情、肢体语言等）。见面三分情，即使是使用电话，状况也会完全不同，误解与纠纷自然在所难免。

3. 电子商务创业时网站中的语言

（1）避免威胁性的语言

图 5-3 是某创业者开的淘宝网站中的文字截图，文中语言有威胁口气，意思是如果买家给中差评的话卖家会投诉，不管是哪方的失误。试想这种店主下次还会有人光顾吗？

（2）站在客户的角度上说话

网店中的文字就如同店主站在店门口招呼大家进店，字里行间透出的是店主的热情与为人处世的态度，图 5-4“帮”字表现了主人在解决售后问题的出发点，即认为这是客户的事，主人解决是帮客户的忙。没有站在客户的角度上思考问题。如果这里能改成“我们一定会全力解决的，包您满意”。这样效果就会更好。

如果觉得小贝家的东东不错，

就给咱们打个**5分**吧，谢谢啦，

恶意中差评者，一定投诉到底

的呢。

图 5-3　淘宝网站文字截图（一）

大家可以放心购买哦。

关于售后

如果亲收到的产品有些瑕疵，

请及时联系我们哦，我们一定

会帮你**解决**的，包你满意哈，

因为有时候发货太多，都能难

免会弄错的呢。

关于评价

图 5-4　淘宝网站文字截图（二）

（3）多使用感谢的语言

图 5-5 中，对于客户的认可和配合，作为店主应该及时地肯定对方的付出，一句感谢能让客户觉得自己的认可和配合没有错。不要吝惜自己感谢的语言。

（4）使用文字要规范

在各种正式和公开的场合都要使用规范的文字，以免造成不必要的误解和麻烦，也是提高自己文化素养的一个方面。尽快地寻找自己网店中不规范文字，是年轻的创业者们马上要做的一件事。图 5-6 为淘宝网站一些不规范文字的截图。

售后服务

收到货后发现问题请及时跟我们联系，没问题请及时确认哦！

图 5-5　淘宝网站文字截图（三）

最新公告

1、在本店购物的亲可在赠品区选样小礼品，收藏本店可在加送一件，凭截图，不拍不送的，拍下后联系客服修改价格。

2、江浙沪快递6元封顶，之外的省市购满128元可减去5元快递费。

3、本店出售的假肉色打底裤和各类的围巾2条便可全国包邮。

4、标有“特价”“促销”字样的均不参加此活动。

图 5-6　淘宝网站文字截图（四）

图 5-7　淘宝网站文字截图（五）

（5）善意地对待客户的投诉

年轻的创业者们在与客户进行交流的时候，要尽可能地善意理解客户的出发点，特别是电子商务创业者与客户的沟通不是面对面的。肯定对方的一切行为，是创业者主动示好的一种表现。如图 5-7 所示把打中差评就称是对方“乱打”，就是否定对方的一种表现，客户给好、中、差评是他们的权利，要善意地认为大家都是理性的人，不会随意地给中、差评。

◆ 任务实施

案 例 讨 论

淘宝创业学生经营案例

口述记录：在2011年4月，当时我正在卖婴儿泳池。一个客户收到婴儿泳池后说是破的。因为我们在发货之前有两道检查工作，除非运输途中出现问题，否则不可能会发破的。我让客户拍照片，结果照片显示是一条长长的裂痕，我和厂商联系了一下，厂商明确地告诉我这是因为气打太饱而冲破的。我和客户解释这不是质量问题，但是客户坚持说收到时就是破的。我让一步说，可以退货，但是其中的运费客户应当自己承担。但是他依然坚持收到时就是破的，不肯承担运费。我让他在泳池上标一个记号，发过来我去做鉴定，如果是人为原因造成，他应该承担所有费用。然后他妥协了，要求换货。最终我答应他换货要求。

讨论：遇到这样的客户，该如何应对？不妨把情景假设为面对面的交流或投诉，讨论应该如何沟通会取得较好的效果。

同 步 训 练

训练一　沟通礼仪与技巧训练

1．训练要求

通过三项沟通游戏的训练，同学们充分体会单向沟通与双向沟通的效果，准确表达的重要性，了解哪些语言让人生厌，熟练地使用尊称、敬语、谦语和雅语，学会倾听，成为一名受人欢迎的谈话者。

2．训练场所

会客室或教室。

3．训练器具

纸、笔、游戏题目、小礼品。

4．训练方法

游戏体验、小组竞赛、自我点评、老师点评。

5．训练步骤

（1）实训所用器具的准备。

教师发放相关沟通游戏所用资料或物品。

（2）实训进程。

沟通游戏一：画图游戏

1）教师事先画好两幅画。

2）由学员推荐出语言表达能力最强的学员作代表，将画的内容用语言描述给全体学员，学员根据代表的描述作画。

3）在描述第一幅画的时候，要求只能代表说，下面学员不能提问，不能讨论，独立完成。

4）在描述第二幅画的时候，代表与学员可以沟通，学员能提问，代表可回答提问，大家在交流中作画。

5）比较两种情况作画准确度的不同，分析原因，代表与学员谈感受。

6）教师总结。

沟通游戏二：看谁最先完成

1）教师发放练习题，要求学生在听完老师所读的材料后，根据材料中的描述，以最快的速度完成 12 个练习题。教师可适当准备些礼品，奖励给速度快而且准确率高的学生。

2）教师宣读材料，读时语速中等，声音响亮，发音标准，可读两遍。

3）教师宣读完毕后，学员迅速做题，记下前 10 名；要求估计自己能答对 6 道题以上的学员举手。

4）教师公布答案，请实际答对 6 道题以上的学员举手，奖励前 10 名中能答对 6 道题以上的学员。

5）请学员谈感想，由学员分析为什么准确率低。

6）教师总结。

沟通游戏三：谁是惹火大王

1）将学员分成四组，每组选出一个组长，组长将负责收集大家讨论时的想法，并作为代表讲解。

2）教师宣布讨论内容（事先设定好交流场景），要求大家想出尽可能多的话语，能让教师事先设定的人物发火、愤怒。

3）大家分小组讨论，组长进行记录，记录内容，记录提供者的名字。

4）小组选出最能让人发火的语言，由小组长指定代表进行模拟表演。

5）小组长进行总结性发言，为什么这些话语让人发火。

6）评选火上浇油奖给惹火大王。

7）教师总结。

6．训练中要注意的问题

通过游戏让学员自己得出结论，因此在此任务环节，教师重在引导，不要急于告知结果，不要对学员说应该和不应该，最好能让学员自己得出结论，注意场控。游戏一重在对比单向沟通与双向沟通的效果上；游戏二重在分析一句话的不同含义上，听到的并不一定是对方要表达的，想到的可能与事实差别很大，而自以为获知真相，这就是为什么很多纠纷就在几句话中产生的原因；游戏三重在感受什么样的话让人内心不自在，己所不欲，勿施于人。在此环节，教师可事先准备一些小礼品，以提高学员的参与积极性。

训练二　电子商务礼仪训练

1．训练要求

通过给教师发送电子邮件、在网上购物、给自己的网站提问题等方式，学会正确地发送及回复电子邮件、电子商务创业过程中如何与客户正确沟通、如何在细节上提升网店的档次。

2．训练场所

机房。

3．训练器具

电脑设备、网络。

4．训练方法

实践操作。

5．训练步骤

（1）实训所用器具的准备。

教师发放相关沟通游戏所用资料或物品。

（2）实训进程：

1）用 Word 文件写下自己在学习、工作、生活或创业过程中遇到的一些困惑，要有情况发生的时间、地点、人物介绍、情况发生经过等要素，写明自己的想法。

2）收信人为教师，注意标明主题，写一封简短的咨询或求助信，注意各种电子商务礼节。

3）可以将实际工作或者商务往来时的电子邮件以附件形式交给教老师点评。

4）将自己在网上购物时的不愉快经历与大家交流，讨论为什么会产生不愉快。

5）在网上找不同类型的网店，查找其中不规范的文字或者语言。

6）教师对学生的电子邮件和在网上找到的不规范进行点评。

6．训练中要注意的问题

此次实训其实是实践活动，在知识学习的过程中就可以将任务布置给学员，让学员在平时的工作、学习、生活中注意观察，用心积累案例，实训报告也可以尽早发放给学员。教师对学员的指导可能要占用较多的课余时间，不一定要集中在一个时间段里完成。及时的总结与提醒对学员来讲印象更为深刻，而且还有更多的时间或机会来改变自己的行为。

◆ 任务评价

1．完成沟通礼仪训练后，填写以下训练报告（报告 5-1），并完成沟通游戏二的相关习题。

报告 5-1　沟通礼仪训练报告

姓名________　　班级________　　学号________　　成绩________

训练项目	
训练场所	
训练要求	
训练器具	纸、笔
	游戏一：画图 第一次图形：　　　　第二次图形： 游戏心得： 游戏二：看谁答得最快 （1）　（2）　（3）　（4）　（5）　（6） （7）　（8）　（9）　（10）　（11）　（12）

续表

训练操作	你认为自己至少能对几题： 结论： 游戏三：谁是惹火大王？ 你想到的让人不愉快、恼火的语言： 谁是惹火大王： 总结，哪些话会让人不愉快，甚至发火：

阅读以下文字：

某商人刚关掉店里的灯，一名男子就来到店堂并索要钱款，店主打开收银机，收银机内的东西被倒了出来，那名男子逃走了，一位警察很快接到报案。

仔细阅读下列有关故事的提问，并在“对”、“不对”或“不知道”中做出选择（划圈），如表 5-2 所示。

表 5-2　相关问题

序号	问题	正确	错误	不知道
1	店主将店堂内的灯关掉后，一名男子到达	T	F	?
2	抢劫者是一名男子	T	F	?
3	来的那个男子没有索要钱款	T	F	?
4	打开收银机的那名男子是店主	T	F	?
5	店主倒出收银机中的东西后逃离	T	F	?
6	故事中提到了收银机，但没说里面具体有多少钱	T	F	?
7	抢劫者向店主索要钱款	T	F	?
8	索要钱款的男子倒出收银机中的东西后，急忙离开	T	F	?
9	抢劫者打开了收银机	T	F	?
10	店堂灯关掉后，一名男子来了	T	F	?
11	抢劫者没有把钱随身带走	T	F	?
12	故事涉及三个人物：店主，一个索要钱款的男子，以及一个警察	T	F	?

2．完成电子商务礼仪训练后，填写以下训练报告（报告 5-2）。

报告 5-2　电子商务礼仪训练报告

姓名__________　　班级__________　　学号__________　　成绩__________

训练项目	
训练场所	
训练要求	
训练器具	
训练操作	1．总结自己生活、工作、学习中的困惑，给老师发送一封用于请教的邮件 （邮件内容附后） 2．在网上购物，与商家交流，分析交流过程商家使用的语言哪些是符合规范的，自己在沟通中的感觉如何 3．对不同类型的网络商家店铺以及自己的店铺进行地毯式搜查，查找其中使用的文字哪些是不规范的，或者对客户不够尊重的字眼，截图并说明理由

3．同步训练评价

项目小组评价表

分数 组别	是否及时完成	质　量	团队表现
第一组			
第二组			
第三组			
⋮			

个人任务评价表

分数 评分依据	个人具体分工		个人表现		
	承担任务的质量	个人记录	教师评分	组长评分	组员互评
成员一					
成员二					
⋮					

任务二　做一名具有服务意识的创业者

导入案例

是什么激怒了顾客

在某地一家饭店餐厅的午餐时间，来自中国台湾的旅游团在此用餐，当服务员发现一位70多岁的老人面前是空饭碗时，就轻步走上前，柔声说道："请问老先生，您还要饭吗？"那位先生摇了摇头。服务员又问道："那先生您完了吗？"只见那位老先生冷冷一笑，说："小姐，我今年70多岁了，自食其力，这辈子还没落到要饭吃的地步，怎么会要饭呢？我的身体还硬朗着呢，不会一下子完的。"

在服务的过程中，使用的语言要尽可能地规范，以减少误解。

敬语缘何招致不悦

一天中午，一位住在某饭店的国外客人到饭店餐厅去吃饭，走出电梯时，站在电梯口的一位女服务员很有礼貌地向客人点点头，并且用英语说："先生，您好！"客人微笑地回道："你好，小姐。"当客人走进餐厅后，引位员说出同样的一句话："您好，先生。"客人微笑着点了一下头，没有开口。客人吃好午饭后，顺便到饭店的庭院中散步，当走出内大门时，一位男服务员又是同样的一句话："您好，先生。"

这时客人下意识地只是点一下头了事。等到客人重新走进内大门时，仍然是那位男服务员："您好，先生。"的声音又传入客人的耳中，此时这位客人已感到不耐烦了，默默无语地径直去乘电梯准备回房间休息。恰好在电梯口又碰见那位女服务员，自然又是一成不变的套话："您好，先生。"客人实在不高兴了，装成没有听见，皱起了眉头，而这位女服务员却十分困惑。

这位客人在离店时，写给饭店总经理一封投诉信，信中写到："……我真不明白你们饭店是怎样培训员工的？在短短的午休期间，我遇到的几位服务

员竟千篇一律地简单重复一句话‘您好，先生’，难道不会使用其他的语句吗？”

在服务的过程中，要体现工作人员或者创业者对顾客的真诚，并不是简单地使用文明用语就能达到。服务是要用心的，服务用语要用心说，而不是仅仅为说文明用语。对于一名创业者，不仅要树立服务意识，还要让自己的员工都明白服务的真谛，只有明白什么是服务，并用心服务，才能提供真正热情周到的服务，才是创业者持续性发展的不竭源泉。

◆ 任务要求

在本任务的学习和完成过程中，让学员进一步了解服务的含义，理解对于创业者来说树立服务意识的重要性，深度挖掘或开拓服务项目，提升服务水平。恰当地处理好创业过程中出现的各种纠纷，从容地应对可能出现的危机。

◆ 任务分析

要完成任务二，就要在老师的指导下做好以下几项训练。

1）服务意识的培养与创新服务训练。通过该训练，学员们亲身感受不同服务方式取得的效果，体会服务礼貌用语的作用。创新开拓本行业或本企业的服务项目，提升服务质量。

2）商务纠纷处理案例讨论与模拟。通过该项训练，学员们能正确对待投诉，以尽可能好的方式处理创业过程中出现的纠纷。

◆ 任务学习

一、服务意识的概念

服务是指在业务范围内，为了满足业务对象的需要，提供方与业务对象相接触的活动，以及提供方内部活动所产生的结果，服务给人们带来利益和愉快的感觉。简单地说，服务就是满足别人期望和需求的行动、过程及结果。服务无处不在，广义上说，每个人都是服务的提供者和被服务的对象，只是分工不同而已。

意识就是人们的觉知状态，即对人们自身、对外界的环境事件以及自身与外界环境事件关系的觉知状态。意识具有主观性、统一性、流动性、能动性四个基本特征，这些特征决定了每个人的意识都是独一无二的，都是自主选择的，都是别人无法强加的，而且可以通过后天的努力加以提高的。意识能够控制和改变人们的行动，以达到预期目标。

服务意识是指创业者或企业全体员工在与企业利益相关的任何人的交往中，所体现的热情、周到、主动地提供服务的意识。服务意识是自觉主动做好服务工作的一种观念和愿望，它发自服务人员的内心，是服务人员的一种本能和习惯，是可以通过培养、教育训练形成的。不论是创业者、管理者，还是一线的服务人员都应该培养服务意识，能主动地为客户提供热情周到的服务，提升自己服务的品位，扩大产品的外延。

1. 创业者的服务意识

具有服务意识的创业者，能够把自己利益的实现与保证他人的利益很好地结合，把利己和利他行为有机协调起来，以谋求双赢。具有服务意识的创业者以主动地提供服务为基础，常常表现出“以别人为中心”的倾向。因为他们知道，只有首先以别人为中心，服务别人，才能体现出自己存在的价值，才能得到别人对自己产品以及服务的认可。 服务意识也是以别人为中心的意识。拥有服务意识的人，常常会站在别人的立场上，急别人之所急，想别人之所想；懂得自我谦让、妥协甚至奉献、牺牲，不仅运用在客户的管理上，同时在员工管理中也会体现出服务意识。实际上，多为别人付出的人，往往得到的才会更多。这正是聪明的创业者的做法，其事业才能走得更为久远。缺乏服务意识的创业者，则会表现出“以自我为中心”和自私自利的价值倾向，把利己和利他矛盾对立起来。在考虑问题的过程中，出发点往往是满足自己的需要，在言语上、方式方法上就很少会站到对方的角度，往往连自己做错都感觉不到，总认为自己是对的，最终发现顾客越来越少，忠实的员工也越来越少，事业越走越窄。

2. 员工的服务意识

由于生活水平的提高，顾客所受的教育水平也普遍提高，对各式服务的感受有了自己的理解，对服务也就有更高的要求，这就需要服务工作人员能提供更高的服务质量来满足人们日益增长的服务需求。创业者除了自己要树立服务意识外，还要让自己的员工也了解服务的真谛，在树立服务意识的基础上完成一系列服务活动。员工的服务意识在整个服务过程中是非常重要的，有什么样的意识就会有什么样的行为。没有服务意识的员工看不到自己行为的失礼之处，当然也就无法提供优质的服务。

礼仪案例

错在哪里了？

某客户在自动取款机上办理取款业务时，接连操作三次都显示是操作超时，第四次操作成功了，取出了他要取的 1000 元钱，可当他查询余额的时候，却发现自己的卡中已被扣了 4000 元，也就是说前面的三次都成功扣款了。于是他去银行找工作人员处理，因为正逢休息日，工作人员说：“我们帮你查一下，不过负责此事的人要星期一上班，请星期一再来。”星期一找来时，另一位工作人员接待说：“我们帮你查了一下，确实是只支付了一笔，卡上却多扣了，不过要办理取消手续，必须有领导签字。”领导不在，客户被要求第二天再来；当客户第三次找上门，领导接待：“我们帮你看过了，事情进行了处理，三天后钱会转回到你的卡中。”客户向投诉部门进行了投诉。这三位被投诉的工作人员都很委屈地说：“我们没有做错啊，我们一直都在帮他解决问题，而且问题也已经解决了，为什么他还要投诉我们呢？”

在此案例中，这三位银行员工的服务意识并不到位，客户出现问题的原因并不在客户身上，作为银行员工在内心却始终认为这是客户自己的事，是客户的原因造成了目前的问题，所以在解决问题的过程中，几个人都不约而同地用了“帮”这个字，并且没有因为给客户增添了很多的麻烦而道歉，这显然与客户的想法大相径庭。客户的感受：“我的钱少了，是因

为银行设备出现了问题，我一次一次跑过来，你们不但没有不安、没有道歉，反而显得很大度的样子来‘帮我’，这些事难道是我造成的吗？我是不是要反过来感谢你们呢？”

一名具有良好服务意识的员工会有以下收获：

1）获得提升。一个具备良好服务意识的员工在工作中总能让顾客满意，领导最希望的就是自己的员工为自己企业塑造良好的形象，这样的员工当然更有机会获得提升。

2）获得工资的增长。提供好的服务，得到客户的认可，订单多了，提成也就多了，收入也就随之增长。

3）获得好的心情。客户满意的情况下，对工作的认可度也就高，语言上行动上就会有所表示，在这样的工作氛围下，心情也会愉快。

4）帮助保住工作。在经济较为困难的时候，如果遇到不得不裁员的情况，对于企业领导来说，当然要留下能保证企业持续经营有利的好员工。

二、优质服务的概念

优质的服务是让客户感到满意的服务。提供的服务是否优质，话语权应该归于享受服务的人，而不是提供服务的人。许多单位年年提服务、月月讲优质，可是到头来却发现，服务质量却总是提不上去，原因是什么？其实，总结那些服务口碑好的企业，他们的服务之所以被认可是因为服务正好满足了客户的需要。所有提供服务的人要想得到被服务人的认可，就需要思考一下自己所提供的服务是不是客户所需要的？下面进行服务关键因素分析。

1. 服务的关键因素分析

根据实训做一个测试，表 5-3 为影响服务质量的 26 项因素，请所有的学员分成两组，一组的身份为提供服务的人，另一组的身份是享受服务的人，两组对这 26 项因素进行讨论，选出关键因素，并按重要性排列出前 5 项。

表 5-3 影响服务质量的 26 项因素

序 号	服务关键因素	序 号	服务关键因素
1	物有所值的感觉	14	站在客户的角度看问题
2	优雅的礼貌	15	没有刁难业主的隐藏制度
3	清洁的环境	16	倾听
4	令人感觉愉快的环境	17	全心处理个别业主的问题
5	温馨的感觉	18	效率和安全的兼顾
6	可以帮助业主成长的事物	19	放心
7	让客户得到满足	20	显示自我尊严
8	方便	21	能被认同与接受
9	提供超常规服务	22	让客户感觉受到重视
10	认识并熟悉客户	23	有合理的能迅速处理业主抱怨的渠道
11	社区具有吸引力	24	不让客户等待太久
12	兴趣	25	专业的人员
13	提供完整的选择	26	前后一致的待客态度

测试结果表明，作为服务提供者所认为的最关键的影响因素和作为服务享受者所认为的

最关键的影响因素往往不同，经常会产生偏差，所以在提供服务的过程中，很可能提供了对方不需要的服务，需要的反而被忽略。如果没有尽可能地换位思考，彼此就容易产生误解，导致纠纷的出现。哪种因素最关键？没有正确的答案，不同的人有不同的感受，所以服务提供者要经常性地对自己所服务的市场进行调研，和服务对象进行沟通，去寻求满足客户需求的服务，这样的服务才可能被称为优质服务。

2. 优质服务的内涵

优质服务的提供有共同的内涵。

（1）良好的仪容仪态和自然的文明礼貌用语

优质服务表现在服务人员的外表上，就是要衣冠整洁，讲究仪表仪容，注意服饰发型，在外表形象上要给人以庄重、大方、美观、和谐的感受，显得清爽利落、精神焕发，要具备保持微笑的职业本能和习惯。在语言上要讲究语言艺术，谈吐文雅，谦虚委婉，注意语气语调，应对自然得体；在行动上要举止文明，彬彬有礼，动作幅度不要太大，动作要轻，坐、立、行都要有正确的姿势，注意克服易引起客人反感的无意识小动作。

（2）优良的服务态度

有正确的人生观，对待客户宽容，经常站在客户的角度上思考问题。在服务过程中体现为认真负责、积极主动、热情耐心、细致周到、文明礼貌。工作中杜绝推托、应付、敷衍、搪塞、厌烦、冷漠、轻蔑、傲慢、无所谓的态度。

（3）扎实的专业知识和较高的服务技巧

与服务内容紧密联系的专业知识和服务技巧是提供优质服务的基础。许多企业都在纠结于专业知识、服务技能与服务意识哪个更重要的问题，其实想明白下面这一问题即可：有着强烈服务意识的员工，服务态度端正，大多会主动地学习专业知识，钻研服务技术，一份努力必有一份收获。而仅有服务技能没有服务意识的员工，往往会忽略客户的感受，提供的服务未必会是客户需要的。

三、创业者培养员工服务意识应注意的要点

1. 作为管理人员应以身作则

创业者作为管理人员应率先遵循服务礼仪规范，由上至下改进服务。要创造出优势的服务，仅仅对员工进行强化培训是远远不够的。优质服务的思想必须贯彻在企业文化之中，并且要由领导以身作则付诸实践。如果管理层以服务为先，则上行下效，业主至上的思想就容易落实在员工的行动上。

2. 制定具体的优质服务目标

优质服务思想不仅需要领导以身作则，还要由一套明确的制度来保证，企业必须对员工的行为期望加以明确。例如，电话铃响几声之前一定要接听；工作受理的回复期限；投诉应对程序等。对优质服务标准的规定必须简洁明了，可采用情景体验、仪态训练、标准服务流

程、标准礼仪与行为等训练法。

3. 注重员工的先天素质和后天培养

创业者要学会雇用、重用重视服务的员工。制定服务策略之后，必须找到适当的员工来执行。这种适当的员工必须是愿意与业主友好相处、善于了解业主心理，又能敏锐地察觉业主特别需要的员工。

4. 训练员工关心和体谅客户

企业还要通过各种培训，把优质服务的思想植根于员工的大脑中，并努力提高员工优质服务的行为能力。员工自身也必须学会换位思考，才能正确地认识自己的不足，体谅业主的举措。

5. 授权员工自行解决问题

企业必须让员工通过各种培训学会在主管不在时自己解决问题，同时勇于为员工的过失承担责任。

6. 重视、关心员工

创业者作为管理人员，不可能整天与客户打交道，而只有一线员工才是真正随时为业主服务的。所以，创业者首先要真心为员工着想，如安排好员工食宿，科学排班，适度开展员工活动，使员工劳逸结合，并及时解决员工的各种困难。只有这样，才能让员工认识到公司是重视他们的，从而会更加努力地工作，而服务意识也会不断提高。

7. 合理奖惩

对服务工作做得好的员工给予一定的物质和精神上的奖励，对于服务工作做得不好的员工则要进行惩戒（批评教育或处罚）。这样让员工意识到其服务的好坏直接关系到其切身利益，他们就会自觉地注意日常服务过程中的每一个细节，从而提高服务意识。

8. 注意日常工作

对于日常工作中暴露出来的问题，随时随地地利用交接班或个别谈话等方式予以指正，并树立服务模范，让其他员工有学习和效仿的榜样。

四、如何提供热情周到的服务

南宋思想家朱熹在《朱子家训》中说："读书有三到，谓心到，眼到，口到。心不在此，则眼不看仔细，心眼即不专一，却只漫浪诵读，决不能记，记不能久也。三到之中，心最急。"这句话的意思是，读书有三到，就是心到、眼到、口到。心思不在书上，那么眼就看不仔细，就不会专注，只是泛泛地读，不可能记下来，即使记下来也不会长久。三到中，心到是最急需的。同样，热情周到的服务也有三到，也是心到，眼到，口到。心思不在服务上，眼中就看不到客户的需求，就不会专注，只会应付地做，决不会做得到位，即使偶尔做得好也不会长久。三到中，同样心到是最主要的。

1. 心到

心到就是心意要到。礼由心生，心到才能有意识地去探寻服务对象的需求，才能用心地想办法满足服务对象的需求。做到心意到要注意以下几点。

（1）有尊敬之心

经常性地站在对方的角度去思考问题，思考什么样的服务才是对方想要的服务，思考如果自己是对方，遇到这样的问题会采取什么样的态度，自己这样做对对方是否有不敬的嫌疑。要通过各种方式向服务对象表达尊重。同样，服务的尊敬也要通过各种形式让对方感受到。

（2）表情自然，要互动

在服务过程中，过分严肃有怠慢客人之嫌。工作场合，不苟言笑，甚至做苦大仇深状，顾客面对这样的服务人员，心情也不会好。有些服务场合气氛是愉快的，此时服务人员就应该给予最灿烂的微笑，表达自己的热情。许多企业在工作守则上明确说明要微笑服务，但不分情况一律微笑，这也会违反礼仪的适度原则。其实，微笑服务也要看场合、看对象，要符合服务对象的心意。例如，交警在服务过程中，有司机违章导致交通事故，车损人伤。交警这时的微笑服务就很不合时宜。此时交警工作的表情应该是严肃的，眼神是关切的。又如，客户购买商品在使用时发生问题，出现故障或是伤害到身体，心中恼怒万分，如果处理此类纠纷的服务人员接待时面带微笑，对方会觉得服务人员在幸灾乐祸，自然会更加恼怒，矛盾就有可能升级。

（3）宽容大度

一个真正有教养的人，落落大方，不卑不亢，对自己要求严格，对他人却是宽容大度的，在服务过程中更是如此。有些人做人是“以其人之道还至其人之身”、“以牙还牙”，但是服务人员在服务的过程中，面对的是各种层次的人，不能要求顾客达到某种境界来配合自己的工作，服务人员只能提升自己素质，对自己严格一些。退一步海阔天空，适当让步可能会赢得更大的市场。

2. 眼到

所谓眼到，就是要目中有人，这个人就是服务对象。在服务的过程中，说话、引导、鞠躬、握手、递接名片等，总要和服务对象有眼神之间的交流，要看着对方。眼神的构成包括眼光注视的时间、角度和部位。这一点，在前面的章节已说明过。服务时 2/3 左右的时间彼此是有目光交流的，角度平视，注视社交区域。服务过程中头不要仰得过高，否则看他人的角度就会是俯视，有看不起对方的感觉。但有的人误以为把头昂得高高的，可以显得自信，特别是个子不高的男士，内心里对自己的身高缺乏信心，总有一点自卑，越是怕被人看穿，越是会把头昂得高高的以掩饰自己，这就会让交往对象感觉很难接近，服务对象也就没有了被尊重的感受。

3. 口到

（1）接待三声

1）第一声，来有迎声。在迎接来宾的时候要主动打招呼。首先是要有尊称，其次要有问候声。

尊称是向交往对象表达尊重和友善的称呼，是外界对这个人社会地位、职位、成长阅历、社会能力的认可，如钱教授、钱总、钱经理、钱主任、钱老师等，这些是了解对方的职位、职务或者职称时的称呼。如果不是太了解，只知道名字，可以称呼钱先生、钱女士、钱小姐，以上这些称呼都是有特定指向的，指向要服务的对象，它向对方表明，招呼是向他们发出，而不是向其他人。服务人员也会获得他人的回馈和认可。“先生、女士、小姐”这些是泛尊称，在迎接不太了解的顾客时，不知对方的身份和姓名，只能用泛尊称，此时的称呼、眼神就更为重要，看着对方，让对方知道，接下来的问候是向他发出的。有一些称呼，如“大哥、大姐”，有江湖气息，在政务场合、重要商务场合慎用；“姐”、“阿姨”这些称呼对女士不可轻易使用，因为听的人未必能接受；对于女士，已婚的称之为“女士”，未婚的称之为“小姐”较好。有人说，现在“小姐”有贬义，不适宜使用。

礼仪小故事

苏东坡与佛印的故事

苏东坡和佛印一起参禅打坐，苏东坡看着佛印的样子，胖胖的，黄黄的，笑着说：“我看你像一坨屎。”佛印笑着说：“我看你像一尊佛。”苏东坡听了很高兴，认为自己胜了，高兴地回家跟他的妹妹苏小妹说了这件事：“这回可是胜了一回了，我骂他如狗屎，他却说我是佛，哈哈！”没想到他妹妹也笑，说：“哥，你还是输了，心中有佛，满目是佛；心中有屎，满目是屎。这说明你内心很不干净啊！”

电子商务创业中疯狂流行的问候语“亲”，对一般年轻的买家来说尚可，可是买东西的有一大部分也是已婚者，这一称谓听起来难免有些不舒服，有时会适得其反。所以卖家应该用最正规的问好方式，即“先生/女士，您好”。

2）第二声，问有答声。对客人的问题有问必答，不厌其烦。这里的答声，不是有回答的声音就可以了，这里的回答，是耐心的回答、是面带微笑的回答、是细语柔声的回答、是专业的准确的回答、是有针对性的回答、是及时的回答。例如，商场有顾客询问商品的陈列处，如果回答“在里面”、“在外面”，顾客一定无所适从；有人咨询专业性的问题，回答“我不知道”，甚至有的人还会用谴责的语气说“你怎么连这些都不知道，先去哪里看看再来”，让人听而生畏。这类的回答，不是服务人员的回答。

3）第三声，去有送声。善始善终，当客人告辞的时候要道别，如“再见”、“欢迎再来”。在送别的时候，要注意送客送到什么程度。最基本的送客，要有眼神与手势的跟进，手势引导，眼光送别。不要刚说完再见，就不再理会离别的客人，因为一般人离去时都有回头一望的习惯，回首相望时，对方的目光还在尾随和对方的目光早已转向他人感受是完全不同的，前者会涌出一阵暖意。

（2）文明五句

文明五句即“您好”、“请”、“谢谢”、“对不起”、“再见”，又称“十字文明用语”。

在使用文明用语的时候，许多人仅仅是在说文明用语，结果收到的效果就很难达到预期。说文明用语，需要用心来说。

1）问候语“您好”。要养成习惯，张嘴先说“你好”，不管对自己人还是外人，要先说声“您好”。试想如果自己在路上走，有人问路，说道：“哎，到火车站怎么走？”这时自己心中肯定心生反感，但如果问道：“先生，您好，到火车站怎么走？”这就给人以十分礼貌的感觉。如果较熟悉的关系，问候对方时可以带上姓或职务职称，来表达敬意，如“李先生，您好”、“钱老师，下午好”。这就不是单纯的服务与被服务的关系，而是趋向一种朋友关系，会获得更好的交流效果。

如果再加上具体时间，使用时效性问候，如“上午好”、“下午好”，或者“晚上好”，这样问候的效果则更佳。

2）请求语“请”。需要别人帮助、理解、支持、配合要先说“请”。请求语包括“请”、“请坐”、“请签名”、“请喝茶”、“请跟我来”等。例如，给顾客倒完水，没有表情、没有眼神交流、没有手势、没有语言提示，转身走掉，顾客肯定没有被服务的感觉。倒水的目的不仅是请客人喝水，而是要通过倒水这一行为来体现好客之意，表达热情。所以，通过倒水敬茶这一过程显示出服务的热情，双手敬上，放于客人的右手侧，眼神要关注顾客，面带微笑，用手掌指向杯子，说“请用茶”，这时顾客就产生被服务的感觉了。

3）感谢语“谢谢”。得到他人的帮助、理解、支持、赞美之后，都要说声“谢谢”，这是对对方付出的认可。特别是收费性服务，则更有必要说“谢谢”。说的时候，眼睛要看着对方，脸上带着微笑，语速适中，语音柔和。声音太硬，说得太快，说太轻，容易给人说得很不情愿的印象。除此之外，当对方提出批评意见时，也要表示感谢：“谢谢您所提的意见，以免我们以后出现更大的差错，我们一定多加注意。”在拒绝别人的时候，不妨加上感谢词，拒绝时不伤害对方：“谢谢，这个我们不需要”“谢谢，我已经买了这套新产品了，再见！”

4）抱歉语“对不起”。怠慢别人，伤害别人，为别人平添麻烦要说声抱歉或者对不起，这是一种教养。这里要注意的是，当客户表达他的宽容，说了一句“没关系”之后，服务人员要对客户的宽容表示感谢，因为他会希望得到服务人员对他宽容的认可。因此，“对不起”往往与“谢谢”相配。例如，“对不起，麻烦您配合一下，好吗？谢谢您！”这句话会使人产生亲切、顺从的感觉。

5）道别语“再见”。这在接待三声时已有说明，在此不多重复。

（3）说普通话，口齿清晰

在公共场合进行服务或者交流时，要注意使用普通话，使每个人都听得懂。有的人交流时喜欢用方言，谈笑风生，全然不顾在座的人中是否有人听不懂方言。外地人很容易产生被排外心理，当其他人都用方言在交流，自己犹如空气，不被人关注，会很尴尬。如果开始时还用普通话交流，中间突然改为方言，则容易让人怀疑是不是讲了一些不能让人知道的秘密。因此，正式场合交流时常常使用普通话。即使是朋友聚会，如果有外地人，也要使用普通话交流。

有的人交流时喜欢夹带一些外语，如“记得把那个 E-mail send 给我哦！”、“我的 computer 太旧啦，想再 buy 一台”、“今天跟你聊天我 very 高兴，等我过几天倒照片跟你们 share”等，夹带外语要有合适的交流对象。例如，一些留学归来的朋友一起交流时，或者是运用一

些专有名词，很难找到准确释义的中文，只能用英文代替时，而在其他场合半中文半英文地夹杂起来说，会有“故意炫耀”、“显摆”之嫌，让人心生反感。

五、如何面对投诉

对创业者而言，如何提高与顾客沟通的能力，是既切身又切实的重要课题。尤其是新技术日新月异的发展，不但使经济形态发生了崭新的变化，而且使人与人之间的沟通方式也发生了根本的变化。因此，在面临沟通的时候，若无法应付环境的转变，势必遭受挫折。这方面的挫败不仅能使人迷茫，同时对企业的前途和个人的发展也是一种巨大的打击。很多组织倡导顾客沟通，千方百计地寻找与顾客沟通的有效途径，但却对平时的顾客投诉视而不见或是心存恐惧，避而远之，而了解顾客投诉，处理好顾客投诉正是最有效的与顾客沟通的方法。顾客投诉是宝典，是顾客送给企业最好的礼物，如果重视挖掘开发与顾客沟通这一环节，会发现可以从中获得很多益处。与投诉顾客进行良好的沟通，让不满意顾客转变成为企业创造价值、产生利润的忠诚顾客。

1. 投诉是一种权益

英国标准协会（British Standards Institution，BSI）颁布的国际标准 BS 8600（1900）对投诉的定义：投诉，顾客的任何不满意的表示，不论正确与否。ISO10002（2004）中对投诉的定义：投诉是指由于产品质量或服务本身，没有达到消费者的期望，消费者向组织提出不满意的表示。因此，投诉是消息者在产品使用过程中或者服务的享受过程中具有的一种权益，向服务提供者表示消费者的不满意。随着管理力度与人们维权意识的加强，人们对服务的要求越来越高，表达不满意的意愿越来越强。

2. 投诉人的价值

投诉是人们表示不满意的一种方式，但是人们不一定选择，有的人会息事宁人选择沉默，据有关调查表示，平均 100 名顾客当中，会有 25 个人遇到过不满意的情况，而这 25 个人中，只有一人选择投诉来表示自己的不满。也就是说，1 个投诉不满的顾客后面有着 25 个不满的顾客，另外的 24 个人不满但并没有投诉，尽管其中有 6 个严重问题但这 24 人却也没有表示出自己的抱怨。如果没有这位投诉顾客的存在，企业或者创业者将不知道自己的产品或服务是否存在问题，也不知道如何去改进自己的产品或服务。因此，顾客投诉应该受到企业的尊重，应该得到企业的感谢，投诉顾客是企业真正的朋友，是给企业带来利润的人。

调查显示，一个不满的顾客会把不愉快的经历告诉 10～20 个人。我国是一个非常注重人情关系的国度，每个人的人情关系网（同学、同乡、亲朋等）基本都不少于 10 人，一个人遇到了不满的情况，虽然没有进行投诉，但需要一个发泄的途径，所以他会把自己的不满告诉自己的亲朋好友。如果这 10 个人再将不满意的信息进行传播，影响将会以几何倍数加大，这就是所谓的“好事不出门，坏事传千里”。由此可以看出，顾客对产品及服务不满意时，不仅仅是自己不购买产品，还会影响到 10 个以上消费者不购买自己的产品。可想而知，正确处理顾客投诉，重视与投诉顾客的沟通，是企业在市场中立于不败之地、持续发展的根本。将顾客投诉转变为经营效益，其前提是正确对待顾客投诉，并从中挖掘出顾客投诉的价值。

这 24 名不满却没有投诉的顾客后续反应如表 5-4 所示。

表 5-4　24 名顾客的后续反应

投诉处理情况	不满意但会继续购买的顾客比例
不投诉者	9%（91%不会再回来）
投诉没有得以解决	19%（81%不会再回来）
投诉得以解决	54%（46%不会再回来）
投诉迅速得以解决	82%（18%不会再回来）

也就是说那 24 位顾客有 91%的人选择了离开，意味着至少 21 名顾客将不再回来，他们转向企业的竞争对手。投诉者比不投诉者更有意愿继续与公司保持关系。投诉者的问题得到解决，会有 60%的投诉者愿与公司保持关系，如果迅速得到解决，会达到 90%。

如果再进行数据化，假设某位顾客每周都要去企业消费 100 元，但后来因为该企业或是态度不礼貌、接待不得体或是顾客自己认为没受到应有的尊重等问题，而使该顾客产生不满并不再去该企业消费，则他的不满带来每年（52 周）的损失：100×52×25×10＝130（万元）。

顾客的投诉可以成为企业改进和创新业务的最好同盟。顾客指出企业的系统在什么地方出了问题，哪里是薄弱的环节；顾客告诉企业产品在哪些方面不能满足顾客的期望，或是企业的工作没有起色；顾客指出企业的竞争对手在哪些方面超过了企业自身，或企业的员工在哪些地方落后于人……这些都是给咨询师付费才能获得的内容和结论，而投诉的顾客“免费”地给了企业。所以当有人来投诉的时候，企业应该当成顾客是拎着礼物来看自己。

3. *面对投诉，如何化投诉为认可*

面对投诉，在摆正心态后，调整好自己的情绪，熟练运用化投诉为认可的技巧，取得最好的效果。

（1）低位坐下

处理客户投诉时要尽量让对方坐下谈话，让对方放低重心，避免和对方站着沟通。据心理学研究表明，人的情绪高低与身体重心高度成正比，重心越高，越容易情绪高涨。因此，站着沟通往往比坐着沟通更容易产生冲突，而座位越低则发脾气的可能性越小。在处理客户投诉时，若对方情绪较差，不要急于为自己辩解，因为客户情绪激动时根本就听不进去。而且越是辩解，越让对方感觉在推脱责任。第一件事是应该让对方坐下，端水请对方喝水，让对方诉说，待对方情绪平静后再进行沟通，及时说声“对不起”。这里的对不起并不是指自己认错了，而是首先为彼此之间可能存在的误会让对方不满意表示对不起。

（2）反馈式倾听

根据沟通心理学规律，让自己的表情、语言、动作与对方说话内容保持高度一致，就是沟通投机的表现。带有反馈式的倾听，会让客户产生被重视的感觉，提高对方的满意度，容易稳定情绪。表情与语言上不断反馈的总原则是，眼睛要忽大忽小，嘴巴要哼哈不停，身体要前后摇摆，表情要惊讶、严肃专注、点头微笑，并伴随着相应的语言，如“什么？”“竟然有这样的事!”“请再重复一下刚才说的是……”，等等。与此同时，还可以认真记录对方讲述的内容，显得非常正式、认真，让对方更加感觉到自己被理解和重视。当然，这些行为仅仅表示“我在认真听”，并不表示同意对方的观点。面对客户，很多人都会面无表情地倾听，这是最忌讳的行为。这会让对方觉得自己得不到重视，火气也越来越大。

（3）重复对方的话

在沟通中，可以将客户的谈话内容及思想加以整理后，再用自己的语言反馈给对方。例如，“为了使我理解准确，我和您再确认一下。您刚才的意思有以下七点，第一点是……第二点是……您认为我理解的对吗？还有什么，您接着说。”如此重复，可以让其感到备受重视。对方也一定会反过来专心听重复的话，寻找错误或遗漏之处，如此转移注意力，自然更利于降火。重复对方的话的频率与客户情绪高低成正比，对方情绪越高，就应该提高重述的频率，从而努力让对方平静下来。

（4）转换场地

如果客户情绪依然没有平稳，则可以考虑请对方换一个场所谈话。例如，“这里房间小，凳子也很不舒服，请您到另一间办公室吧，那里沙发坐着舒服，我再给你泡杯茶”。到了新的场地之后，客户会不由自主地分散精力辨析新场地，高亢的情绪能快速缓和。

（5）认真处理

要让对方感觉到这个问题正在或即将被处理。无论客户情绪如何，其最终目的仍然是解决问题。当客户知道问题已在处理中，心情自然会逐渐平静。即便无法立即采取客户所渴望的行动，但若能做到以下几点，客户仍会感到满意。

1）准备好表格，让对方填写。通常，填写表格十分正式，这样会让客户觉得处理的程序非常规范，自己的投诉也得到了重视。

2）拿出自己随身携带的小本子，在对方说话时记录下来。当对方快讲完时承诺一定会认真处理，同时将小册子放进口袋。这些行动都是告诉客户已经达到了投诉的目的，帮助其稳定情绪，为大事化小、小事化了提供谈判环境。很多人在听完客户投诉后，只是简单地用语言回复：“您放心，我们会尽快解决您的问题。”实践证明，这句话反而会更让客户担心。

（6）给出明确时限，及时解决

相信大多数企业或者创业者一定会认真对待携带130万元投资款的客户，请客吃饭、赠送礼品，类似的重视活动紧紧跟上。那么对于可能让企业免于130万元损失的投诉顾客，也应该善待之，及时地了解诉求，宽容地解决问题将是留住客户的最好法宝。当然，解决的时限不要拖得太久，也不要给模糊字眼，“尽快解决”不如“三天内给您答复”更有效果。

（7）追踪沟通，表达感谢

大多数顾客并不会告知不满，只是转身离开另觅交易，企业一定要留住这些客户。利用额外的时间来争取他们的注意力，在纠纷处理过程中或处理结束后，及时追踪，可以进行一次私人会面，或者办一个主题讨论会，甚至一个电话联系，或请他们回答一些调查问题。例如，这一次的处理您满意吗？感谢您的支持，您觉得我们的产品和服务还需要哪些改进？您觉得我们和竞争对手比较有什么不同，期望得到您持续的支持。找到这些问题的答案将会有助于创业者的事业，可以找出企业的优点和不足。如果一个顾客不满意，就在他改变主意之前采取行动。当向顾客提出问卷调查，就表明自己对他的重视，从而吸引顾客成为回头客。

创业小故事

淘宝创业学生售后服务经验分享

售后就是卖掉宝贝之后的事了，虽说大家也明白售后服务很重要，可作为卖家的您又做了多少呢？先看看我是怎么做售后的吧。

买家付款等发货这段时间里，如果作为卖家的我们没能按时发货，那就得考虑买家的感受了，不论买家是否急等着使用拍下的宝贝，我们必须也是应该做的就是，通过旺旺的方式或者是手机短信的形式告诉买家为什么会耽误发货时间，是由于缺货还是因为物流等原因，最好让买家能够了解，如果不告诉买家，有些买家就会有所不满，耽误时间稍长买家就会申请退款，那样可就人财两空。

货发出去到买家收到货这段时间里也要做一些事情。每天利用一定时间逐一查看发出去的货物物流信息，及时通过旺旺把“物流现在送到哪里了/物流什么时候送到的”这些信息用旺旺发给买家，虽说买家自己也能查到，可是卖家这样发给买家，买家肯定会觉得卖家服务很周到，即跟踪服务，特别是当查到物流已经到达买家所在地时，但还没有派件员开始派发，卖家也可以提前告诉买家一声。例如，您好，您的快件已于×月×日×时到达您所在的×××，估计下午/明天就能收到您购买的×××了，请注意查收。

◆ 任务实施

案例讨论

淘宝创业学生营销案例

发生时间：某日凌晨，买家自动拍下宝贝并付款。

交易商品：拖鞋。

产生问题：厂商所标的拖鞋尺码比正常码数偏小了两码，买家没看清楚宝贝描述，就直接拍下了正常码的拖鞋，结果货到后发现不合适，于是找卖家理论，认为卖家欺骗。但卖家确实在宝贝描述上写明这款拖鞋是偏小两码的，请买家购买时选大2码。

处理方法：卖家选择让买家拒收。

图5-8为当时的对话实录。

木头（1:01:00）：
可是我那个时候不知道您说的话。要是知道我也不会发了对不对？作为一个卖家我也没必要这样。
木头（1:01:32）：
我去仓库登录别人的电脑，抄您的地址的，所以您的旺旺根本我没看到。
aglaiakuria（1:02:11）：
我是急着穿!!!! 不是钱的问题!!! 而是你这样我会觉得很无奈!!!
木头（1:03:27）：
可是我真的没骗您！我也没必要骗您！大家都是同龄人，又不是很多的钱。您3点多发来的信息我真的没看到，那个时候都在篮球场呢，等看到您的信息的时候已经5点多了，那个时候货已经发了。

（a）

2011-4-27
aglaiakuria（0:53:20）：
所以只有39码？!!!!!!!
木头（0:53:41）：
恩，差不多。
aglaiakuria（0:54:20）：
你怎么不早说？
aglaiakuria（0:54:35）：
不行!!!!!
木头（0:54:45）：
啊！宝贝描述上面有写着的，我以为您是确定了的。
aglaiakuria（0:54:54）：
我穿不下的!!!!

（b）

图5-8 创业学生淘宝营销旺旺沟通记录截图

木头（0:55:16）：
可是货已经发出去了，我们拦截不下来了。
aglaiakuria（0:55:38）：
不行!!!!
aglaiakuria（0:55:45）：
你这不是骗人吗？
木头（0:55:54）：
建议拖鞋买大两码的哦
如：原来35的码数应选购37码的鞋子，依此类推。
木头（0:56:16）：
我们都在宝贝描述上面写的清清楚楚的

（c）

木头（0:57:14）：
那您看看，您的同学有没喜欢这款类型的。
aglaiakuria（0:57:19）：
那你就写39!! 写什么41？？
木头（0:57:41）：
因为厂家给我们的尺码也就是41的，所以我们按上面算的。
aglaiakuria（0:58:50）：
那你又不早点回复！等到发货了才回复？！
木头（0:59:28）：
因为人真的不在电脑前，您是学生，我也是学生，我们下午篮球赛，都去操场了。所以我也感觉到很抱歉。
aglaiakuria（1:00:18）：
那你就应该等我知道了再发AR!!!

（d）

图5-8　创业学生淘宝营销旺旺沟通记录截图（续）

讨论：在此纠纷处理的过程中，卖家在语言上是否注意到情绪的控制，是否运用文明用语，从字面上是否可以想象出双方的面部表情，哪些话语会让人内心不快？如果是你，该如何处理此次纠纷？

同步训练

训练一　服务意识培养训练

1．训练要求

通过训练，学员初步领会优质服务是让客户满意的服务的含义，掌握各种礼貌用语，熟练运用尊称、问候语、请求语、致歉语、致谢语、告别语，通过游戏明白什么是创新服务，如何进行创新服务。

2．训练场所

教室。

3．训练器具

海报纸、油笔、服务岗位规范手册、半米长的布带、短细棍子八根。

4．训练方法

模拟与实践。

5．训练步骤

游戏一：服务关键要素分析训练

1）将学员分成两组，一组的身份为提供服务的人，另一组的身份是享受服务的人，两组分开讨论，以听不见对方的声音为距。各组学员对26项因素进行讨论，选出最关键的五项因素，并按重要性高低进行排列。

2）每组将讨论结果做成海报，并先派代表上讲台进行说明。

3）比较两组的讨论结果有什么不同，分析为什么不同，讨论有没有可能相同。

游戏二：服务场景模拟（重点在迎送及文明用语的使用）

1）将学员分成三组，分别对三种场景设计对话。

2）各组选派演员，表演事先设定好的服务场景。

3）教师对各组表演的服务场景进行点评。

场景一：服务对象耳背，一句话说上四五遍，服务人员也没听清。

场景二：对方语速太快，声音还很轻，请他重复说了四五次。

场景三：客户提出了许多较为苛刻的要求，让服务人员很为难。

游戏三：创新游戏：顾客的要求我能做到吗

要求一：一条直线平放在桌面上，用两手抓住两端后，不能放手将绳子打出一个死结（完成时间，五分钟）。

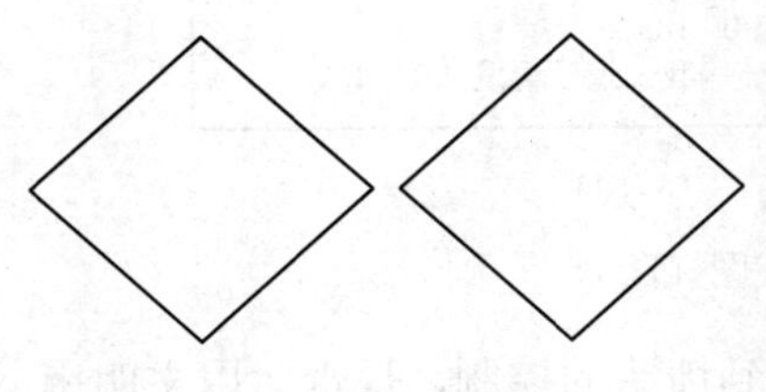

图 5-9　菱形

要求二：图 5-9 中两个菱形的八条边都可以移动，要求只能移动两条边，使图形变成“一个菱形”（完成时间，五分钟）。

创新服务实践：服务金点子

由学员提出自己的服务内容，大家一起来想可以为客户提供的服务金点子，学员在实际工作中选择运用，并将服务效果回馈。

6．实训中要注意的问题

此次实训是模拟与实践相结合的活动，教师要善于引导，激发大家的能动性，积极投入到讨论与情景模拟的演练中。在服务场景的模拟演练中，大家可以根据现实生活中实际发生的情景来设计，可以演练好的服务和不好的服务，可以讨论演练中做得到位的服务和不恰当的服务，提出优点和不足应该如何改正等，这样才能达到训练的效果。教师也可以临时提出一些情况来让服务人员应对。创新服务训练的过程中，教师可提醒大家从不同的思维角度去寻找答案，创新服务金点子。

训练二　商务纠纷处理案例讨论与模拟训练

1．训练要求

通过训练，找到各种纠纷的导火索，能及早地发现隐患，减少纠纷的发生。学会正确地面对纠纷，及时妥善地处理，把影响缩小，甚至变坏事为好事。

2．训练场所

教室。

3．训练器具

根据设计的场景自行选择。

4．训练方法

模拟与实践。

5．训练步骤

（1）案例讨论。

某酒店中餐厅午餐开餐时间，服务员小田在值台巡视时，忽然看到一位客人正用脚踩灭刚扔在地面的烟头，干净的地板立刻被弄脏了。小田匆匆走上前去，大声指责客人，并让客人将扔在地上的烟头拾起来。客人一抬头，看到服务员怒气冲冲的面容和同桌其他客人复杂的眼神，觉得自己很没面子，于是也提高声调反驳道：“你们餐桌上为什么没有烟灰缸？没

有烟灰缸，当然只好扔在地上。”小田强调说：“没有烟缸你可以向服务员要，可你随便乱扔烟头是破坏公共卫生的行为，你这个人太没素质了……”“你就有素质了？这么凶，你什么态度？”双方各执己见，指指点点中发生了肢体接触，眼看争吵升级，领班及时上前妥善处理了这一事件。

1）服务员处理问题方法是否妥当？

2）发生这类问题的原因是什么？

3）如何杜绝这类问题的发生？

（2）纠纷处理模拟（重点在迎送及文明用语的使用）。

1）如果你是领班，如何处理这一纠纷？

2）讨论出最佳方案，选出代表进行模拟表演。

（3）老师点评。

（4）由学员们提出在工作中遇到的纠纷案，大家共同讨论，寻找最佳处理方案。

6．训练中要注意的问题

此次实训是模拟与实践相结合的活动，教师要善于引导，激发大家的能动性，积极投入到讨论与情景模拟的演练中。教师适时地进行引导，启发学员拓宽思路，寻找不足，创新服务。要让每个学员都发表看法，提出建议。

◆ 任务评价

1．完成服务意识培养与创新服务训练后，填写以下训练报告（报告 5-3）。

报告 5-3　创业者服务意识培养与创新服务训练报告

姓名__________　　班级__________　　学号__________　　成绩__________

训练项目	
训练场所	
训练要求	
训练器具	
训练操作	1．服务关键要素分析训练 你的身份：　　你的选择： 小组的选择：　　对方的选择： 为什么不同： 2．服务场景模拟（重点在迎送及文明用语的使用） 模拟心得： 3．创新游戏：顾客的要求我能做到吗？ 游戏心得：

续表

训练操作	4．创新服务实践：服务金点子 你提供的服务金点子：

2．完成商务纠纷处理案例讨论与模拟训练后，填写以下训练报告（报告 5-5）。

报告 5-5　商务纠纷处理案例讨论与模拟训练报告

姓名＿＿＿＿　班级＿＿＿＿　学号＿＿＿＿　成绩＿＿＿＿

训练项目	
训练场所	
训练要求	
训练器具	
训练操作	1．服务关键要素分析训练 你的身份：　　你的选择： 小组的选择：　　对方的选择： 为什么不同： 2．服务场景模拟（重点在迎送及文明用语的使用） 模拟心得： 3．创新游戏：顾客的要求我能做到吗 游戏心得： 4．创新服务实践：服务金点子 你提供的服务金点子：

3．单项选择题

（1）与人沟通时，注视对方的时间长短常常能表现出对对方的感受，当注视对方的时间少于全部相处时间的 1/3 ，你认为这是表示（　　）。

A．表示友好　　B．表示重视

C．表示轻视　　D．表示敌意或兴趣

（2）对于沟通的方式，以下理解正确的是（　　）。

A．双向沟通太过麻烦，为了保证效率，还是单向沟通好

B．单向沟通往往容易造成传递信息的丢失或误解

C．只要是双向沟通了，就一定能取得好效果

D．单向沟通只要表达准确就可以了

（3）消极心态的人面对失败时，一般不会出现（　　）的想法。

A．运气不好　　B．别人配合不好

C．身体不好　　D．努力不够，下次加倍

（4）面对投诉，有效的应对措施有（　　）。

A．避而不见，躲过一天是一天

B．直接对骂，让他知难而退

C．要把对方当成是拎着礼物来看自己，因为他提醒自己有更多的客户不满意了

D．运用“推”字诀，把责任推出去

（5）以下没有威胁性或攻击性的是（　　）。

A．亲们对于商品质量及服务中有任何意见或建议的，我都乐意倾听，谢谢

B．请各位亲们小心评价，恶意中差评者，一定投诉到底

C．不要乱打中差评，我们都很不容易哦

D．价格已经很低了，请不要讨价还价，否则请到其他店

4．判断题

（1）电子邮件不必有称呼。（　　）

（2）说“对不起”就是承认自己错了，所以不是自己错就不能说“对不起”。（　　）

（3）熟悉的人可以随便开玩笑。（　　）

（4）优质服务不仅要有良好的仪容仪态，更要有优良的服务态度。（　　）

（5）创业者要有成本意识，不需要有服务意识。（　　）

5．同步训练评价

项目小组评价表

分数 组别	是否及时完成	质　量	团队表现
第一组			
第二组			
第三组			
⋮			

个人任务评价表

评分依据 \ 分数	个人具体分工		个人表现		
	承担任务的质量	个人记录	教师评分	组长评分	组员互评
成员一					
成员二					
……					

项目六

涉外商务礼仪

学习目标

1．了解一些主要国家的禁忌和习惯。

2．熟悉一些主要国家和地区的商务礼仪。

技能目标

培养学生与国际商务伙伴的沟通能力，减少国际商务活动中的失误与误会，赢得更多商机。

学习任务

任务：各国礼俗与禁忌。

通过这项任务的学习，了解中西方文化背景下的礼仪差异，与国际商务伙伴沟通顺畅，帮助学习者在国际商务场合表现大方得体，提高待人接物的信心。

任务　各国礼俗与禁忌

导入案例

“左撇子”引发的麻烦

王女士是商务工作者，由于业务成绩出色，随团到东南亚地区某国家考察。抵达目的地后，受到东道主的热情接待，并举行宴会招待。席间，为表示敬意，主人向每位客人一一递上一杯当地特产饮料。轮到王女士接饮料时，一向习惯“左撇子”的王女士不假思索便伸出左手去接，主人见此情景脸色骤变，不但没有将饮料递到王女士的手中，而且非常生气地将饮料重重地放在餐桌上，并不再理睬王女士。

主人为什么不再理睬王女士？　王女士应怎样接饮料？

◆ 任务要求

具体任务：

1）了解亚洲国际商务礼俗与禁忌。

2）了解欧洲国家商务礼俗与禁忌。

3）了解美洲国家商务礼俗与禁忌。

4）了解非洲国际商务礼俗与禁忌。

◆ 任务分析

要完成任务一，就必须了解国际商务交往中各个国家、各个民族的礼仪、习惯；了解各个国家、各个民族风俗禁止的事物和犯忌讳的言行举止，主要包括颜色、数字、交谈、动物与图案、食物、送礼、行为等方面的禁忌。

◆ 任务学习

一、亚洲国家的商务礼俗与禁忌

亚洲人有一个共同的特点，待人极其讲究。与亚洲人打交道，不论发生什么事情，都不要驳对方的面子，使对方在人前因丢面子而感到难堪。以下介绍几个有代表性的国家的风俗和习惯。

1. 日本

在日本，小孩子从会说话起，就开始接受父母、亲属的礼仪教育。小学生入学后，要接受学校的礼仪教育。礼仪是日本中学生的必修课。日本青年走上社会后，还要接受工作单位的岗前培训和礼仪训练，从发型、衣着、坐立姿势、鞠躬角度、打电话和接电话的口气与表情，到怎样带路和开门，以及如何奉茶、如何与主管谈话等都有一定的规矩。许多单位还将

厚达数百页的礼仪手册发给新职员，以此规范他们的行为举止，提高他们的礼仪水平。此外，日本还有不少团体和个人积极提倡、组织开展礼仪运动。

日本人平时见面都要问候，行鞠躬礼，15°是一般礼节，30°为普通礼节，45°为最尊敬礼节，只有老朋友久别重逢才一边握手、一边鞠躬。初次见面，要行90°鞠躬礼，男士双手垂下贴腿鞠躬，女士将左手压着右手放在小腹前鞠躬，并口念“初次见面、请多关照”，然后互相交换名片。

日本人在社交场合注意仪表的美观。勤修边幅，保持衣着整洁。天气炎热时穿衬衣不卷袖子，在公共场合不穿背心。日本人讲究坐立姿势，讲话低声细语，措辞含蓄婉转，笑不露齿。接电话时，对方通报姓名后，自己也会迅速自报单位姓名。通话完毕，等拨号者先挂断，自己才放话筒。

日本人在社交活动中非常重视送礼和还礼。日文中“馈赠”一词写作“昭答”，遇红白喜事送礼，访亲问友、做客赴宴要携带礼物。此外，还有季节性送礼习俗。每年仲夏，下级给上级、晚辈给长辈、孩子给父母送礼，以表谢意。每年岁末，上级给下级、长辈给晚辈、大人给孩子及孩子的老师送礼，以示关怀。日本人送礼的内容丰富多彩、礼品包括土特产、工艺品或其他有实用价值的东西。现在盛行送现金，在封面上写上赠送的人和数量。日本人送礼时喜单数。送礼品讲究包装，往往要包装好几层，再绑上一条美观的红白纸绳和缎带。送礼时要双手捧着送上。受礼也应用双手接受，并要微微鞠躬。日本人很注重礼尚往来，除办丧事等特殊情况接受赠礼后不宜立即还礼外，一般都要尽快还礼，或等待适当时机给予回报。回赠礼品的价值应与赠礼价值大体相等。

为了保持关系和增进情谊，日本人在新年来临前夕纷纷给亲友师长寄贺年片。此外，许多日本人讲究礼节性书信往来。日本人举止庄重，谈吐文雅，图吉利，避凶祸，在日常生活和社会交往有不少忌讳，归纳如下：

1）参加别人的婚礼时，忌说“完了”、“断绝”等词。参加葬礼时，忌说“频繁”、“又”等词。与男士交谈时，忌问收入、物价等；与女子谈话时忌问年龄及婚配情况；对老人忌用“年迈”等字眼；和残疾人谈话时，应称盲人为“眼睛不自由的人”，称聋人为“耳朵不自由的人”，称哑巴为“嘴巴不自由的人”。众人一起评论他人时，忌谈他人的生理缺陷等。

2）日本人对数字的吉凶概念很敏感，忌讳“4”、“6”、“9”和“42”。因此，在喜庆场合和剧场、影院、医院等场所，一般不使用这几个数字。

日本商人还忌讳2月和8月，因为这两个月是营业淡季。

礼仪小故事

曾经有一家美国生产高尔夫球的大工厂，为了将产品打入日本市场，把该厂出口到日本的高尔夫球做了特别包装，每盒4个，而且装潢设计美观大方。但到了日本，销量却不佳，厂家感到非常意外，立即派人前往日本进行市场调查。通过一番深入细致的调查，才知道问题出在装盒的数字上。后来每盒改装6个，销路很快就打开了。

3）日本人在正式场合忌衣着不整。参加别人的婚礼时，男子宜穿黑西服，系白领带；女子宜穿色彩明快的服装，但艳丽的程度忌超过新娘。

参加葬礼时，男子应穿黑色西装或燕尾服，系黑色领带；女子应穿黑色套装或黑色连衣裙，忌衣色过于明快。

4）日本人一家人或亲朋好友围坐在一张桌子上吃饭的时候，忌舔筷、迷筷、移筷、扭筷、插筷、拘筷、跨筷、剔筷。

日本人忌讳吃肥猪肉和猪的内脏，还有的人忌吃羊肉和鸭肉。

5）赠送礼品时，日本人忌赠送容易破损的陶瓷、玻璃制品。最忌讳以梳子作为礼品。

6）日本人忌绿色，认为绿色是不祥之色，忌用绿色作装饰色；忌紫色，认为紫色不牢靠，因此忌用紫色纸或紫色布包装食品等。

7）此外，在商品上，日本人忌用荷花（丧花）、狐狸（贪婪）、獾（狡诈）等图案。

2. 韩国

韩国人并不十分重视时间观念，但作为客户一般应准时赴约。韩国商人重视对贸易对方的印象。举行商务谈判时要尊重他们的生活方式，这将会得到对方的好感。

韩国人用餐时不喜欢交谈，更不能发出咀嚼的声音，对这一餐桌的礼节如不遵守，极可能引起反感，而影响到谈判的成功。与韩商相处时要避谈政治话题，多说其文化艺术的优秀可敬之处。

进入他们的住宅或韩国式饭店时，不要将室外穿的鞋穿到屋里去，要换备用的拖鞋。如应邀做客，要准备一束鲜花或小礼物给主人，并以双手奉上。

韩国人忌讳数字“4”，认为“4”是个不吉利的数字，因为“4”在朝鲜语中发音、拼音与“死”完全相同，他们在喜庆的场合和节日期间避免说出“4”字，在赠礼时也不能送“4碗”，主人总是以“1、3、5、7”等数字来敬酒、布茶。军队、医院、餐馆、旅馆、楼层、门牌、房子等均不用“4”来编号。

韩国人在交谈时，忌讳说“师”、“私”、“事”等字，因为，它们的发音与“死”同音；忌讳谈论政治腐败、经济危机、意识形态、南北分裂、韩美关系、韩日关系等话题；忌讳称他们为“朝鲜人”，而宜称为“韩国人”。

韩国人忌讳吃羊肉、鸭肉和肥猪肉。禁止捕食喜鹊和虎，因为喜鹊为国鸟，老虎为国兽，也禁止捕食熊、野猪等动物。

3. 新加坡

新加坡又称狮城，其标志性建筑如图6-1所示，位于东南亚马来半岛的南端，是个集国家、首都、城市、岛屿为一体的城市型岛国，由53个岛屿和7座礁滩组成。为世界海运交通中心之一。华人占76.9%，马来语为国语，汉语、泰米尔语和英语为官方语言，英语为行政语言。

同甘共苦、不畏强暴是他们代代相传的民族风格。新加坡人很顾面子，与新加坡人谈判，不仅必须以诚相待，更重要的是考虑给对方面子，不妨多说几句“多多指教”、“多多关照”的谦言。值得一提的是，与海外华人进行贸易，采用方言洽谈，有时可以起到一种独特的作用。碰上说潮州话的商人，首先献上一句“自己人，莫客气”的潮州乡音，给人一种亲切的感觉，其他像粤语、滇语等同样有助于谈判的进行和成功。

图 6-1　狮城

在洽谈中，新加坡商人往往不喜欢做成书面的字据。如果一旦订立合约，就绝不会违约，华侨一般都重信义，珍惜朋友之间的关系，对背信弃义的行为深恶痛绝。因而在国外商人的眼中，新加坡籍商人一向有勤奋、诚实、谦虚、可靠的美德。

新加坡人商务活动一般穿白衬衫、着长裤、打领带即可。访问政府办公厅仍应着西装、穿外套。新加坡大部分人为华侨或华裔，因此，他们也很爱饮茶。农历新年，一盅清茶，佐以橄榄，称为"无宝茶"，寓意恭榜发财。应邀赴宴宜注意言行，予对方稳重、可信赖之感。

新加坡是一个文明的国家，讲究礼貌已成为他们的行动准则。在新加坡进行贸易谈判时，不要跷二郎腿，否则将破坏成交机会。假如不知不觉把一只脚颠来颠去，以至鞋底朝向了对方，这笔买卖就要告吹了。哪怕是无意中稍微碰了对方一下，也会被认为是不可忍受的。

新加坡人忌讳黑色、黄色，认为它们是不吉利之颜色；忌讳"4"和"7"两个数字，认为它们是不祥的数字；忌讳说"恭喜发财"之类的话，认为这样有教唆他人发"横财"和"不义之财"的意思；忌讳谈论政治、宗教的话题；忌用宗教词句和象征性标志；忌讳乌龟图案，认为是不祥的动物；忌讳男人留胡须、长头发，认为这是不雅的行为；忌讳叼着烟走路、随地吐痰、吐唾沫、扔垃圾等行为，在新加坡这些行为要受到严厉的处罚；大年初一忌讳扫地，认为这一天扫地会把好运气扫走。

4. 印度

印度是一个讲礼节的民族，又是一个东西方文化共存的国度。印度 83%的居民信奉印度教。印度各地大小寺庙和殿塔比比皆是，进入寺庙大殿都要脱鞋，但允许穿袜子。牛被印度教教徒视为"圣兽"，印度教不准吃牛肉。

如果进行某种商业谈判，他们会很自然地说："你们的资本比我们的多，所以，这一笔费用该由你们支付。"

印度商人善于钻营，急功近利，图方便，喜欢凭样交易，洽谈中应多出示样品，广为介绍经济实惠的品种。商务谈判时，他们往往细细研究，费时较久。印度人谈判时会守口如瓶，绝不轻易透露公司的秘密和商务信息。

在印度，迎送贵宾时，主人献上花环，套在客人的颈上；妻子送丈夫出远门，最高的礼节是摸脚跟和吻脚，如图 6-2 所示。现在，城市中男女见面已多实行握手，表示亲热时还要拥抱。在大多数地方，男人相见或分别时，握手较普遍。男人不要和印度妇女握手，应双手合十，轻轻鞠躬。男人不要碰女人，即使在公共场合也不要和女人单独说话，妇女很少在共场所露面。

图 6-2 摸脚跟和吻脚

在印度的孟买，60% 的人是素食主义者。因此，宴请印度商人时，事先必须确认对方的习俗，是否是素食主义者。

印度人吃饭大多使用盘子，千万注意，吃饭时只准用右手递接食物，不用左手。与印度人接触时，切忌用左手递东西给他。因为他们认为左手肮脏，右手干净。吃饭用右手抓取，不但吃米饭用手抓，就连稀粥也能用手抓入口中。在印度，除上洗手间外均不使用左手。伸左手是对别人的侮辱，极易引起误会和纠纷。

最容易引人误会的是，印度人平常表示同意或肯定的动作是摇摇头，或先把头稍微歪到左边，然后立刻恢复原状，表示“Yes”、“知道了”、“好的”，与平常点头表示差别很大，最易使人误会。

首饰是印度人日常生活中一种不可缺少的装饰品。即使是家境清贫的妇女，也要佩戴一些不值钱的金属或塑料首饰。自古以来，印度人就认为，向女子赠送首饰是男子应尽的义务，女子也应充分利用首饰来打扮自己。

商务活动访新德里最好选择每年 10 月至次年 6 月，访问孟买最好选择 9 月至 10 月，以免酷热或梅雨。访问印度，务必先了解好对方的假期。

印度人喜爱的数字是“3、7、9”。他们认为红色表示生命、活力、朝气和热烈，蓝色表示真诚，阳光似的黄色表示光辉壮丽，绿色表示和平、希望，紫色表示心境宁静。印度人在生活和服装色彩方面喜欢红、黄、蓝、绿、橙色及其他鲜艳的颜色。黑、白色和灰色，被视为消极的不受欢迎的颜色。不喜欢玫瑰花，在办公室和商业机关，写字台喜欢放在东北角或西南角。印度人认为吹口哨是冒犯人的举动，是没有教养的表现。

5. 阿拉伯国家

阿拉伯人见面时通常行握手礼，人们首次见面或关系一般者见面时行握手礼，但同性亲朋好友见面时行亲吻礼；关系特别要好的男子之间互相贴脸，以示亲热；而彼此熟悉或合得

来的女子之间平时行握手礼，久别重逢时则互亲对方右脸颊和左脸颊。此外，部分阿拉伯国家的一些地区还有特殊的见面礼节。例如，一些科威特人见面时，除了握手外，还喜欢吻对方的额头和鼻子。因为信奉伊斯兰教的阿拉伯人做礼拜时，额头和鼻子是头部最先着地的部位。吻这两个部位，一是表示尊重对方，二是期望双方吉祥如意。而也门马里卜地区的阿拉伯人则常行碰鼻尖礼。

大多数阿拉伯家庭讲究家庭礼仪，敬重双亲，尊老爱幼，亲人之间互相关心，互相帮助。不过，在一些封建思想及男尊女卑的传统观念较严重的阿拉伯家庭里，男主女从的现象普遍存在。

阿拉伯人比较讲究公共道德，出门时衣冠整洁、购物自觉排队，在公共场合特别尊重妇女，在公共汽车上为老人让座等。当人们相遇时，年轻者先问候年长者，行者先问候坐者，后到者先问候先到者等。讲话时注意看着对方，声音不大不小，语言婉转；听讲者神情专注，不轻易打断对方的话。当有人需要帮忙时，大家都会自觉地伸出援助之手。阿拉伯人具有好客的优良传统，他们不仅逢年过节邀请亲朋好友到家里做客，盛情款待；对于素不相识的不速之客和萍水相逢的过路人，也同样以礼相待。倘若有谁待客冷淡或将远方客人拒之门外，则被认为有伤风化，玷污门楣，会受到众人的批评。

伊斯兰教禁酒和禁吃猪肉，因此，虔诚的阿拉伯伊斯兰教徒滴酒不沾。

在信奉伊斯兰教的国家，忌讳用猪作图案，也忌讳用猪皮制品。我国的熊猫外形像猪，所以也在禁忌之列。

许多阿拉伯人在交往中忌问候对方的女眷，所以，很少有人唐突地问对方：“您夫人近来好吗？”

严格恪守伊斯兰教的沙特阿拉伯人禁止崇拜一切偶像，尤其为膜拜而制的人物塑像是绝对禁止的。

大多数阿拉伯人习惯在上厕所后用左手清洁身体，因而认为左手是不干净的。所以，人们吃饭、握手或传递物品等均用右手，而忌用左手递东西给别人和用左手行握手礼等。

6. 菲律宾

菲律宾的习俗归纳如下：

1）忌讳茶色、红色，认为这是不祥的颜色。

2）忌讳“13”这个数字，认为“13”是凶神，是厄运和灾难的象征。

3）忌讳谈论宗教、政治等敏感话题。

4）在菲律宾的伊斯兰教教徒忌讳猪，忌讳吃猪肉和用猪制品，也忌讳喝牛奶和烈性酒。

5）忌用左手取食或传递物品，认为左手是不洁之手。

6）菲律宾的马来族人忌讳用手摸他们的头部和背部，认为触摸头部是不尊敬，触摸背部给人带来厄运。

7. 以色列

以色列在希伯来文语中，意为“神的勇士”，居民中80%信奉犹太教。

以色列人见面时通常行握手礼，亲密朋友久别重逢时行拥抱礼，女友之间相互亲吻。宾主见面相互躬身施礼，把手放在胸口、嘴上和额头，分别表示“我的心、我的嘴、我的头脑，都愿意为您效劳”。

以色列人非常好客，把远道来的客人看成上帝派来的使者。他们热情迎接客人，以丰盛的饮食款待客人。当客人执意要走时，主人常送出很远。

一般说来，以色列人的性格比较急躁，对于烦琐的仪式缺乏耐心。但大多数以色列人待人坦率、诚恳，守信誉。

信奉犹太教的以色列人严格遵守“摩西十诫”，即所谓古代以色列部族首领摩西在西奈接受上帝授予的十条诫命：不可信他神、不可造偶像、不可妄称神的名称、安息日不可工作、孝敬父母、不可杀人、不可奸淫、不可偷盗、不可作伪证、不可贪恋他人之物。

犹太教禁止食用出自不洁动物身上的东西。因此，以色列人忌吃不洁的动物（马、猫、猪、狗、自死动物）以及虾、蟹、贝类等。

8. 马来西亚

马来西亚自然资源丰富，是世界最大的天然橡胶、棕榈油及锡产出国，也是优质原木、石油及天然气的主要产出国。伊斯兰教为国教。马来西亚习俗归纳如下：

1）忌用黄色，因为黄色是马来西亚王公贵族的专用色；忌用白色包装纸，因为这与丧事有关；忌讳黑色，认为是消极的颜色。

2）忌讳“0”、“4”、“13”的数字，认为它们是不吉利的数字。

3）忌讳谈及猪、狗、乌龟的话题，因为它们是禁忌动物。

4）忌讳吃狗肉、猪肉，自死之物、动物的血和贝壳类。忌讳使用猪皮制品，忌用漆筷，因漆筷制作过程中使用猪血；忌用酒招待客人。

5）忌讳用左手为别人传递东西，认为左手是不干净的。

6）忌讳公共场合男女衣着露出胳膊和腿部；在首都吉隆坡，严禁男女在公开场合接吻。

7）忌讳摸别人头部，因为他们认为头部是神圣不可侵犯的。

9. 印度尼西亚

印度尼西亚的伊斯兰教徒见面时通常行握手礼，互致问候；也有一些印度尼西亚人习惯行鞠躬礼，行礼时，上身前倾以30°为宜。信奉印度教的巴厘人则行合十礼。

在印度尼西亚，知识分子、公务人员，尤其是商人，当与陌生人初次结识时，总要立刻将自己的名片呈递给对方，借此表达友好之情和敬意。

按照印度尼西亚人的礼节，年轻人见到行动不便的长者或老人，应主动前去搀扶。在某些情况下，男子也应搀扶女子，如走险路、上下楼梯和台阶、上下车等时，男子均应扶持女子臂肘。搀扶时只能轻扶其臂，切不可挽其手，否则便为失礼。

宾客赴宴不可太早或过迟，应准时到达或略晚5分钟。到达时要先向女主人致意，并与邻近者握手，朝较远者点头示意。席次一般按男宾职位高低安排、以男女宾相间为原则。入座后姿势宜端正。每道菜上桌时，女主人先作品尝的表示，客人要注意女主人的动作。喝汤时不可发出响声。如果出席西式宴会，要注意刀、叉、勺的用法和饮酒礼节，侍者先敬鸡尾酒，将上鱼时进白酒，上鸡时进红酒，上点心、水果时进香槟酒。红白酒杯及香槟酒杯均有区别，不可混用。白兰地等烈性酒一般饭后在客厅中饮咖啡时享用。宴毕，主宾应尽余兴，不要过早告辞。通常应待主宾告辞后，方可向主人致谢、告辞。

印度尼西亚人习俗归纳如下：

1）忌讳吃猪肉；忌饮烈性酒，也不吃带骨带汁的菜和鱼肚。

2）忌讳乌龟，认为乌龟给人以“丑陋”、“污辱”等极坏的印象。

3）忌讳抚摸小孩的头，否则对方一定会翻脸相向。

4）印度尼西亚的爪哇人忌讳夜间吹口哨，认为会招来游荡的幽灵或挨打。

5）印度尼西亚人敬烟、倒酒、端茶、递东西等均用右手，忌用左手，用左手待客被视为不礼貌。

6）在印度尼西亚，不要打听别人的私事，以免引起对方的反感。

礼仪小故事

苏门答腊岛上的巴塔克人，儿媳与公公不能直接对话。有话要说时，必须通过“中间人”做媒介。如儿媳要问公公中午吃什么饭，须对在场的第三者发问：“某某，请问一下公公，中午吃什么饭？”公公答：“某某，请告诉她，中午吃米饭。”而充当中间人的第三者不必讲话。如没有第三者在场，房屋、家具、石头、树木、公路等均可充当“中间人”。

米南卡保人的岳母、女婿对话礼节：米南卡保人实行的是母权制家庭制度，男子出嫁，女子娶亲。丈夫夜间到女家过夜。在夫从妻居的情况下，规定岳母和女婿不能同盆吃饭、不能同席而坐、不能直接对话，有事得通过第三者转达。

二、欧洲国家的商务礼俗与禁忌

欧洲是世界第六大洲，人口在世界各大洲中排名第三，仅次于亚洲和非洲，共有 45 个国家和地区。欧洲人比较注重礼节，在公开场合，欧洲人讲究风度。

1. 英国

英国人十分讲究礼节礼貌。一些学校专门教授礼节和自我修养课程，讲究“女士优先”。英国人性格内向，不爱多说话，沉着冷静，在公开场合不轻易表露个人情感，不轻易表态，一言一行不苟且，不随便。在英国还保留世袭头衔，所以在打招呼时，不要忘记称呼他们的荣誉头衔。

在穿着方面，他们衣着讲究，出席社交活动时，服装笔挺整洁，讲究派头。出席宴会前，如果接到一张写有“打黑领带”的请柬，意思是男士穿全套晚礼服，女士穿长裙。

平常谈话中不谈论政治，下班后不谈公事，不喜欢干扰别人的私生活。去朋友家做客，要给女主人带上一束鲜花或一盒巧克力糖。英国人对茶十分感兴趣，比欧洲任何其他民族都更喜欢喝茶。在英国请朋友吃饭或去剧场看芭蕾舞，是送礼或还礼的一种形式。

2. 俄罗斯

俄罗斯是一个重礼好客的多民族国家，其礼俗兼有东西方礼仪的特点。俄罗斯人整体文化素质很高，许多家庭都有极丰富的藏书。他们的“见面礼”是亲吻与拥抱，在商务活动中也同样是如此。

俄罗斯人做生意比较谨慎。在谈判桌上，他们从不吝啬时间，擅长讨价还价，在生意场上显得有些拖沓。和俄罗斯人交往，应特别注意以下一些特殊礼俗。

1）日常交往中主动问好是起码的社交礼仪。

2）在称呼上，“您”和“你”有不同的界限，“您”用来称呼长辈、上级和熟识的人，表示尊重对方；而“你”则用来称呼自家人、熟人、朋友、平辈、下辈和儿童，表示亲切、友好和随便。

3）送礼和收礼都极有讲究。俄罗斯人忌讳别人送钱，认为送钱是一种对人格的侮辱。但他们很爱外国货，外国的糖果、烟、酒、服饰都是很好的礼物。如果送花，要送单数不送双数，双数是不吉利的。

4）对颜色的好恶和东方人相似，喜红忌黑；对数字，他们却和西方人一样，忌讳“13”，但对“7”这个数字却情有独钟；忌食狗肉。

5）俄罗斯人豪爽大方，忌讳别人说他们吝啬。

6）俄罗斯人爱整洁，如果随便乱扔东西，会受到众人的鄙视。喜欢向日葵商标图案。

7）忌讳谈论历史上的某些有争议的领袖人物及当前的改革等。

3. 荷兰

荷兰人日常生活中必不可少的饮料是牛奶，但为客人倒牛奶时，讲究倒至杯子的2/3容量处，否则会被认为是一种失礼或缺乏教养的行为；荷兰人爱谈政治和体育等方面的话题，对中国的孔孟之道也乐于谈及，更喜欢别人对其家庭布置的夸奖。但忌讳谈及个人私生活、第二次世界大战时日本对在亚洲的荷兰人的迫害以及美国政治等话题。

荷兰是个花的王国，郁金香是荷兰的象征。图6-3为荷兰郁金香花车巡游。荷兰人工作时注重效率，生活上喜欢安静平和的方式。在荷兰，人们大多习惯吃生、冷食品，送礼忌送食品，且礼物要用纸制品包好。到荷兰人家庭做客，切忌对女主人过于殷勤。在男女同上楼梯时，其礼节恰好与大多数国家的习俗相反：男士在前，女士在后。

图6-3　荷兰郁金香花车

4. 奥地利

与奥地利商人接触，必须特别注意各种礼节，因为奥地利商人相当正式、严肃。在从事商务活动时，尤其要注意头衔。例如，外商若把部长误称为处长，那么在以后的商谈中，将会麻烦百出。与奥地利人通信更要细心，务必正确无误地冠上他的正式头衔。如果他的名片上同时印有几个官衔，要提前问清楚，其中哪一个是最重要的。

另外还要加上“博士、教授、工程师、经济学家”等头衔。无论拜会公私单位，均需提前预约。参加商务谈判一定要守时。见面或分手时，切记与每个人亲切握手。

5. 瑞士

瑞士人作风严谨、保守，办事讲究实际，时间观念极强。从事商务活动宜穿三件套西装。拜访公私机构均应预约，公事信函应寄单位收，而不要寄某主管或职员，以免误事。瑞士商人特别愿与“老字号”进行交易，历史悠久的老公司往往都会在名片、信封上印有本公司的创建日期，这样会收到意想不到的效果。在瑞士，猫头鹰是死亡的象征，忌做商标，也忌用黑色，喜欢几何图形。

6. 德国

德国的正式名称是德意志联邦共和国。

与欧洲其他国家的人们相比，德国人在待人接物所表现出来的独特风格，往往会给人留下极为深刻的印象。一般而言，德国人在人际交往中通常会表现出三大特点：纪律严明，法治意识极强；极端自尊，非常尊重传统；待人热情，十分注重感情。

必须指出的是，德国人在人际交往中对礼节相当重视。在社交场合，德国通常都采用握手礼作为见面礼节。与德国人握手时，有必要特别注意下述两点：仪式握手时务必要坦然地注视对方；握手的时间宜稍长一些，晃动的次数宜稍多一些，握手时所用的力量宜稍大一些。

德国人在用餐时，有以下几条特殊的规矩：①吃鱼用的刀叉不得用来吃肉或奶酪；②若同时饮用啤酒与葡萄酒，一般先饮啤酒，后饮葡萄酒，否则被视为有损健康；③食盘中不宜堆积过多的食物；④不得用餐巾煽来煽去。在德国，不得随意以玫瑰或蔷薇送人。前者表示求爱，后者则用于悼亡。在德国也极为少见喜郁金香的人。在德国，星期天商店一律停业休息。在这一天逛街，自然难有收获。

向德国人赠送礼品时，不宜选择刀、剑、剪、餐刀和餐叉。以褐色、白色、黑色的包装纸盒彩带包装、捆扎礼品，也是不允许的。与德国人交谈时，忌讳涉及纳粹、宗教、两德统一、党派之争。在公共场合窃窃私语，德国人认为是十分无礼的。

7. 北欧国家

北欧人自主性强，坦率大度，善良谦恭，待人沉着而又亲切。但各国的商务活动和礼俗也各有千秋。性格方面，倾向于保守。在商务交往中，通常穿保守样式的西装；办事针对性强，强调按时，无论公私拜访均需预约，言行举止都较为保守和正统；进行商务交易时，特别倾向于与“老字号”或“老牌子”商家交往。

挪威人友善而好客，若受邀到当地人家做客，切勿忘记给女主人带上一束鲜花或是巧克力作为礼物；在挪威严禁酒后开车，否则将受到较重的处罚；七月、八月和九月初为挪威人享受阳光的季节，在此期间最好不要找他们办公事，否则将会被视为不为他人考虑的非常自私行为。

瑞典人有很健全的各种社会保障制度，文化素质高。人们见面很少有人接吻，即使恋人也不表现得过分亲热；同别人见面，以握手为礼。瑞典是个半禁酒的国家，即使在家中饮酒，也要持“购酒许可证”到指定的地点购买，还要交一大笔的税。瑞典人爱吃生、冷食品，喜欢清鲜，不爱油腻，对中国的粤菜很感兴趣。在瑞典忌讳送酒，禁忌蓝黄白色的组合。

礼仪小知识

西方人普遍认为“13”这个数字是凶险或暴怒吉祥的，常常以“14（A）”或“12（B）”代替。在日常生活中，他们总是尽量避开这一数字。有的人甚至会在 13 日这一天产生莫名其妙的恐惧感，停止一切工作和活动。西方人最忌讳的还是 13 人同桌共餐。对“星期五”和“3”这个数字，也为很多西方人所忌。特别是点烟时，忌用一根火柴或打火机连续点燃三支烟。若恰逢13日又是星期五，西方人称之为“黑色的星期五”，更认为是“凶日”，因为这一日是耶稣的受难日。在美国还有“零年灾难”之说。自 1804 年以来，凡是在年位数为“0”那一年当选的美国总统，除里根外，都没有活着离开白宫，其中有 4 人被刺身亡，3 人病死。

三、美洲国家的商务礼俗与禁忌

美洲（America）包括北美洲（North America）和南美洲（South America）。位于大西洋与太平洋之间，北濒北冰洋，南与南极洲隔德雷克海峡相望，由北美和南美两个大陆及其附近许多岛屿组成。巴拿马运河作为美洲的分界线；在政治地理上则把墨西哥、中美洲、西印度群岛和南美洲统称为拉丁美洲，北美洲仅指加拿大、美国、格陵兰岛、圣皮埃尔和密克隆岛、百慕大群岛。美洲人口中欧洲移民后代、印欧混血种人、黑白混血种人占多数，还有日本人、黑人、华人和原居民印第安人、因纽特（爱斯基摩）人等。

在经济方面，美洲的经济发展很不平衡，除了美国和加拿大两个国家是经济发达的国家之外，其他都是发展中国家。

1. 美国

美国人比较浪漫，喜欢新奇，自由、平等的观念较强。在日常生活中他们不拘泥形式，见面时一般施点头礼、鞠躬礼、举手注目礼、接吻礼、握手礼。

美国人谈话爱用手势表达自己的意思，非常简练。例如，伸出大拇指或食指与拇指捏在一起，形成一个圆圈表示“好”、“可以”；在餐馆吃完饭结账时，用手做写字的动作；把中指和食指相交，表示“祝你好运”；分手时，抬起手臂挥一挥。

在打招呼时，美国人喜欢直呼对方的名字，认为“太太”、“小姐”、“先生”等太客套，没有必要。美国女性性格开朗，举止大方，即使素不相识，谈笑也不拘束。他们爱打扮，服装喜欢标新立异，但在工作时间内，穿着还是很正式严肃的。

给美国人送礼最好在圣诞节。不要送带有公司标志的便宜货，好像是在做广告。可以采用请朋友吃饭、喝酒、到别墅去共度周末的“送礼”形式。

2. 加拿大

同加拿大人进行交往时，任何人大概都不会感到过于困难。这主要是因为，加拿大人性格开朗热情，待人朴实而且友好，十分容易接近，相处起来不存在任何麻烦。

在加拿大人们相遇之时，都会主动向对方打招呼，向对方问好。即便彼此双方互不相识，通常也往往会这么做。要是见过一次面的人再度相逢时，则双方通常都会显示出更大的热情。他们除了双方要互致问候之外，彼此一定还要热烈地握手。需要指出的是，加拿大人虽然有时也以拥抱或亲吻作为见面礼节，但是通常仅仅限于亲友、熟人、恋人或夫妻之间。而关系普通者，一般都不会以此作为见面礼节。

白雪在加拿大人的心目中有着崇高的地位，并被视为吉祥的象征与辟邪之物，所以在不少地方，人们甚至忌讳铲除积雪。与加拿大人交谈时，不要插嘴，不要打断对方的话，也不要任意去补充对方的话或是与对方强词夺理。

在加拿大要避免议论性与宗教，忌讳评说英裔加拿大人与法裔加拿大人的矛盾，探讨魁北克省要求独立的问题，处处将加拿大与美国连在一起进行比较，将加拿大视为美国的“小兄弟”，或是大讲特讲美国的种种优点与长处。在需要指示方向或介绍某人时，加拿大人忌讳用食指指指点点，而是代之以五指并拢、掌心向上的手势。当加拿大人耸肩时，大多是表示自己已经“无能为力”，或者是为了掩饰自己的窘态。

3. 巴西

巴西是南美面积最大、人口最多的国家，也是世界上种族融合最广泛的国家之一。巴西95%左右的人信奉天主教或基督教。

巴西人感情外露，人们在大街上相见也热烈拥抱。无论男女，见面分别都以握手为礼。相见时脸贴脸，妇女们相见时脸贴脸，虽然唇不触脸，但双方都用嘴发出接吻时的声音。

巴西人禁忌棕色和黄色。他们以棕色为凶色，认为深咖啡色或暗茶色会招来厄运；认为人死好比黄叶落下，紫色配黄色之患病之兆。

巴西男人爱开玩笑，但忌以当地的民族问题作笑料。在巴西，因人种复杂，与人交往时，切勿轻易探问对方的种族。

巴西人忌用拇指和食指连成圆圈其他三指向上伸出（即作美国人的“OK”手势），在他国度认为这是一种不文明的表示。

4. 阿根廷

阿根廷是南美洲最富有的国家之一，有“世界粮仓”之誉。阿根廷人惯于保持体面，重视礼节，并常以貌取人，因而人们平时都很注重仪表，穿西服、系领带，保持一副绅士派头。灰色的西服不受欢迎，它给人一种阴郁之感。

阿根廷人相见，其礼仪与巴西相类似，但商界流行的是握手礼。

阿根廷人忌讳以贴身用品为礼物送人；忌讳谈有争议的宗教政治问题；严禁男子留胡须，对满脸胡须者甚至要追究法律责任。

5. 其他美洲国家

在哥伦比亚，男人进屋或离开时，须与在场的每一个人握手，以示礼貌，同样女人也须与在场的每一位女性握手为礼。哥伦比亚人喜爱红、黄、蓝色，禁忌浅色。

委内瑞拉人时间观念强，特别讲究办事效率。讨论问题直截了当，讨厌别人拖泥带水，委内瑞拉人分别以“红、绿、茶、黑、白”五种颜色代表五大政党，故此五色不宜用在包装纸上。委内瑞拉人忌讳孔雀，凡与孔雀有关的东西和图案都被视为不祥之物。

到智利人家中做客，切忌随便闯入，必须站在门外等待主人邀请方能进门。谈话时，主人的家庭和孩子是较好的话题，切忌议论与当地宗教和政治有关的问题。

在玻利维亚人家中做客吃饭，要吃完盘中的饭菜等食物，若饭后饭盘内还留有剩余食物，是对主人的失礼。谈话时，不仅要避免谈及宗教和政治，而且切忌赞美智利。

圭亚那人十分尊重产妇，在生育方面却有一个十分奇特的习俗：妻子怀孕在身，丈夫必须忌言；接近预产期，丈夫必须忌食；妻子临产，丈夫必须装模作样地大声呻吟；孩子一生下来，丈夫则要立即钻入吊床，抱起孩子当“产翁”，并接受亲友的祝贺。

乌拉圭是一个遍地是牛羊的国度，也是世界著名避暑胜地。在那里，青色因被认为代表黑暗而受禁忌；在其科烈达镇，戴帽子是未婚女子的一个标志。

四、非洲主要国家的商务礼俗与禁忌

非洲位于东半球的西南部，东濒印度洋，西临大西洋。非洲的沙漠面积约占全洲面积1/3，为沙漠面积最大的洲。其中，撒哈拉沙漠是世界上最大的沙漠。当然，除了沙漠，非洲也有郁郁葱葱的森林和一望无际的大草原。非洲东部还有世界上最大的裂谷带。非洲有1/3 的居民属于黑种人，其余属白种人和黄种人。

在经济方面，受到专制统治和殖民主义的影响，非洲是全球最贫穷的大洲，全非洲一年的贸易总额只占全世界 1%。

1. 埃及

在人际交往中，埃及人所采用的见面礼节，主要是握手礼。与跟其他伊斯兰教国家的人士打交道时的禁忌相同，同埃及人握手时，最重要的是忌用左手。除握手礼之外，埃及人在某些场合还会使用拥抱或亲吻礼。埃及人所采用的亲吻礼，往往会因为交往对象的不同而采用亲吻不同部位的具体方式。其中最常见的形式有三种：①亲吻面礼，一般用于亲友之间，尤其是女性之间，如图 6-4 所示；②吻手礼，它是向尊长表示敬意或是向恩人致谢时用的；③飞吻礼，多见于情侣之间。

在埃及民间，人们很看重葱这种植物，认为它代表了真理。可是对于针，在埃及“针”是骂人的词，所以人们非常忌讳。

图 6-4　亲吻面礼

埃及人在工作中对小费极为重视，并且将其作为日常收入的重要组成部分之一。在埃及办事情若不给人小费，往往会举步维艰。

与埃及人交谈时，应注意下述问题：①男士不要主动找女士攀谈；②切勿夸奖埃及妇女身材窈窕，因为埃及人以体态丰腴为美；③不要称道埃及人家中的物品，在埃及这种做法会被人理解为索要此物；④不要与埃及人谈论宗教纠纷、中东政局、政党政治以及男女关系。

2. 南非

南非全称南非共和国，位于非洲大陆的最南端。以目前而论，在社交场合，南非人所采用的见面礼节主要是握手礼，他们对交往对象的称呼则主要是“先生”、“小姐”或“夫人”。西方人所讲究的绅士风度、女士优先、守时践约等西方基本礼仪，南非人不仅耳熟能详，而且早已身体力行。

作为一个独立民族，南非黑人有着自己的尊严与个性。随着南非白人政权的垮台，黑人的社会地位正在逐渐提高。在此背景之下，南非黑人在日常交往中不仅依然保留着自己的传统习惯，而且对其情有独钟。要对南非黑人真正表示尊敬，一个重要的做法，就是要对他们特殊的社交礼仪表示认同，而千万不要大惊小怪，讥笑非议。

前往南非黑人家中做客时，十分好客的主人一般都要送上刚刚挤的新鲜的牛奶或羊奶，诚心诚意地请客人品尝。有的时候，他们则会献上以高粱自制而成的、风味独特的啤酒。遇到这种情况，不论自己渴不渴、爱不爱喝，都一定要大大方方地接受，尽量多喝一些，并且最好一饮而尽。如果是百般推辞，坚决不喝一口，主人必定会很不高兴。

与南非黑人交谈时，有四个方面的话题切莫涉及：①不要为白人评功摆好；②不要评论不同黑人部族或派别之间的关系及其矛盾；③不要非议黑人的古老习俗；④不要为对方生男孩而表示祝贺，在许多部族中，这件事并不令人欣喜。

3. 尼日利亚

尼日利亚位于西非的南部，在日常生活中，尼日利亚人一般都穿着本民族的传统服装，在一般情况下，男子大都会内穿长袖衬衫、瘦腿裤，并且外穿白色大袍，头上再戴一顶白色无檐圆帽。妇女则通常会用几块彩色花布裹在身上。已婚妇女则一般用三块花布，其中两块用法与未婚少女相同，第三块则要披上肩上。未婚少女一般用两块花布，一块裹在腰上做裙

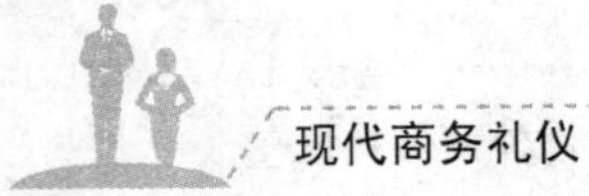

子，另一块则裹在上身当上衣。

信奉伊斯兰教的尼日利亚人忌食猪肉、狗肉，忌吃自死之物、动物的血液及一切未诵安拉之名而宰杀之物。其中菲蒂族的人则爱马如命，绝对不会吃马肉。一般而论，尼日利亚人都不饮酒，不吸烟，爱吃水果的人也不太多。已婚的妇女，则大都忌食鸡蛋，因为她们认为吃鸡蛋会影响生育。

与尼日利亚人打交道时，不要谈论种族纠纷、宗教矛盾、非洲政治、政权更替、军人执政、历史变迁等方面的问题。对于“黑”这个词，也应少用为宜。

在尼日利亚，一些形体动作具有特殊的意义。捻响拇指与食指表示感兴趣，用手指从耳朵上朝后快速刮过表示“妙不可言”，伸出拇指同时挥动手臂表示尊重，耸肩表示否定，伸出舌头在嘴唇四周舔上一圈表示嘲笑或蔑视，拍腿跺脚表示追悔莫及，用食指指人表示挑衅，伸出五指张开的手来并令其面向他人表示侮辱，盯视他人表示反感，握拳挥手则表示诅咒谩骂。对于这类形体动作方面的“特色语言”，千万不要误用，以免引起误解。

4. 其他非洲国家

另外，除地中海和红海沿岸的埃及、利比亚、突尼斯、埃塞俄比亚、阿尔及利亚、苏丹、摩洛哥等国信奉伊斯兰教外，中非地区的塞内加尔、坦桑尼亚等国居民也多信仰伊斯兰教。他们除遵奉伊斯兰教教义外，还有着一些特殊的礼俗及禁忌。

利比亚的图阿雷格是世界上独一无二的男子戴面纱的民族，且规定只有自由民才能戴，奴隶无资格戴。禁酒的法律极为严厉。

到摩洛哥人家做客必须主动脱鞋；摩洛哥人认为“3、5、7、40”是积极的数字；喜欢红、绿、黑色，忌白色；忌六角星和猫头鹰图案。

在马里，人们相见时，习惯将一只手放在胸前，一边走一边不停地向对方问候，直至走过很远，彼此听不见对话为止。马里的黑人崇尚黑色为美的象征，其妇女们通过染色使自己更黑更美。

苏丹人特别喜欢牛，除祭祖、祭神外，一般忌讳杀牛。尼日利亚东部的伊特人忌讳苗条女子，认为只有身材肥胖的女人才能成为贤惠的妻子。

在埃塞俄比亚，居民有35%信奉基督教，其最大的特点是时间的划分不同于世界任何一个国家。他们把太阳升起的时间作为一天计时的开始，这样格林尼治时间上午6时就成为他们的白天零点；而格林尼治时间下午6时则是他们“白天12时”的结束和“夜间12时”的开始。他们把一年分为13个月，前12个月都是30天，而第13月则是只有5～6天。在埃塞俄比亚，一切住宅和公共场所，都没有设门牌号码。

在中非，人们信奉拜物教和图腾，每个家庭所崇拜的某种动物为神和力量、勇气的象征，不能捕杀，更不能食用。男女不能围成一桌进食，即使儿子和母亲、女儿和父亲也不例外。若不是同姓的异性，还需分在两个不同房间进食，即使女婿和岳母，公公和媳妇也是如此。

在加纳，酋长有着至高的地位，外来人每到一处，都应拜会当地的首长。加纳人把凳子看做最神圣的财产加以崇拜，凳子既是他们的日用品又是馈赠品。加纳人对色彩极为讲究，不同的颜色对他们来说有着不同的含义。

在“铜都”赞比亚，除旅游观光地区外，不能随意拍照。否则，不仅相机和胶卷会被没收，还可能被抓进拘留所和警察局，甚至可能招来自动步枪的射击。

在乌干达，人们忌讳别人问及有关牛羊的情况，更不允许别人数牛的数量和用手指小羊。

肯尼亚人性情随和，容易交朋友，但部族意识极为强烈。他们认为任何以7结尾的数字均不吉利。

在岛国马达加斯加，人们崇敬狐猴，甚至迷信人死后，其灵魂可以在狐猴身上托生。同时，他们不仅将牛群和土地一样视为神圣的财产代代相传，而且表现出对牛的特殊崇拜和狂热。马达加斯加人认为人的岁数越大，其智慧越多，因而对老人特别敬重。

◆ 任务实施

案 例 讨 论

20世纪60年代，美国总统约翰逊访问泰国。在受到泰国国王接见时，约翰逊竟毫无顾忌地跷起了二郎腿，脚尖正对着国王。更为糟糕的是，约翰逊在告别时竟然用得克萨斯州的礼节紧紧拥抱了王后，使泰国举国哗然。约翰逊的举动成了涉外交往中的典型笑话。

讨论：指出约翰逊的失礼之处。

同 步 训 练

涉外礼仪训练

1．训练要求

通过训练，掌握涉外礼仪知识。

2．训练器具

部分国家的服饰和道具。

3．训练方法

（1）采取趣味表演和竞猜的方式。

（2）学生分成不同的组，自行选择不同的国家并展示该国的礼仪。

（3）可提前几天布置给学生，让学生做好准备。

4．训练内容

（1）参考涉外礼仪知识，创设外交情景，包括基本习俗、禁忌、文化、礼仪个性和风格。

（2）以小组为单位，进行涉外礼仪趣味表演，不能重复。

（3）要求服饰与国家相符。

（4）要求自编、自导、自演。

（5）未轮到表演的组的学生作为观众竞猜。

（6）师生共同点评得失。

◆ 任务评价

1．判断题

（1）德国人比较重形式，不重视内容。　（　　）

（2）法国人忌黄色花，认为它是不忠诚的象征。（ ）

（3）一些西方人忌讳数字，比如“13”，美国人特别忌用打火机或火柴为他们点第三支烟，因为他们对“3”比较忌讳。（ ）

（4）在国际交往中，忌用菊花、杜鹃花、石竹花以及所有黄色的花献给客人。（ ）

（5）美国人忌蝙蝠，认为它是凶神的象征，所以不喜欢印有蝙蝠图案的商品。（ ）

（6）法国人最浪漫，所以男子送香水给女子在社交中也是平常的事情。（ ）

（7）与英国人交谈，忌两膝张得太宽；更不可跷起二郎腿；站着谈话，不可背手将手插入口袋；不可耳语，也忌拍打肩背。（ ）

（8）如果选带绿三角的东西给土耳其人，他会认为这是“免费样品”。（ ）

（9）西班牙人认为女人上街不戴耳环就像人不穿衣服一样。（ ）

（10）加拿大人不食动物内脏。（ ）

（11）法国人一般不穿墨绿色的衣服。（ ）

（12）美国人边嚼口香糖边聊天，和人谈话时手插在口袋里，见到熟人拍拍肩膀表示亲热等是正常的事情，但在欧洲人看来是绝对不能接受的。（ ）

（13）英国人见面和中国人一样，常行握手礼。（ ）

（14）去欧洲人家里做客最受欢迎的礼物是一束鲜花。（ ）

（15）男人每天要刮脸，凡外出进行社交活动，都要穿深色的西服。（ ）

（16）日本人商务谈判先礼后兵。（ ）

（17）社交场合，法国人亲吻礼有严格限制，男士只可以吻少女的手背，不可以贴脸或额头，且只能在室内进行。（ ）

（18）法国人初次见面一般不需要送礼，第二次见面则必须要送礼物，否则会被人认为是失礼的。（ ）

（19）美国人通常相见时，一般只点头微笑，打声招呼而不一定握手。喜欢用“先生”、“太太”、“小姐”、“女士”之类的称呼。（ ）

（20）加拿大人通常行握手礼，讲究使用礼貌用语，注重必要的礼节，在他们看来，枫叶代表友谊。（ ）

2．同步训练评价

项目小组评价表

分数 / 组别	是否及时完成	质　量	团队表现
第一组			
第二组			
第三组			
⋮			

个人任务评价表

分数 评分依据	个人具体分工		个人表现		
	承担任务的质量	个人记录	教师评分	组长评分	组员互评
成员一					
成员二					
……					

参 考 文 献

杜明汉．2010．商务礼仪．北京：高等教育出版社．

憨氏．2005．礼仪职业形象培训课．呼伦贝尔：内蒙古文化出版社．

金井良子．2004．礼仪基础．北京：中国人民大学出版社．

金正昆．2005．社交礼仪．北京：北京大学出版社．

李平收．2002．青年社交能力训练教程．北京：知识出版社．

李兴国．2006．社交礼仪．北京：高等教育出版社．

李永利．2003．受人欢迎的公司礼仪与人际沟通．北京：中国纺织出版社．

覃常员，张幸花．2009．现代商务礼仪．北京：北京大学出版社．

万江洪．2002．现代社交礼仪．北京：中国物资出版社．

王水华．2001．公关与商务礼仪．南京：东南大学出版社．

杨丽．2010．商务礼仪．北京：清华大学出版社．

张建宏．2011．现代商务礼仪．北京：国防工业出版社．

周芙蓉．2003．礼仪教程．北京：中国长安出版社．